脱贫攻坚基层实践

国务院扶贫开发领导小组办公室综合司
国务院研究室农村经济研究司 ◎ 编

中国言实出版社

图书在版编目（CIP）数据

脱贫攻坚基层实践/国务院扶贫开发领导小组办公室综合司，国务院研究室农村经济研究司编 . -- 北京：中国言实出版社，2020.1
ISBN 978-7-5171-3310-0

Ⅰ . ①脱… Ⅱ . ①国… ②国… Ⅲ . ①扶贫－工作经验－中国－ 2017 － 2019 Ⅳ . ① F126

中国版本图书馆 CIP 数据核字（2019）第 286994 号

出 版 人　王昕朋
总 监 制　朱艳华
责任编辑　史会美
　　　　　崔文婷
责任校对　胡　明
责任印制　佟贵兆
封面设计　姜　鸿

出版发行　中国言实出版社
　　　　　地　　址：北京市朝阳区北苑路 180 号加利大厦 5 号楼 105 室
　　　　　邮　编：100101
　　　　　编辑部：北京市海淀区北太平庄路甲 1 号
　　　　　邮　　编：100088
　　　　　电　　话：64924853（总编室）　64924716（发行部）
　　　　　网　　址：www.zgyscbs.cn
　　　　　E-mail：zgyscbs@263.net
经　　销　新华书店
印　　刷　北京久佳印刷有限责任公司
版　　次　2020 年 1 月第 1 版　　2020 年 1 月第 1 次印刷
规　　格　710 毫米 ×1000 毫米　1/16　19.75 印张
字　　数　280 千字
定　　价　68.00 元　　ISBN 978-7-5171-3310-0

本书编委会

主　任：郭　玮

副主任：苏国霞　张顺喜·

编　委：（以下按姓氏笔画排序）

文　炜　王昕朋　朱艳华

张　一　张伟宾　林江平

贺达水　黄　阳　曹金龙

目 录

2017

精心培育新型农民…………………………… 陆令寿　闻德才 / 3

山东济宁："孝""善"扶贫情更浓 …………………………… 赵洪嵩 / 9

"滴水穿石"满眼春 …………………………… 马丽文 / 14

红星闪闪照脱贫 …………………………… 文炜 / 23

江西赣州："四道防线"保健康 …………………………… 周艳 / 30

让"红嫂村"变为"红莱坞" …………………………… 王晓霞 / 35

千年黑茶拉动湖南安化精准脱贫 …………………………… 陈亚兰 / 42

辽宁宽甸县：多元拓宽攻坚路 …………………………… 刘云怡 / 49

以审计促精准识别 …………………………… 张津津 / 55

红色土地老有所依 …………………………… 杨婧 / 59

从"左权样本"看基层扶贫的生动实践

…………………………… 李富根　魏博　王虔　郑亮 / 63

山水美景富乡亲 …………………………… 龙博 / 69

小山村里的大幸福 …………………………… 刘红涛 / 76

以智慧和勇气解彩云之"难" …………………………… 王健任 / 81

决战深度贫困：新疆之新 …………………………… 王新红 / 89

湖北业州镇：深度贫困地区的片区综合扶贫方案 …………高永伟 / 97

四川南部：为了十万贫困乡亲 ………………………王健任　张江 / 102

脱贫攻坚"讲"出来 ……………………………………………周艳 / 110

贵州雷山："民族文化乡村旅游+"让苗疆更出彩 ………黄清发 / 116

2018

西藏阿里：谱写高原攻坚传奇 ……………西藏阿里地区扶贫办 / 125

陕西旬阳县："525"就业扶贫让万名贫困人口早脱贫 ……张兆群 / 132

"天梯村"的"进化史" ………………………刘红涛　张津津 / 139

培育脱贫攻坚的"主心骨" ……………………宁夏固原市扶贫办 / 144

洮南市："三扶一改"为脱贫加分 ……………………………李古峰 / 149

青海同德：同心同德　勠力攻坚 ……………………………马青军 / 155

湖北五峰：实施"五个一"　致富先治愚扶贫先扶志 ……王永红 / 161

六安：旅游扶贫破解"美丽贫困" …………………………张志银 / 167

干梁峁上的"革命" ………………………………王晓霞　张琼文 / 172

石门：一个乡镇的脱贫进化史 ………………………………文炜 / 181

春风"抚"东极　战鼓"远"声震 …………………姚卜成　张俊凯 / 195

坚持精准：十八洞村产业脱贫计 ……………………………侯朝和 / 202

较真务实：奉节"1486"战贫困 ……………………………杨树海 / 207

2019

广西上思：搬掉瑶族女孩求学路上的"大山" ……………… 王磊 / 215

幸福万年长 …………………………………………………… 文炜 / 221

彝乡遍地诵读声 ……………………………………………… 张志银 / 241

创新实干 奏响脱贫攻坚"内乡之歌" ……………………… 张敏 / 246

牡丹花开幸福来 ……………………………………………… 文炜 / 250

扶贫"农创体" 为产业脱贫赋能 …………………………… 周艳 / 263

河北尚义：下好"公益性岗位"这盘棋 …………………… 张凤天 / 267

普定：韭黄"生金" 富农兴村 ……………………………… 张琼文 / 272

右玉：天不佑之人自佑 ……………………… 文炜 张津津 / 278

科尔沁左翼中旗：绣一幅精准扶贫的壮丽画卷

………………………………… 王健任 张俊凯 崔筱萌 / 293

脱贫致富电视夜校：琼州大地的一场"革命" … 张俊凯 高永伟 / 301

2017

精心培育新型农民

——神峰山庄探索"从种子到筷子"的绿色革命

陆令寿　闻德才

在湖北省英山县有一个山庄让全国各地的游客慕名而来——神峰山庄。这个山庄用短短的三年时间创造了脱贫致富的惊人成绩：年接待游客已达 20 余万人次，每天至少有六七辆满载游客的大巴驶入山庄。2016 年，山庄产值 2.2 亿元，吸纳 20 个贫困村 2000 名农民在果蔬家庭农场上班，其中包括建档立卡贫困人口 480 人，间接带动周边数千人脱贫，惠及周边乡镇众多种养加生态农业及乡村旅游全产业链的景区、企业。

富脑袋——培育致富"种子"

神峰山庄董事长闻彬军由于对贫困人口好善乐施而被村民称为"庄主"，在开办山庄前一些问题一直困扰着他：在城镇化的进程中，有多少贫困农民背井离乡？全国有多少闲置的荒地？有多少闲置的劳力？如果科学合理地规划利用，那会创造多少财富，又有多少人会脱贫致富改变命运？如何让农民尤其是贫困农民不再背井离乡，实现在家门口就业？

经过长期走访调研，闻彬军找到了门路："企业扶贫除了做善事，更重要的是要让乡亲们在自己的土地上劳有所得，把荒地变成菜园，培育现代农民。"贫困村致富带头人的培育，首先从员工培训抓起。神峰山庄的每批员工都要经过两个半月的"魔鬼训练"，从致富技能到思想观念全方位得到提升。

在土地流转签约仪式上，神峰山庄董事长闻彬军向村民做动员工作

这既是贫困户直接脱贫的奠基之作，更是开拓市场经济、发展现代农业的星星之火。

在神峰山庄，每位员工脸上都洋溢着自豪感和幸福感。他们每天早晨6点多钟起床，晚上还要演出服务到深夜，每天都激情满满。在"民工荒"愈演愈烈的今天，山庄是用什么招数能招到这样一批吃苦耐劳的忠诚员工，且队伍在不断壮大呢？

据了解，早在2013年2月15日动工建设之前，山庄就在英山县开展"春风行动"，深入贫困村中招工。由于山庄开出不菲的工资，吸引了众多贫困户争相报名。

为打造一支多才多艺的复合型人才队伍，确保贫困人口掌握脱贫致富的技能，山庄对他们开展全方位培训：帮员工恶补文化素养，学习大别山农耕文化、红色文化、黄梅戏文化、民歌民舞民俗等传统文化；学习唱歌、跳舞，编排"印象大别山"大型文艺晚会节目；学习健身、气功、游泳、救生、护理，提升服务水平；学习营销礼仪、营销艺术、讲课艺术、客户拓展及售后服务，锤炼核心技能……"培训后，我们不输大城市的服务人员。"来自贫困村的员工高兴地对笔者说。

"人员培训，时不我待。要想在短期内把贫困农民培养成现代企业的合格员工，必须大道至简，招招见血。"闻彬军说。

仅仅经过两个半月的紧张培训，这些过去从只会围着锅台转、在地里刨食的村民，变得有梦想、有目标、有内涵、有气质。拿起抹布安排食宿是热情的服务员，拿起道具唱歌跳舞是出色的演员，拿起话筒沿途解说是能干的导游员，拿起产品热情讲解是合格的营销员……如今，他们已经是活力满满的合格员工，是撑起神峰山庄的大梁！

培训出效益，山庄480名员工，年工资平均过4万元，500多个贫困家庭从此摆脱了贫困。金家铺镇黄林冲的沈小飞，以前家庭贫困，2013年初到山庄上班，经过学习锻炼，已成为文艺晚会主持人和客房部经理，现为合肥市神峰山庄农乐园管理公司总经理。在她的影响下，其爱人参加创业培训，在家创办大型眼镜山鸡养殖场，全家脱贫奔小康。还有"民歌大王"周爱玲、多才多艺的方平都在关键岗位上挑起了大梁，家庭也因此摆脱了贫困。

昔日的贫困农民如今成了舞台上的明星

送技能——传授致富经验

贫困户最需要的是投资少、难度系数低、风险小的产业帮扶，需要市场主体来帮扶。"精准扶贫不是企业的负担，是一种情怀，更是一种担当。"在闻彬军看来，企业赚农民的钱不叫本事，能让农民赚钱才叫本事。要遵循市场经济"利益驱动"的客观规律，扶贫产业的利润分配一定要合情合理，这样才能持续发展，才能实现市场主体、贫困户、村集体经济"三方共赢"。

神峰山庄以打造国家运动员绿色食品基地为目标，采取统一圈舍标准、统一喂养有机饲料、统一芯片跟踪、统一检验收购、统一市场营销的"五统一"方式，在全县范围带动贫困人口开展黑禧猪、眼镜山鸡等养殖。为此，神峰山庄开展了大规模的致富带头人创业培训。他们先后采取会议培训、专班培训、专题培训、办校培训、"以赛代训"和参观学习等方法，在地方党委政府的全力支持下，对全县309个村党支部书记、全县贫困村400个养殖大户和20多个村的厨娘进行培训。

公司成立了先秭坛黑禧猪养殖总合作社、眼镜山鸡总合作社，建有黑禧猪繁育基地和眼镜山鸡孵化基地，先后开办黑禧猪、眼镜山鸡养殖技术培训班6期，传授神峰山庄自主品牌黑禧猪、眼镜山鸡的圈舍标准、品质特点、饲料喂养要求、回收价格、合同管理等。2014年县里成立乡村旅游协会，闻彬军以会长身份组织了两期全县乡村旅游从业人员培训班，重点讲授导游、餐饮及景区服务和市场营销，为创建"湖北省旅游强县"和"全国全域旅游示范县"注入了活力。

自2013年9月以来，山庄除建设5个大型养猪基地之外，在周边的15个贫困村，结对帮扶1000个农户签订养殖合同，实施"户户30头猪"养殖计划，通过"五统一"管理，实行定点专人技术指导与监管，以高于市场价20%—30%的价格收购，仅养猪一项收入10万元，贫困户就走上了致富之路。贫困户告诉笔者,"黑禧猪养殖带动了'猪—沼—菜'生态循环农业的快速发展,沼气减支、卖菜增收、农家乐增收等系列收入在逐年增加,小康生活不远了"。

据统计,经神峰山庄指导的参训学员已有3000人投身农业、农产品加工、旅游等产业发展,大部分成为种养大户,带动发展了一批生态农庄、小型农产品加工企业和农家乐,年产值约3亿元。

惠民生——共建扶贫产业

近年来,神峰山庄力推"公司 + 基地 + 合作社 + 贫困户"精准扶贫模式。通过大规模的土地流转,让打工仔卸下了"抛荒不种"的包袱。农村留守妇女、留守老人或在家门口的果蔬家庭农场、神峰山庄上班,或以加入村自强互助合作社方式加盟参加种养业,推进乡村小康社会建设。

一是整村推进建基地。到2016年底,神峰山庄已经在周边孔家坊乡郑冲村、樊家冲村、陈湾村等16个村庄直接流转土地3000亩,建果蔬家庭农场15个,帮助贫困乡镇发展生态沼液菜、水果和水产,为都市农乐园直营店提供了充足的肉蛋菜货源。

二是四重保障惠民生。为确保村民在土地流转后生存致富,山庄开展"四重保障"措施,在周边3个乡镇16个村建设幸福和谐的美丽乡村。生存保障,每亩每年付500斤稻谷,旱涝保收;就业保障,老年村民每月2000元左右工资,在山庄当服务员的中年村民月工资3000元左右,在都市农乐园上班的年轻农民月工资5000—10000元;增收保障,眼镜山鸡订单发展,每斤收购价23元(高于市场价13元),户均增收8000元;致富保障,帮助村民开展黑禧猪养殖,仅此一项户均增收3.5万元。

基地上,处处可见村民们热火朝天的劳动景象,特别是15个果蔬家庭农场"蔬菜栽种大PK",让游客及村民大饱眼福。全国著名企业家焦家良访问山庄后给予了高度评价,"神峰山庄解决了三大难题:农村的土地流转问题,流转土地近5万亩；村民就业问题，直接带动480多名留守妇女及贫困劳动力就业，并带动千家万户发展种养业；食品安全问题"。2016年4月，来神峰山庄视察的第十届政协副主席张怀西盛赞："神峰山庄中国好农业精准扶贫模式，是系统解决'三农'问题的合理方案！"

三是村企合作天地宽。除山庄自建种养基地外，贫困村自强互助种养专业合作社的加盟为山庄的发展拓宽了空间，15个专业村由此应运而生。山庄与村合作社签订合作协议，确定肉蛋菜订单，合作社组织生产，山庄按照合作社业绩，每斤肉蛋菜按一定比例给予村集体提成奖。截至2017年1月，这些村每年可获得8万元以上的提成奖，实现了村集体脱贫。山庄计划2020年前，再建基地3万亩，与100个自强互助种养专业合作社开展合作。

精准扶贫的"神峰模式"引起了轰动效应，神峰山庄被国家省市媒体誉为中国现代农业新地标、中国旅游扶贫新样板、中国老年旅游最佳目的地。

山东济宁："孝""善"扶贫情更浓

赵洪嵩

山东济宁是孔孟之乡、孝贤故里，儒家文化的发源地，素有孝老爱亲、扶贫济困、乐善好施的光荣传统。针对贫困老年人占比高、自我发展能力弱、脱贫难度较大的实际，该市充分发挥地域人文优势，将儒家文化与精准扶贫有机结合，完善政策、加大投入，创新路径、完善机制，动员各方力量，整合各类资源，趟出了一条孝善扶贫的路子，取得了明显成效。

曲阜：倡百姓儒学 邻里关爱互助

"东方圣城"曲阜是济宁的一个县级市，近年来，该市围绕贯彻落实习近平总书记重要讲话精神，确立了建设弘扬优秀传统文化首善之区目标，全力打造道德建设的模范区、文明和谐示范区、儒家文化传承区。2016 年 3 月，"曲阜优秀传统文化传承发展示范区"被正式列入国家"十三五"规划，上升为国家战略。

2014 年以来，曲阜市推出了"百姓儒学"工程，全市 405 个村居都配备了一名儒学讲师，围绕传统文化中"仁者爱人""远亲不如近邻""出入相友，守望相助，疾病相扶持，则百姓亲睦"的传统理念，突出孝敬老人、关爱子女、和睦邻里的现实主题，以文化人，开启心智。为将这一理念更好地转化为精准扶贫的实际举措，曲阜创新实施了脱贫攻坚"送助养"行动，采取上级政策扶持、乡镇财政支持、村集体自筹三种方式相结合的方法，利用闲置的村集

梁山县召开现场会全面推开孝心养老工作

体院落新改建村级互助养老院，将精准识别的贫困老年人安置到村互助养老院，实现互助养老。2015 年 4 月，陵城镇郑庄村投资 21 万元，利用村委大院闲置房屋改建互助养老院，总占地面积 578 平方米，建筑面积 380 平方米，设有宿舍、厨房、餐厅、活动室、洗澡间等功能房 15 间，可同时集中供养老年人 25 人，该村建档立卡识别出的 4 名贫困老年人全部入住供养。在互助养老院设置部分公益岗位，由相对年轻的贫困户承担做饭、洗衣、简单护理等日间照料工作，每月给予 500 元的补助；第一书记、村"两委"成员、党员志愿者定期慰问谈心，让贫困老年人供养有保障、心灵得慰藉。

截至 2017 年 2 月，曲阜市已先后投资 1100 余万元，建设 86 个村级互助养老院，每个互助养老院 20—30 个床位，全市 1130 人实现入住，基本满足孤寡老人互助养老的需求。

汶上：上门服务不嫌累 近邻亲如一家人

汶上县素有"中国佛都"之称，公元前501年，孔子曾在汶上任中都宰，劝农耕、行教化、举孝善，留下路不拾遗、夜不闭户的佳话。全县共有建档立卡贫困人口11069户22761人，60岁以上贫困人口9240人，占贫困人口总数的40.6%。他们中的部分人身体孱弱，自理能力较弱，且身边没有子女照顾或子女因病因残无能力照顾，物质匮乏与精神贫乏并存。针对这种情况，汶上县探索实施了居家养老服务模式，通过政府出资聘请农村留守妇女作为护理员、实行持证上岗，以10元/时的标准支付工资性报酬，每月提供30小时的服务，照顾起居、清理卫生、洗衣做饭、心理疏导，让贫困老年人足不出户即可接受照料，实现老有所养、老有所乐。

在"上善郭楼"，就活跃着一位专门为贫困老年人服务的居家养老服务护理员。张秀玲是郭楼镇郝营村人，今年47岁。当村里号召留守妇女为贫困老年人提供养老服务时，张秀玲第一个报了名，成了郝营村4位贫困老年人孙传林、何树辛、李玉英、李桂兰的"贴身服务员"，一干就是5年。每天张秀玲5点多就要起床，收拾好家里后，就轮流在4位贫困老年人家里来回奔波，照顾起居、打扫卫生、洗衣做饭、缝缝补补……在张秀玲的眼里，似乎总是有干不完的活儿。虽然镇里的干部告诉她，每位老年人每天服务1小时即可，但张秀玲往往要反复在几个服务对象家中转上好几圈，这

汶上县郭楼镇居家养老护理员张秀玲上门照顾贫困老人

家看看，那家望望，遇到什么生活难题都及时帮助他们解决。在几位贫困老年人眼中，张秀玲俨然也成了他们共同的"亲闺女"，感觉她比亲闺女还亲近、还知心。

截至 2017 年 2 月，汶上县采取政府购买服务的方式聘请了张秀玲这样的村级养老护理员 285 人，照顾贫困老年人 1202 人。

梁山：孝善基金助养老 爱心保险防返贫

孝是儒家文化的核心，是中华民族的传统美德。"水浒故里"梁山县在精准扶贫工作中，大力倡树"孝、善、义"传统美德，通过建立健全正面激励、道德约束、示范带动、舆论监督机制，引导子女履行赡养义务，鼓励各类主体积极参与养老扶贫事业。

按照"村民自治、家庭为主，子女首孝、社会互助"的原则，以村为单位，在全县大力推行孝心基金养老扶贫。基金来源主要包括子女赡养费、社会捐款、村集体补助和财政资金补贴；子女个人每出资 100 元，由基金对其老人给予 10%—20% 的补助；子女为建档立卡贫困户的，免交赡养费，由基金对其老人每月给予 50—100 元的补贴。建立"孝心基金排行榜"，对子女出资情况张榜公布、排名公示，形成道德舆论压力。截至 2017 年 2 月，全县已有 79 个行政村设立了孝心养老基金，缴纳孝心养老基金 128.08 万元，其中社会捐赠 32640 元、政府补贴 42070 元。

尽管有了多个方面的增收养老措施，但一场病、一次意外都可能导致贫困老年人再次陷入生活困境。针对这种情况，在完善一系列社会保障政策的基础上，梁山县还积极筹措资金，加大老年特困救助和意外伤害救助力度。县财政列支 200 万元用于老年人意外伤害医疗保险再补贴，对老年人意外伤害产生的医药费去除医疗保险报销后，个人负担部分再补贴 70%，最高补贴

3000元，切实减轻贫困老年人经济负担。

"村级互助""孝心养老""扶贫济困""慈善捐赠"已成为济宁市精准扶贫的重要途径，各方倾心倾情倾力，伸出援助之手，形成了脱贫攻坚的"大合唱"。

"滴水穿石"满眼春

——福建寿宁县下党村脱贫攻坚纪实

马丽文

下党，是一个让习近平总书记倾注过心血的地方。"异常艰苦，异常难忘！"这是习近平总书记后来回忆起下党村时的真切感受。

从福建宁德市寿宁县城出发，沿着崎岖的盘山公路，一路畅行，青山如黛、林木葱茏、果园片片，翠绿丛中的野花竞相绽放在寒冷的冬季，让人心旷神怡，行车近一个小时，记者便到了地处闽浙交界、曾是闽东革命老区特困乡村之一的下党乡下党村。

下党村依山而建，面朝修竹溪，房屋层层叠叠，交错有序。青山巍峨，绿水缠绕，形成了"廊桥、流水、人家"的和美景象。此情此景，让人很难想象 28 年前的下党村竟是"无公路、无自来水、无照明电、无财政收入、无村级办公场所"的"五无"村。

曾经的下党有多穷？

67 岁的老党员王光朝回忆，以前挑公粮到隔壁乡镇，来回要一天半时间；没电，买不起油灯只能靠点火篾；没路，小贩们不敢挑液体进山，怕摔倒打碎血本无归；村里 7 成人没有尝过醋、一半人没吃过酱油；养猪不敢养太大，扛不出去卖不掉，最后只能从鲜肉一直吃到咸肉……

一直以来，脱贫攻坚都是习近平总书记的心头大事。为了帮助下党摆脱贫困、加快发展，习近平同志在闽工作期间曾九赴寿宁并三进下党现场办公，就下党的经济社会发展给予资金支持，架桥修路，发展产业项目，推动当地脱贫发展，并勉励老百姓要自力更生、不等不靠，用自己的双手让生活一天天好起来。

山村变新村，先通思想再通路

滴水穿透石，弱鸟志高飞。在经济飞速发展的今天，这个曾经地处偏远、让总书记这般牵挂的闽东小山村，近年来发生了哪些新变化？

下党村地处偏远，距寿宁县城 45 公里，交通不便，地窄溪急，立地条件较差，经济发展滞后。青壮年劳动力大量外出，村民思想保守。村干部学历普遍较低，缺乏创新型和管理型人才，发展动力不足，"等靠要"思想严重，虽然大部分群众的生活能得到基本保障，但信息闭塞，群众的生产经营手段单一，技术落后，商品意识较差，经济收入普遍不高。全村共 309 户、1341 人，其中建档立卡贫困户 32 户、五保户 10 户。村里主要以山地为主，老百姓以务农和种植茶叶、脐橙等农作物为主要经济来源。

下党传统古村落街景改造前后

　　摆脱贫困，最怕的是"思想贫困"，市场观念、竞争观念对贫困地区来说都是崭新观念，都应成为"先飞"意识的组成部分。"下党的发展，主要抓'做'功，而要更新观念，拓展思路，把路子摸得更清楚一点，把脚步迈得更扎实一些。要以一村一户一人为对象去想路子，去解决问题，一个项目一个项目地上，才能实打实地上一个新台阶。"28年来，下党干部群众牢记当年习近平总书记提出的发展思路，以各级领导的关心帮扶为动力，发扬"滴水穿石""弱鸟先飞"精神，不仅摆脱了"五无"的尴尬局面，还因地制宜，转变思路，脚踏实地抓发展，走出了一条生态富民、绿色发展之路。

　　如今，下党人承载着习近平总书记的殷切期望，不仅自力更生、持之以恒唱好"山歌"，还大力推进基础设施建设，升级硬化了45公里的通县公路，及通往政和、庆元的出县、出省公路。同时，下党还利用各种机遇，改善了当地群众就医、就学条件，先后引导自然村群众向位于交通主干线沿线集聚，按照村庄整体规划，完成街区道路全部水泥硬化、饮水安全工程、电网改造等配套设施建设，逐步实现人口居住集中化，居住条件大幅提升。

　　特别是历经近两年，下党村更是旧貌换新颜：天更蓝了，山更绿了，水更清了，人更美了，情更浓了。农民人均纯收入从1988年的仅186元增加到

村民王明寿打造的农家乐"百口食堂"改造前后

2016 年的 10716 元，翻了 57 倍。其中，2014 年增加到 6400 元，2015 年达到 8275 元，2016 年带动 27 户建党立卡贫困户脱贫。

走进下党新村，放眼望去，一栋栋新建的小洋楼拔地而起，鳞次栉比；一条宽 18 米的主街道从乡政府门前往北延伸，两旁绿树成荫、店铺林立。经过传统古村落保护性修复的村容村貌焕然一新，村级主干道不仅连通寿宁县城，还连接了相邻的浙江庆元县，每天 6 趟班车往返县乡之间，电网、光纤、电影院、卫生室、电商、超市、民宿、农家乐等通讯服务设施一应俱全，衣食住行等基础设施全面完善，曾因贫困纷纷背井离乡讨生活的村民纷纷回乡谋求新生活、新发展。这样的巨变，对于曾经的下党人来讲，一度是不敢想象的。

农业变产业，"高新"+"创新"

下党之变，是我国持续推进扶贫开发工作的缩影。

然而，治贫光"止血""输血"不行，还得生出"造血"功能。建立起稳定的产业，才能实现"造血"，产业发展是农民最终的依赖，农民增收是实现

67 岁的王光朝老两口正在装修自家的"幸福茶馆"，准备开春就营业

小康的指标，"造血"肌体要运转，还需各种"血脉"先畅通。为了充分发挥和利用生态优势，下党村积极引进农业产业新品种、建设示范基地、组建专业合作社，大力推进山地综合开发，发展脐橙、锥栗、毛竹、油茶等特色农业产业，实现从单一的粮食生产收入向农、林、果、茶等种植业多元发展的农业产业格局。

2014 年 7 月，福建省委组织部下派曾守福任寿宁县下党村第一书记。他带领村"两委"领导班子推出"扶贫定制茶园"项目，利用"消费扶贫 + 产业扶贫"，从"授之以鱼"变"授之以渔"，创新扶贫方式，让先富的村民带动贫困户脱贫致富，研究制定机制和标准，让村民、村集体和引入的企业实现三方共赢，形成全乡农民的增收点。"定制茶园这种模式，可以充分利用互联网工具，将贫困村的产业与大众扶贫、消费需求有效对接，市场具有广阔性。"曾守福说，通过整合资源、打造品牌、保证质量，可让村民收入普遍翻倍。

在经营茶产业的同时，村"两委"班子不断构想着下党村乡村旅游之路，他们立足实际，因地制宜，利用下党村距今已有700多年历史，依山而建、面朝修竹溪、木拱廊桥横跨在绿水间，形成了"廊桥、流水、人家"的美景，再加上当地独有的红色旅游资源，在吸引村民共同打造扶贫定制茶产业品牌的同时，发动全村人打造农家乐、民宿、乡村茶馆、书屋、特色食品、优质农产品等，发展乡村旅游扶贫。

"扶贫定制茶园"项目中，下党村首创了以"卖茶园"代替"卖茶叶"的"定制扶贫"模式，让消费者真正喝上放心茶

　　2016年12月中旬，54岁的村民王明寿打造的农家乐"百口食堂"顺利开张了。这个自15岁就在外地打工的村民曾跑遍全国，忙碌却收入甚微。一听到家乡要发展旅游，王明寿便回到家，在村"两委"的支持下开起了农家乐。不仅如此，作为老党员的王明寿还主动结对帮扶村里仅剩的五户贫户之一的王光玉一家，并帮助其通过扶贫贴息贷款成为"百口食堂"的股东之一。截至2017年2月，下党村办起了6家宾馆、3家民宿、5家农家乐，带动20多名年轻人返乡创业。

　　在"扶贫定制茶园"项目中，下党村首创了以"卖茶园"替代"卖茶叶"的"定制扶贫"模式，推出600亩扶贫定制茶园，向全国招募爱心茶园主，以每年每亩2万元的价格买下茶园，合同定期5年。茶园主将茶园的生产交给合作社，每年收获固定回报，并可以通过APP客户端随时点击查看茶园种植管理和茶叶生产加工状态，让消费者真正喝上放心茶。

　　"水滴"多情亦无声，"弱鸟"有志方高飞。50岁的村民杨弈月于2016年3月申请加入了下党村茶叶专业合作社，合作社免费提供低农残农药，保证茶青的品质，还优先优价收购她家的茶青。茶农和贫困户加入村里的茶叶合作社和加工厂，从村民变成股民，从公司的经营中分红，还可以从合作社领取每亩2000元茶园租金。该项目模式很大程度上改变了政府通过直接拨款却难以从根本上解决贫困户脱贫致富的老大难问题。通过创新扶贫的方式，让生态进城，财富进村，让农民成为产业的主人和真正的受益人，助推下党村摆脱贫困，实现可持续发展。同时，企业得到了优质的产品，村民也依靠自己的劳动实现了脱贫致富，收获了尊严。

干部变"尖兵"，脱贫思路贵过宝

要想脱贫致富，必须有个好支部。政府项目和投资，不是撒胡椒面，要靠人争取；产业发展，也要靠人推动；靠谁呢？村级党组织。

曾守福一到下党村便逐个找村干部谈心、讲政策、听建议、聊发展，组织党员干部学习中央关于脱贫攻坚指示批示精神，凝聚村民的发展共识；与村"两委"班子探索推行"村务阳光管理"机制，凡是涉及农民群众切身利益的事情，通过"四议两公开"的方式由村民讨论决定，让各项工作在阳光下操作，密切干群关系，凝聚村民的人心；开展"我是排头兵""联动扶贫"等活动，成立茶叶生产技术党小组、农家乐和民宿服务党小组等各类产业党小组，采取专家授课、农村远程教育、外出参观考察等方式提高村干部致富带创能力。

火车跑得快，还靠车头带。下党村和全国大多数贫困村一样，交通不畅，村民们思想闭塞，人心涣散，没有凝聚力。要想脱贫致富，组建一个坚强的村"两委"班子带领村民转变思想迫在眉睫。为了尽快摆脱贫困，下党村始终坚持以习近平同志三进下党调研时的重要指示精神为引领，切实加强党建工作，建强村党支部这个堡垒，力促支部战斗力提升。近几年，村"两委"积极把"两学一做"学习教育贯穿脱贫攻坚全过程，用思想凝聚脱贫攻坚力量，教育引导下党村党员干部提升"精气神"、赢得主动权，以身作则引导村民积极参与村级集体经济发展建设。注重将党员发展成致富能手，先富户带动贫困户脱贫致富，还充分利用基层党组织的号召力，动员外出务工人员返乡创业带动贫困户发展，积极发挥基层党组织的影响力，引进产业项目，丰富贫困户脱贫渠道。

在曾守福的动员下，2014年在外地经营餐饮业的年轻党员王培根和王明成陆续叫回6名外出的年轻人，成立了下党星农山羊养殖合作社，带领20余户贫困户在下党水库周边租了一块山地，投资100多万元办起了山羊养殖场。看到景观树下长满了杂草，村里的党员会自发起来义务拔草，养护乡村景观，村里的妇女们成立了巾帼家园清洁义务服务队，经常帮扶照顾村中孤寡老人和维护村公共场所卫生，维持村容村貌的整洁干净……这些虽是小事，但村民们的思想正在转变，爱村、建村的思路也越来越清晰。

生态变财富，"农"字也能写出"金"

2014年以前，王明江一家因大儿子王有长患肌肉萎缩症负债致贫，成为村里建档立卡贫困户之一。为了还债，王明江不得不背井离乡，常年在外打工。妻子体弱多病，还要照顾长期患病的大儿子，日子十分艰难。2015年，王明江回到家乡，与大儿子一起加入下党蓉党农民专业合作社，爷俩年收入约有4万元，通过合作社"定制茶园"平台，他们每年茶青收入达1万元左右，小儿子王有华外出务工，年收入约1万元。2016年，王明江一家年收入达到6万元左右，人均收入约1.5万元，远超全乡9400元的农民人均纯收入，实现全家脱贫。眼看日子越过越红火，王明江欣慰地说："以前在外打工，四处漂泊，风餐露宿，一个月3000多元的工资，每月最多能存千把块。现在上班离家5分钟路程，同样的工资却能存2000多元，感觉生活充满希望。"

路通了、货通了、策通了，人也通了。独特的要素、独绝的生态，再加上优越的基础设施，"农"字也能写出"金"。

根据下党村山多、茶叶资源丰富的实际情况，曾守福因地制宜结合未来

下党村探索出"产业扶贫＋消费扶贫"模式，打造了中国第一个扶贫定制茶园"下乡的味道"品牌项目，带领村民走上了富民强村的快车道

的生态旅游路子，把原有的茶园改造为生态茶园，确定了"创新发展、共建共享"的理念，形成了"以村党组织为中心，抓住茶叶和乡村旅游两个主产业，推动村财和村民增收、推动互联网思维在乡村传播实践、推动美丽乡村建设的致富思路"，组织村里党员干部和能人大户通过在茶厂、茶山上架设 30 余个探头，开发可视化预订系统和农产品可追溯系统，探索出"产业扶贫＋消费扶贫"模式，打造了中国第一个扶贫定制茶园"下乡的味道"品牌项目，带领下党村走上了党建富民强村的快车道。依托该项目，通过激发内生动力、调动生产积极性，使村民的收入翻番，由先富户带动 27 户建档立卡贫困户脱贫，村财收入逾 20 万元，实现了零的突破。

"滴水穿石"满眼春。扶贫开发 30 多年来，下党人用自己的行动诠释了"滴水穿石，久久为功"的脱贫精神，从"输血"到"换血"再到"造血"的脱贫攻坚，使下党终于实现了从"赤贫村"到"小康村"的华丽转身。

红星闪闪照脱贫
——陕西省洛南县产业党建与精准脱贫深度融合侧记

文炜

农历丁酉年正月初九，记者走进陕西省洛南县。洛南位于秦巴山区连片贫困地区，是国家扶贫开发工作重点县。从西安至洛南，一个半小时的路程要穿越 25 个大小山洞，巍峨秦岭将 46.1 万洛南人世世代代锁在大山深处，也锁在了贫困深处。

车子进入洛南地界，最醒目的是路两旁的标语："整村推进展新貌，产业扶贫促增收""听党话，跟党走，脱贫致富有盼头"……

洛南，脱贫攻坚战的舆论氛围很浓。

一路上，洛南县扶贫局局长周建国一直在向记者介绍他们的脱贫攻坚战况，从易地扶贫搬迁到产业带动，从整村推进到美丽乡村建设，从精准识别到精准退出……周建国的讲述情感丰沛，娓娓道来。看得出，这个精干的陕南汉子对自己的工作充满热爱。

当记者问到"你们县扶贫工作最显著的特点是什么"时，周建国几乎不假思索地答道："是产业党建与精准脱贫的深度融合，我们走出了一条特色产业党建领航，聚力实现精准脱贫的洛南之路。"

扶贫书记的"神"抓手

说到洛南县扶贫工作，绕不开县委书记璩泽涛。璩泽涛很忙，接受了记者简单的采访后，便匆匆离去。他要赶着去向商洛市领导汇报脱贫攻坚工作，赶着去银行协调一家扶贫企业的"富民产业贷"，还要赶着去一个村子现场办公，解决整村推进碰到的难题。

璩泽涛2015年7月履新洛南县委书记，当时的洛南县贫困人口8.6万人，占商洛市17.5%，贫困发生率高达24.8%，高于全省、全国的14.1%、19.1%，脱贫工作时间紧任务重。洛南县位于山区，原来靠着矿产资源，财政收入还说得过去，可在2015年，受大经济环境影响，矿产企业纷纷减产甚至闭矿，县财政困难，GDP下滑，这个县委书记怎么当？有人出谋划策"璩书记你得抓GDP呀，GDP是脸面更是政绩"，可是，在璩泽涛看来，脸面和政绩都没有老百姓的日子重要。上任伊始，他在会上告诉大家"我这个书记就是来扶贫的，脱贫攻坚才是咱们县当下的中心工作"。

财政紧张，这贫怎么扶？别人愁得唉声叹气，璩书记说："光发愁有啥用？组织把我们放在了这个位置，就得豁出一条命带着群众干！只要有一颗为人民服务的心，办法总比困难多！"

于是他挨镇跑，入村转，致贫原因、致贫顽疾看在眼里，扶贫办法、脱贫妙计涌上心头。扶贫工作千头万绪，怎么才能统起来？他想到了组织建设。

洛南县现有基层党组织722个，有党员18355名。如果组织好了，积极性调动起来，一定能生成巨大的正能量，在脱贫攻坚战场上搅起惊天巨浪！

说干就干，一份份关于加强党建促脱贫的文件从洛南县委发出，一次次研究特色产业党建如何领航扶贫的"诸葛会"在县委会议室召开。通过反复研究讨论，一整套方案应运而生。

洛南县委抓党建第一手硬招是通过定规划、定载体、定职责，全力打造"红星闪闪·大美洛南"党建品牌，着力在脱贫攻坚一线，发挥基层党组织的战斗堡垒作用和党员的先锋模范作用。一是定规划。出台《洛南县基层党组织五年规划》，从组织怎么设置，队伍怎么建设，激励怎么保障等共计8个方面进行系统谋划。具体内容又分"五大工程"，即闪闪红星示范、为民便民服务、党员素质提升、富民和谐聚力、强基固本保障。"五大工程"使党建规划和县

"十三五"规划同频共振，更与脱贫攻坚高度契合。二是定载体。在全县推行"三大指数"积分管理，即党员先锋指数、总支（支部）堡垒指数、党（工）委服务指数，以量化考准考实，解决了过去标准不清，考核缺乏公信力的难题。三是定职责。在新出台的《洛南县基层党建考核办法》中，各级党组织的"权力清单、责任清单和负面清单"被细化、量化，各级组织每个党员该干什么、能干什么、不能干什么，白纸黑字一清二楚。

没有规矩不成方圆，"三定""五大工程"使洛南县党建工作进一步走上正轨，走上了和脱贫攻坚相辅相成的互促大道。扶贫书记璩泽涛终于找到了最有力的扶贫"神"抓手。

"双建"转化为生产力

围绕"党建领航促脱贫"主题，洛南县委不断解放思想、创新工作方法，"双建双带双提升"就是产业党建和精准脱贫融合的最佳切合点，一举打通了两项工作相融合的任督二脉，下出了一盘双赢共进的绝佳棋局。该县景村镇宏泰金银花专业合作社就是"双建"（把党支部建在合作社上，把党小组建在产业链上）最有代表性的受益方。

2015年，脱贫攻坚战打响，镇党委书记找到郭夏峰，希望他带领合作社加入"战斗"。身为共产党员的郭夏峰热血沸腾，当即承诺一年带动贫困户若干，保证脱贫若干。

军令状好立，仗却不好打。以当时合作社的经营状况，别说带着贫困户脱贫致富了，自己的经营都捉襟见肘，郭夏峰正犯愁，没想到璩泽涛上门调研来了。

璩书记问："你不是在合作社成立了党支部吗？为什么不充分利用起来呢？我们党当年三湾改编，把支部建在连上，从此改变了一支军队的性质，改变了中华民族的命运。前车之鉴后事之师，党支部的力量还带不起你一个小小的合作社吗？”看郭夏峰听得入迷，璩书记继续传经授宝，“你不是有 5 个生产小组吗？为什么不在这小组上分别建立党小组呢？这样把党支部建在合作社，把党小组建在产业链上，让两级组织充分发力，横向纵向无死角，一定能带出生机活力。还有，你这两级党组织要想高效运转，必须把村“两委”班子成员请进来，给你撑腰打气，帮你谋篇布局”。

在璩书记的指导下，郭夏峰找到村书记、村长、村监委会主任和村委会文书。各路能人四海归心，很快都成为合作社党支部、党小组的主心骨。

台子搭起来了，好戏随即开场。扩大生产首先需要流转土地，有村“两委”班子成员坐镇协调，自然顺山顺水。有了地盘还要解决资金，党支部成员积极活动，说服了镇里又去游说县里，那副百折不挠的劲头连璩书记看了也感动，亲自出面做工作，终于使扩大生产的产业资金落地合作社，为合作社发展注入活力。

在宏泰金银花合作社，记者走进一间悬挂着“党团活动室”的办公室。一个大开间，足有 40 平方米，墙上展板内容丰富，有党建促扶贫组织架构图，有党员联系社员制度，有党支部“双培双带”制度，有党支部民主评议党员制度，还设有“红星闪闪”评比栏目。那一张张图表，一组组数据，内容丰富，翔实明了。看得出，这里的党建工作绝非样子工程。

郭夏峰告诉记者，过去虽然身为党员，但因为农村党组织建设一度较弱，他曾错误地认为搞党建是务虚，就是开会读报念材料，现在才知道，原来党建还可以这样抓，和脱贫攻坚结合起来，接了地气，办了实事，提振了企业活力，让贫困户看到了希望。尝到甜头的郭夏峰还告诉记者，2017 年，合作社计划拨专款加大党建投入，让“双建”转化出更大的生产力。

“双带”爆发洪荒之力

洛南县实施“双带”，以党建带扶贫，以党员带群众，充分发挥党组织战斗堡垒和党员先锋示范作用，采取"因地制宜，因户施策"的方法，引导贫困户发展特色产业。保安镇的做法堪称对"双带"的完美诠释。

为帮助群众脱贫，保安镇上想了很多办法，依据传统手工艺发展草编及豆腐干产业、种核桃……可是因种种原因，要么收益有限，要么见效速度太慢，怎么办？王勇绞尽脑汁四处打听，最终把目光锁定在一家濒临倒闭的合作社——广汇兔业上。一只兔子从出笼到成兔只需3个月，且国内养兔技术成熟，疫苗全面，养殖过程死亡率低，只要规模够大，且有稳定销售渠道，养兔子赚钱十拿九稳。

可是，群众怕有风险，都不敢参加合作社。王勇开了几次动员会，报名才十几户，正式签合同时又全部反悔。怎么办？王勇在合作社成立了党支部，把各个村"两委"班子成员悉数纳入，把5个最精明能干的村支书选为党小组长，下死任务，要求他们在各自村子挑头成立合作社分社。王书记的话很硬："群众都怕担风险，这个风险只能我们党员来担。镇上给你们每人借2万块钱，这10万块钱的风险我来担！这事，只许成不许败！"

镇党委政府带了头，大家也就撸起袖子跟着干。杨村书记周铁牢学王勇最像，回村就找来了村监委会主任和文书，"按镇上的要求，咱今天正式成立广汇兔业合作社杨村分社，我负总责，你俩是党员，又是村干部，必须带头跟我一起养。开头的风险我担着"。

镇党委前后4次到杨村开动员会，并在会上跟群众说："大家放心，养兔这个事，支部弄成了大家再弄，我们要弄不成，绝不让大家弄。"最初计划每个贫困户免费发放两组兔笼，赊72只兔子。为保证贫困户利益最大化风险最小化，合作社把崽兔养到35天，且全面注射疫苗后才赊给贫困户，把技术要求较高的阶段放在合作社，贫困户只需再养两个月，合作社即无限量保底回收，保底价高于市场平均价一块钱左右，一只兔子利润空间在10—15元之间。王勇还拍着胸脯向大家保证："大家只管放心养，赚了钱是你们的，这事要弄败了，兔子养出来卖不出去，你们就拉到镇政府院子里来，我王勇拿工资填窟窿！"

这头坚定了贫困户的养殖信心，那头还要做合作社赊兔子让利于贫困户的工作。广汇兔业理事长卢红婵同样顾虑重重，工作做了一个月还不肯松口，接下来发生的一件事却让她彻底服了。合作社向银行贷款，银行却因资金风险迟迟不放贷，县政府分管领导亲自出马，银行又提出必须有两名公职人员做担保才放贷，党委书记和镇长挺身而出，愿意做担保人。卢红婵深受感动，坚定了跟政府合作，在脱贫攻坚战中做一把时代弄潮儿的决心。

仅仅半年多时间，杨村已实现贫困户养兔全覆盖。贫困户余文平2016年5月开始养兔，此前，因妻子病故，孩子幼小，家庭贫困，余文平几乎失去生活信心，自己每天蓬头垢面，家里庭院破败，是典型的没想法没办法的贫困户。在村党支部带动下，余文平鼓起勇气养兔子，当月即获利800元。这让老余有了精神，干脆贷款5万元，收拾庭院，增买兔笼扩大养殖规模。年底，净赚8000元，实现脱贫。老余告诉记者："今年准备再扩大规模，争取挣个五六万！"

截至2017年春节前后，广汇兔业合作社已带动2783户贫困户脱贫，户均年养兔增收1.8万元。"双带"爆发出一股洪荒之力，助推保安镇群众走上脱贫致富路。

"双提升"的耀眼成绩单

因为加入了如火如荼的脱贫攻坚战，因为和党建工作实现了深度融合，广汇兔业和宏泰金银花两家合作社都迎来了新生，广汇兔业被陕西省扶贫办授予省级扶贫示范合作社，被省妇联授予巾帼创业就业示范基地，被省农业厅认定为陕西省农民专业合作社示范社。其下一步目标是再带动3500户1.2万人实现脱贫。宏泰金银花合作社资产以每年100万元增长，辐射带动周边群众规模化种植金银花1000亩，富硒黑花生500亩，发展林下生态土鸡2万只，带动 217 户贫困户，2016 年已实现脱贫 130 户，2017 年、2018 年分别计划再脱贫 50 户和 37 户。

提升党建工作科学化水平、提升精准脱贫工作水平，"双提升"在洛南打造出耀眼成绩单，以上两家合作社的突围、发展，献力脱贫攻坚绝非个案，该县整合了 98 家和扶贫密切相关的农民专业合作社，均以"双建""双带"形式取得了"双提升"的效果。他们以特色产业党建工程为抓手，着力拓展特色产业、全域旅游、光伏发电、电子商务、移民搬迁、就近就业、发展教育、民生兜底促贫困户致富增收 8 条脱贫路径，达到党建和扶贫互推互赢，他们的目标是 2019 年全县产业建党和精准脱贫工作要同步达到省市先进水平。

在整个采访过程中，记者多次听到村干部们感叹："很多年了，村支部影响力下降，开展工作困难，现在好了，党员威信提高了，村支部又成了群众的主心骨，这工作，越干越带劲儿！"

江西赣州："四道防线"保健康

周艳

2016年6月，江西省赣州市兴国县江背村贫困户陈玉珍完成了冠心病手术，治好了长期困扰自己的"心病"，医药费的报销，更是让她吃下了"定心丸"，"手术一共花了74919.52元，对我来说这是一笔不小的钱哪，我还担心是不是真的能报销，结果不仅给报了，还报了大部分！一出院，我就领到了报销款71435元，自己只花了3000多元。要是在2015年以前，我得多花两三万哩，国家对我们贫困户的政策真是越来越好了！"

这个政策，就是赣州市正在实施的健康扶贫工程。2016年，赣州市创造性地为贫困人口构筑起了新农合补偿、新农合大病保险补偿、疾病医疗商业补充保险、民政医疗救助"四道防线"，使贫困人口个人自付费用比例从近40%下降到了10%以内，有效遏制了因病致贫、因病返贫。

落实巩固"三道防线"

2016年是健康扶贫工程全面推行的一年，针对因病致贫、返贫人口占全市贫困人口总数39%的实际，赣州市在深入贯彻落实全国健康扶贫工程工作要求的基础上，按照市委市政府和省卫生计生委的工作部署，拿出硬举措，切实减轻贫困人口的就医负担。

在新农合补偿"防线"上，对农村建档立卡贫困对象做到"三免"，2016年，全市新农合补偿共计7373.93万元。

免缴个人参合费。2015 年底，赣州市委市政府下发文件，对农村建档立卡贫困对象参加新农合个人缴费部分的 120 元，全部由县级人民政府出资缴纳。截至 2017 年 4 月，此项工作已全部完成。

免除住院起付线。参合农村建档立卡贫困对象在县级和乡级定点医疗机构住院，新农合可报费用不设起付线，直接按补偿标准进行补偿。

免交住院押金。赣州市明确：参合农村建档立卡贫困对象在市内（驻市）公立医疗机构住院实行"先住院、后付费"，凭户口本、身份证、参合证、赣州市脱贫攻坚政策落户"一本通"等证明免缴住院押金。

在新农合大病保险补偿"防线"上，实施"两升一降"，提高新农合大病保险保障水平。2016 年，全市大病保险补偿达 2058.27 万元。

提高大病保险补偿比例，补偿比例在普惠基础上提高 10%。即：0 元至 5 万元部分，补偿比例为 60%；5 万元以上至 10 万元部分，补偿比例为 70%；10 万元以上部分，补偿比例为 80%，最高不超过 25 万元封顶线。

提高大病保险门诊慢性病报销比例。门诊慢性病报销比例由 40% 提高到 50%，年度封顶线由 3000 元提高到 4000 元。

"一降低"是指在新农合大病保险补偿时，农村建档立卡贫困对象本参合年度（大病保险参保年度）内起付线下降 50%。

赣县韩坊镇南坑村老屋贫困对象韩和松就是一位受益患者，患病住院，2016 年 3 月在中山大学孙逸仙纪念医院住院治疗，医药总费用 177571.67 元，其中，新农合对其补偿 44192.9 元，新农合大病保险补偿 69697.56 元。

此外，经新农合、新农合大病保险和疾病医疗商业补充保险补偿后的个人负担医疗费用部分，一些符合条件的建档立卡贫困户还可向民政部门申请城乡医疗救助。

追加一道"防线"再减负

尽管三道"防线"缓解了贫困群众的就医负担，但贫困人口依然存在"看病贵"的问题。2016年1月29日出台的《赣州市2016年农村贫困人口疾病医疗商业补充保险实施方案》明确，以政府购买服务的方式为建档立卡贫困人口购买疾病医疗商业补充保险，贫困人口医疗住院不设起付线，疾病医疗商业补充保险报销金额年封顶线为25万元，力争使个人自付费用不超过总医疗费用的10%。

统一筹资标准。按照每人每年90元的统一筹资标准，由市、县财政按2:8比例出资，其中市级财政负担1891.04万元，县级财政负担7564.19万元，贫困对象个人不需要出资。

统一补偿标准。新农合目录内住院医疗费用，按现行新农合政策和新农合大病保险政策补偿后，剩余部分疾病医疗商业补充保险补偿90%，个人负担10%。新农合目录外住院医疗费用疾病医疗商业补充保险补偿75%，市内定点医疗机构负担5%，个人负担20%（非定点医疗机构或市外医疗机构就诊则个人负担25%）。补偿不设起付线，年封顶线为25万元。

统一招标管理。明确由各县（市、区）政府通过公开招标方式择优选定符合准入条件的商业保险机构，并明确了商业保险机构基本准入条件、投标管理、合同签订、保险费的交付、运营费用的核定、违约责任和理赔结算等招标管理要求。

"防线"建起来了，如何保障实施？如何有效结算？对此，政府也都作了考虑，推行三种结算方式，由各县（市、区）结合实际自行确定具体实行哪一种。

一站式结算。将新农合、大病保险、疾病医疗商业补充保险、民政医疗救助四项补偿工作整合在一起，在县农医中心或县人民医院设立合署办公室，设立统一窗口，群众只需到统一窗口，即可办好所有符合条件的医疗补偿项目，实现了"四道保障线"的一站式统一结算。

专门窗口同步结算。设立专门的报账办理窗口，将大病保险和补充保险补偿同步进行。

集中式结算。将有关部门和保险公司整合在同一个地方，集中式、流水式办理结算报账。如会昌县开发建设了"会昌县农村贫困对象疾病医疗补偿结算报账系统"，将涉及群众医疗补偿的各部门数据信息实现了互联互通，方便贫困户医疗报账。

贫困人口疾病医疗商业补充保险方案实施以来，共补偿商业补充保险3305人次，其中，住院医疗总费用14850.92万元，疾病商业补充保险补偿4086.24万元，个人自付1332.48万元，个人自付比例降至8.97%。据了解，如果没有实施补充保险，则个人自付比例为36.37%。

全面筑牢"防线网"

"四道防线"的构筑，牢牢遏制了因病致贫、因病返贫，贫困群众再也不用担心"生不起病""看不起病"，群众健康有了保障。在坚定不移构筑"四道防线"的同时，赣州市全面重视基础设施建设，提高医疗卫生服务能力，注重普及健康知识，将"防"与"治"紧紧结合，将"防线网"织得更牢、织得更密，让"防线"更持久地发挥作用。

于都县坚持"小财政"办"大医疗"，坚决确保并逐年增加医疗卫生支出，打造涵盖县、乡、村三级的医疗卫生基础设施建设网络，提升县级医院医疗服务、加快乡镇卫生院标准化建设、加快村级卫生计生服务室建设。2016年，率先完成123个贫困村的村卫生计生服务室建设，2017年将实现贫困村全覆盖。

同时，于都秉承"治未病"的理念，积极开展健康促进活动，普及健康知识，提升民众健康素养。连续投入资金3亿多元，优化农村生活环境；对贫困人群开展多种形式的健康促进教育，普及卫生常识，改变生活陋习；充分利用媒介作用进行广泛宣传，让健康常识、健康理念深入人心。一系列的预防措施，让全县成人吸烟率下降3%；慢性病住院率下降8%，贫困户因病致贫、因病返贫率下降6%。

公有产权村卫生计生服务室建设也是会昌县2016年健康扶贫的重点工作之一，该县完成88个"十三五"贫困村公有产权卫生计生服务室的建设。此外，会昌还积极实施"一对一"健康服务项目。乡镇卫生院对农村建档立卡贫困人口进行分类管理，建立"一对一"健康档案，并结合因病致贫家庭情况入户调查工作，深入开展"一对一"健康服务。针对梳理出的因病（残）致贫、因病（残）返贫人口，由各级医务人员进行"一对一"健康帮扶，使其康复。

提高贫困地区医疗卫生服务能力，既要硬件建设有办法，又要弥补软件建设的短板。赣州市多措并举，坚持"两手抓"，全方位坚固"四道防线"，让贫困群众告别了"小病扛，大病躺""小病拖大，大病拖炸"的历史，迎来了健康幸福的生活，有了一副好身板，打赢脱贫攻坚战，指日可待。

让"红嫂村"变为"红莱坞"

王晓霞

杏花开放的季节，行走在山东省沂南县常山庄村——这个已有260部影视剧在此拍摄、被央视国际频道以"山村巨变"为题高调报道的"名村"，记者有恍若隔世之感。

在追求民族独立的滚滚烽烟中，一批英勇的光照千秋的山村妇女群体——红嫂，就诞生在这片英雄的土地上。在红嫂纪念馆里，目睹着一件件当年的实物、一幅幅发黄的老照片，聆听着解说员声情并茂的讲解，那段惨烈而悲壮的岁月在游客心中复活了。2017年3月24日下午，记者来此瞻仰，在这片鲜血浸染、英雄辈出的土地上禁不住热泪滂沱。

然而，刚随着人流走出纪念馆，悲壮之情还未消散，记者瞬间被眼前的另一种场景搞得"时空错乱"：

石板房的街巷中，不断有穿着八路军、解放军军装的身影匆匆走过；一个个摄制组正在紧张地招呼群众演员摆好姿势；拍摄间隙，身着演出服饰的群众演员用土话聊天玩笑；唤朋引伴、川流不息的游客在摄制区外围忙着拍照；老乡们用不太标准的普通话叫卖着当地的土特产；更有那不时闪现的"明星脸"……

过去的峥嵘岁月，今天的游人如织，都是历史，都耐人寻味。

第一次受命：亿元户回村当支书

李凤德是沂南县界湖（街道）南村人，今年55岁的他浓眉大眼、身体壮硕、话音洪亮，一副典型的山东汉子形象。多年的商海搏击，又赋予了他沉稳机敏的气质。沂蒙的好山好水养育了他，英雄的土地、乡间传扬的红嫂故事、1941年就加入中国共产党的父亲对他的严格教育，使他养成了爱党爱国、急公好义的秉性。1983年，兵役结束返乡后，年轻的他凭着坚强的吃苦精神、敏锐的市场意识，历经十多年打拼成为当地商界能人，拥有硅沙、物流等多个企业，资产数亿元。

此时，他的家乡南村却村班子涣散、村集体空虚、村民日子困顿。2005年的村班子换届，改变了李凤德的人生轨迹。"他和人打交道能吃亏。我们觉得他回来有威望，于是，我和村委两名干部以及另一位村民代表，请他回村当家。"在南村社区的居民楼前，村民魏杰告诉记者。

"老少爷们儿相信我，我就愿意回村为大家服务，带领乡亲们过上好日子。"没几天，李凤德就将自己的几个企业交给亲戚打理，全心全意地投入带领"老少爷们儿"共同富裕的事业中来。

回村伊始，李凤德就制定了严格制度，"几乎是半军事化管理"，李凤德说。村"两委"开会，一年中迟到两次的自动辞职；对村民的红白喜事，村干部可以随礼但不能参加宴席，以免耽误工作；所有村务都要接受群众监督……不仅如此，起步阶段村里来客的招待费，日常的公务用车，全是李凤德自掏腰包。李凤德以身作则，软弱涣散的班子像铁块一样凝聚在一起。

"一根筷子轻轻被折断，十根筷子牢牢抱成团。"多年搏击商海的李凤德深知，南村要有出路，就必须走集体经济的路子，唯此，乡亲们才能共同富裕。当年，集体经济与共同富裕的关系还不像今天这样被高度重视，社会上对集体经济不乏质疑之声，但李凤德坚定地说："村集体亏了本，算我的；盈利了，算大家的！"

那时，银行不给集体企业放贷，李凤德就以自己的房产和公司抵押贷款，南村先后办起了饲料厂、编织袋厂、建筑公司、开发公司以及 10 万平方米的沿街商铺，使村里的剩余劳动力全部就业，结束了离乡背井、外出打工的漂泊。到 2009 年，村里年轻人结婚就可免费入住 120 平方米的婚房，此举入选"建国 60 周年影响中国的 100 件大事"，巨变的南村，成为一颗新星。

从那时至今，南村村民享受着这样的待遇：人人可在村集体企业中就业，此外，村民各个有补助，60 岁以上老人每年每人 6000 元，普通村民每年每人3000 元；谁家孩子考上大学，村集体会补助几千元。2016 年，南村居民人均纯收入达到了 2.56 万元，曾经"垫底"的城中村成为新农村建设示范村。经济条件好、健康状况佳、精神面貌新的南村村民，羡煞了邻村。记者采访中，一位年过八旬的正在小区凉亭休闲的老大娘自豪地说："俺村条件好，别村的闺女们找对象，要是能找到一个南村的小伙子，可美咧！"

山东是孔孟之乡，《论语》中记载，孟懿子问孝，子曰："无违。"当初，李凤德应邀回村时，父亲曾语重深长地对他说："儿啊！要回来，你就好好干，乡亲们都瞧着呢！你回村不是为自己干，可千万不能给我丢脸啊！"如今，李凤德用行动为子孝做了注解。

第二次受命：村集体接过大使命

2008 年，已华发早生的李凤德肩上，又多了一副特别的担子。

沂蒙革命老区的中心在沂南，沂南的中心在马牧池乡常山庄村，红嫂精神的发源地也在常山庄村。2007 年，42 集大型电视连续剧《沂蒙》在常山庄开拍，打破了这个贫困山村的寂静。时任沂南县委书记马昆敏锐地意识到了常山庄乃至沂南县大变的机遇来临了，如何抓住这次机遇？谁可完成这项非同寻常的重任？马书记的目光落到了李凤德身上。

　　"把沂南县的红色文化产业发展起来"，李凤德深知这个担子不轻。那个晚上，他一夜未眠，一面感恩马书记对自己的重视，同时也心里没底：如何做起来？需要多少投资？尽管南村集体、广汇集团已积累了近两亿元资产，可还从未涉足过文化产业。但他深知，作为沂蒙人，他必须承担起革命老区旅游开发的重任。45岁的李凤德，以沂蒙人特有的无私和大义，向着一个意义深远的目标进军了。

　　在一番考察学习、寻师问道后，由李凤德任董事长的山东广汇集团注资成立了沂蒙红色影视基地，认真听取文化界专家的建议，确立了保护性开发的思路。他们严格遵循不大拆大建、不损坏古村古貌、不影响影视拍摄的原则，建设中不仅完好保存了古村落的老屋、戏台、石碾、石磨、石板巷等元素，还还原了打铁、编织、织布坊等民间作坊，推出了红色实景剧、古村戏台子、舞龙舞狮等丰富多彩的民俗表演，形成了常山庄村独特的文化气质。与此同时，常山庄村民整体搬离了世代居住的石板房，免费住进了宽敞明亮的楼房，再也不用为挑一担水走上好几里山路了。

　　古村古貌保留下来后，沂蒙红色影视基地又因地就势，高标准修建了中国红嫂革命纪念馆、人民子弟兵将帅纪念馆、跟着共产党走纪念馆等11个展馆、13个展室，生动再现了沂蒙红嫂、沂蒙母亲的感人事迹，活化了红色拓展教育的载体，为生动传承"沂蒙精神"和"红嫂精神"开辟了平台，逐步形成在全省乃至全国有影响力的爱国主义教育基地，截至2017年5月，已被全国妇联、济南军区、中国人民银行等70多家单位挂牌为爱国主义教育基地、反腐倡廉基地等，并被山东省委确定为全省党员领导干部党性教育基地。

　　与此同时，李凤德还励精图治、多方运作，将影视基地的功能迅速完善起来，场景制作、道具制作、食宿接待……迄今为止，基地已先后拍摄了《沂蒙》《斗牛》《红高粱》《铁道飞虎》等260余部以抗战为主要题材的影视剧。据了解，沂蒙红色影视基地可同时接待5部电视剧拍摄，能满足2000多名来客的食宿供给。与此同时，周边村民当群众演员逐渐成为一种职业，每

大街不宽戏路宽，沂南县常山庄村已经接拍了 260 部红色影视剧，周边很多村民在做群众演员中实现增收。图为一部影视剧的拍摄现场

年有 1400 多人次利用农闲时节从事群众演员或剧组用工，日均收入 50—200 元。记者采访中，一位村民美滋滋地说，就连他家养的一头毛驴也可以当"演员"，活多时一天能赚个七八百元。

近几年，旅游人次和旅游收入年均增长 30% 以上。红色旅游的发展，给沂蒙革命老区带来了人流、资金流、信息流，拓展了振兴老区、脱贫致富的有效路径。50 多家"农家乐"、手工艺品制作点、土特产销售点应运而生，摊煎饼的、卖大碗茶的、搞粉皮生产的、种植车头梨的，都在日益兴盛的旅游业中赚得盆满钵满。当地深厚的红色文化底蕴和良好的自然生态环境，使得一些原先不起眼的山货卖出了好价格，原先五毛一斤都没人要的车头梨，现在能卖 18 元。

为进一步促进红色旅游业的发展，经沂南县委组织部批准，广汇集团把服务半径进一步做大，组织常山庄周边5个村庄联合成立了以沂蒙红色影视基地为核心的"沂蒙红嫂家乡文化产业园区党委"，可以根据旅游企业用工需要及旅游商品加工需求，以合作社为纽带对村民开展手工技能、群众演员演艺技能、种植技术、服务礼仪等专业培训，并发展了玩具和草柳编织等旅游纪念品加工项目，解决了近千名常年赋闲的妇女、老年人的居家就业问题，使他们年人均增收1万余元。同时，带动周边苹果、冬枣、车头梨等采摘园发展到了4000多亩，亩均增收1万元。

新时代脱贫攻坚战打响后，广汇集团又积极响应党中央号召，主动与一山相隔的国家级旅游扶贫重点村——马牧池乡新立村缔结了帮扶之约，为新立村整村精准脱贫注入强劲动力。

至于红嫂村所在的常山庄村，则在短短十年间经历了天翻地覆的变化。为安置好因影视基地建设而搬迁的村民，各级政府投资8000万元，建设了占地160多亩，集综合服务中心、休闲娱乐广场、医疗卫生所等服务设施于一体的常山庄社区。还投资1.4亿元修建了沂蒙生态大道、红色旅游专线等旅游道路，实现了当地农民生产生活条件的根本改善。宽敞的旅游路、整齐的新社区、红火的影视城、富民的新产业，让这里的村民过上了从前想都想不到的安居乐业的好日子，2016年基本实现整村脱贫。常山庄的巨变，是富村帮穷村的成功典型，这，是李凤德的另一欣慰。

历经十年披荆斩棘，在相关部门的大力支持下，李凤德以影视为表、旅游为核、红色为魂、产业为根、脱贫为本，把沂蒙红色影视基地打造得风生水起。如今，这处占地2平方公里、辐射10平方公里的基地，已拥有古山村、沂州古县城、红色纪念馆、红色写生基地、影视服务中心五大功能区，2012年10月获评国家4A级旅游景区，2014年被国家七部委列为第三批"中国传统古村落"，2015年被授予"CCTV中国十大最美乡村""中国乡村旅游模范村"称号，韩国牧园大学、韩国新罗大学、清华大学、山东艺术学院等38所高校在此挂牌"写生创作基地"。

2013 年 11 月，习近平总书记来沂蒙视察时指出："沂蒙精神与延安精神、井冈山精神、西柏坡精神一样，是党和国家的宝贵精神财富，要不断结合新的时代条件发扬光大。"

几年来，李凤德深感责任重大，他快马加鞭战犹酣。今后几年，将沂蒙红色影视基地建成一处辐射 30 平方公里，集"红色教育＋影视拍摄＋乡村旅游＋文创产业＋扶贫致富"于一体的红色旅游扶贫开发示范基地，最终创建国家级旅游度假区和国家 5A 级旅游景区，争取跻身"全国爱国主义教育示范基地"，并更进一步地推动红色旅游扶贫跨区域合作，在全国著名革命老区打造 20 个"常山庄"，帮助 100 个以上老区贫困村、10 万贫困人口整体脱贫，是李凤德的人生使命。为了县领导的信任，为了不愧对战争年代那些忠勇的灵魂，宝刀不老的李凤德将再拼几年。

子贡曰："贫而无谄，富而不骄，何如？"子曰："可也。未若贫而乐，富而好礼者也。"作为齐鲁之子，李凤德正在进行这样的修行。

千年黑茶拉动湖南安化精准脱贫

陈亚兰

黑茶，曾是千百年前万里茶马古道上的"主角"，而现在，它又成为拉动湖南安化"精准脱贫"的强大引擎。一块茯砖、一根千两茶变身为强大的脱贫动力，拉动着15余万安化建档立卡贫困人口走出贫穷，更推动着安化在脱贫后走向富裕。

老婆孩子热炕头 靠茶就能挣座楼

安化县定在 2018 年 12 月 31 日实现脱贫摘帽。628 天、627 天、626 天、625 天……在县城最繁华的中心环岛中央的倒计时牌上每天都显示着距安化脱贫摘帽的剩余天数。

安化冷市镇冷市村村民曾旺春每次路过这里都要习惯性地站一会儿。此前，盯着红字，他内心是慌乱、焦虑和无奈，什么时候才能摘掉"穷帽子"？现在，看着闪烁的数字，更多的是从容、满足和洋溢在脸上的笑容，黑茶，已经彻底改变了他和家人的生活以及命运！

勤劳、坚忍和抱定自己不能穷一辈子的曾旺春曾经差点被贫困打垮。看到地无三尺平、整个镇上掰着指头都能数出的小门脸和因为没人收购野草长得比茶树都高的 10 亩茶园，曾旺春决定带着妻子远赴广东打工。4 年里，忍受着抛家舍业、与父母儿女分离之苦，并不懒惰的曾旺春夫妇每月 3000 元的收入刚刚够糊口，在亲人眼巴巴的期盼中，打工赚回的那点钱却依然不能改变家庭的窘境。一家名为湖南华莱的茶叶生产厂在冷市镇设厂，这一下子点燃了曾旺春心中的脱贫热火。

2014 年春节后，曾旺春和妻子没有离开家，而是双双进了这家工厂，也就从那时起，贫穷与他渐行渐远。他掰着指头算了一笔账，在厂里，自己每月收入 4000 多元，妻子每月 2000 多元。另外，夫妻俩利用双休日，还可侍弄 10 亩茶园。"以前，茶叶没人要，只能收一季春茶，价格贱到不够人工费。现在，有了加工厂，茶叶成了'香饽饽'，不仅卖到两元一斤，而且能采一季春茶，两季黑茶，三季茶一亩收入就有 1 万多元，我们家有 10 亩呢，梦里都笑醒！"曾旺春谈起现在的生活状态，脸上的笑抑制不住地荡漾开来。

2016 年，对于穷怕了的曾旺春是个大年，他在厂里的资助下，拿出积蓄盖起了 100 多平方米的两层小楼，建房、置办家具家电花了整整 40 万元。

"老婆孩子热炕头，靠茶就能挣座楼"，这在安化已经不是什么稀罕事了。"从小到大，我们从来没把天天见的茶树当回事，但现在政府把它变成了'摇钱树'！"曾旺春说起自己由穷变富十分感慨。

曾旺春一家的故事在安化并非个例。据安化县委书记熊哲文介绍，截至2017年6月，安化县32万从事黑茶种植及关联产业的群体中，贫困人口约有6.7万人，近两年，安化黑茶产业就帮助像曾旺春这样的5万余人脱贫。不仅如此，作为国家扶贫开发工作重点县和武陵山片区扶贫攻坚试点县，在黑茶产业的拉动下，安化全县已经有150家茶叶加工企业，其中规模企业59家。

一亩茶园基本脱贫　两亩茶园完全脱贫

安化县的贫穷和它特有的位置及自然条件密不可分。相对独特的地理环境和气候条件让这里非常适合茶树生长。但前些年因为销售不畅等原因，2004年安化的茶园面积曾跌至5.7万亩。

安化县副县长李德辉介绍，2014年建档立卡时，省扶贫办确定安化县建档立卡贫困村为130个（由于行政区划调整，合并为126个），贫困人口151623人，贫困人口占到了益阳市的一半，脱贫压力很大。

区位条件、自然环境无法改变，贫困人口出路在哪？在安化县担任县委书记9年、现任益阳市副市长的谢寿保介绍，当地政府经过周密调研和科学分析认为，精准脱贫不能舍本逐末，必须靠山、靠水、靠茶。安化黑茶在产业扶贫中特别接地气、特别精准。

安化县主要贫困人口集中在高寒山区和生态保护较为完整的区域，而这个区域恰恰也是安化黑茶原料生产的主要区域。同时，黑毛茶的加工技术要求相对较低，适合在文化水平相对较低的落后地区推广开展。经测算，安化每户茶农种植一亩茶园，每年能获得6000余元的收入，除去2000余元的生产成本，每亩效益达4000元以上，特别是对海拔高处的高山茶、山头茶农，效

在生产车间，工人正用传统工艺装黑茶

在黑茶加工厂，工人们用传承了上千年的传统工艺生产安化千两茶

益就更高，能达到每亩8000元到15000元不等。一户农户建设一亩茶园就能基本实现脱贫，建设两亩茶园就能完全实现脱贫。

"公司＋基地＋农户" 保证茶农三次就业全年创收

黑茶产业做引擎，如何能最大限度地让以"建档立卡"贫困户为主的茶农受益？如何保持产业的可持续发展？安化县委、县政府总结和推广了"公司＋基地＋农户"的"订单式农业"经营方式。安化县县长肖义介绍，其方式是由公司定点负责收购鲜叶，从根本上解决过去茶农卖茶难的问题，同时，在茶农参与的整个前期链条中，茶农实现了三次就业，三次获益。

首先，茶农在茶园种植、培管上实现第一次就业，鲜叶的采摘、黑毛茶初制加工均由茶农主导完成，每天采摘鲜叶的工资为70元到120元不等；其次，技术简单，妇孺皆宜的黑毛茶的加工增值可达6—8元/公斤，这类生产活动为茶农提供了大量第二次就业机会；另外，农闲期间，农民可以到茶叶企业从事制茶、包装、拣梗、销售等工作，实现第三次就业。

贫困户不仅在第一产业——种植中受益，安化黑茶的强劲带动能力又将他们带入第二和第三产业中。黑茶产业雄起的同时，又促进了包装、物流、旅游、设计、广告等关联产业的发展。以包装产业为例，安化黑茶产品包装，特别是花卷茶的制作当中，需要使用大量竹篾，这就在富了茶农的同时大大促进了竹农的增收，漫山遍野没人要的竹子变成了现金，安化几近销声匿迹的篾匠，又成了争相聘请的"香饽饽"。贫困户全程参与到了黑茶产业中，节节挣钱、环环受益。

肖义县长介绍，统计数据显示，2016 年，安化黑茶产业及其关联产业在全县经济总量中占比 21%，茶产业税收占比 20%。截至 2017 年 6 月，全县茶产业及关联产业从业人员达到 32 万人，年劳务收入达 35 亿元以上，黑茶产业已成为安化拓展就业的支柱、脱贫攻坚的支撑和品牌创新的亮点。黑茶产业让 5 万余人脱贫的同时，也成就了安化。同时，一个县城也孵化出作为一个农业产业化国家龙头企业——湖南华莱，其产量、产值占据了安化黑茶的半壁江山，2016 年税收占全县茶叶税收的 80%。

黑茶产业发展壮大后，安化县委、县政府发动龙头企业拿出大量资金反哺农业、反哺贫困农民。仅湖南华莱一家，6 年间就累计捐助扶贫社会资金超过 3 亿元，其中支持地方基础设施建设 1 亿多元，资助贫困学生、特困家庭就医、五保对象近 1 亿元。另外，县委、县政府对丧失劳动能力的贫困户格外关注，真正保基本、托住底，坚决兑现农村低保、五保供养、基本社会保障等政策。将符合条件的贫困户全部纳入低保范围，做到"应保尽保"。对因灾、因病、因残、父母或子女死亡丧失劳动力、政府认定的其他困难群众等五类特殊贫困户，严格按相关政策给予临时救助，让安化的精准脱贫驶上了快车道。

黑茶产业主导 "精准脱贫"底气足

"2016 年，湖南省茶叶综合产值 648 亿元，而安化茶叶的综合产值就达到了 125 亿元，在全省占有举足轻重的作用。"肖义县长表示，2016 年，安化县

茶马古道依然在安化县的崇山峻岭和山涧溪流之间绵延，安化茶马古道以南方最后一支马帮和最完整的茶马古道遗存著称于世

茶叶加工量达 6.5 万吨，茶产业税收突破 2 亿元，荣登 2016 年全国十大生态产茶县榜首，并连续 5 年位居全国重点产茶县前 4 名，黑茶产量连续 10 年全国第一。截至 2017 年 6 月，全县茶园总面积达 31 万亩，创历史新高。"黑茶产业主导，我们精准脱贫的底气更足了，发展县域经济的能力更强了！今年我们将实现茶叶加工量 7.5 万吨、综合产值 150 亿元的目标。"肖义县长这样胸有成竹地介绍。

据安化县茶产业开发领导小组组长蒋跃登介绍，从 2010 年开始，安化县就坚持"质量强产、名牌立业"战略，推动黑茶产业从小作坊向规模化转变，从产量型向质量型转变，从普通茶向名优茶转变，加快实施黑茶品牌发展工程、品牌价值提升工程和知名品牌培育工程，建立中国黑茶产业园，对安化黑茶产业发展进行合理布局，全面提高安化黑茶产业质量水平。

安化县人大常委会副主任、县茶叶办主任肖伟群介绍，安化县建立了全国首个国家级黑茶产品监督检验机构及湖南黑茶质量检测与产业技术服务平台，使黑茶产品的质量把控在全国处于领先地位；出台一系列品牌培育、保护措施，积极引导企业诚信经营，促进行业自律；同时采取"安化黑茶"抱团发展方式，实现"安化黑茶"公共品牌与众多企业自有品牌的互补发展、互动多赢。

　　625、624、623、622……无论阴晴里，还是风雨中，安化精准脱贫倒计时牌上的数字每天都在坚定地跳动着，它终将宣告，国家扶贫开发工作重点县和武陵山片区扶贫攻坚试点县——安化，正在迎接一个伟大事件的到来和人民幸福生活的开始！

辽宁宽甸县：多元拓宽攻坚路

刘云怡

位于鸭绿江畔的辽宁省宽甸满族自治县，东与朝鲜民主主义人民共和国隔江相望，是辽宁省面积最大的县。

宽甸县现有贫困村 106 个，建档立卡贫困人口 3.1 万人，贫困发生率 9%。宽甸县委、县政府以产业扶贫为主攻方向，创新扶贫模式，拓宽了脱贫攻坚道路。

小鸭子，大希望

毛甸子镇洼子沟村建档立卡贫困户李革同本村的 82 户贫困户共同入股了村养殖大户刘锋的养鸭合作社，发展养鸭产业，2016 年鸭场建成后仅半年时间就得到了 1200 元分红。

李革表示，这次分红仅是初期收益，今后每年的人均收益可达到 2000 元。有了养鸭合作社的稳定分红，再加上在鸭场打工每月 1500 元的收入，一年下来，李革不但还清了欠债，而且当年就实现了脱贫。

毛甸子镇洼子沟村地处辽宁东南部山区，水资源和山地资源丰富，当地曾以种植烟叶闻名，受限烟政策的影响，现今只保留了种植面积在 10 亩以上的种植大户，断掉了小种植户的增收来源。本村一直没有一项成规模的替代产业。

围绕农民增收，洼子沟村以扶贫开发整村推进为契机，在抓项目拓渠道上下功夫。洼子沟村人均耕地少，缺乏立村富民的主导产业，农民收入多年一直徘徊不前。针对现状，村"两委"班子认真研究分析贫困根源，考察市场，经多方论证后决定充分利用洼子沟村水资源和山地资源比较丰富的优势发展蛋鸭养殖。

2016 年，洼子沟村以 82 户贫困户的扶贫资金为启动资金，与当地的养鸭大户刘锋合作，发展蛋鸭养殖，出售淡水优质鸭蛋。

5 月初开工建设了 4 座标准化养鸭大棚，5 月末引进鸭雏进行饲养，养殖鸭雏 26000 余只。每个鸭舍可养殖 5000 只蛋鸭，每只蛋鸭年平均产蛋 200 枚，一个鸭舍年纯收入 50 万元左右。这样，每个贫困人口每年纯收入可达 3000 元以上。养鸭合作社还为 36 个贫困户解决了就业问题，入股贫困人口每年纯收入预计可达 2000 元。

2016 年，有了稳定产业收入，在小鸭子的产业带动下，配合劳务输出、医疗、教育等扶贫项目，全村 82 户贫困户全部脱贫。

"羊"味农家乐 贫困户两年成了"羊"老板

永甸镇永甸村依托村集体经济，充分发挥党员和养殖大户的示范带头作用，带动有饲养能力的贫困户发展绒山羊养殖产业，增加村集体收入和贫困户收入。无饲养能力的贫困户，通过借贷互助社资金入股分红实现脱贫。截至2017年6月，已建成占地10亩的绒山羊养殖基地，基地把种羊以30只为一组，分发给有饲养能力的贫困户，基地提供养殖技术和销售渠道，贫困户饲养到100只时，返还30只优质种羊给基地，之后产下的羊羔按三七分成，贫困户得七成。不到两年的时间，农户养殖规模即可达到100只，年收入可达到6万元。那些无劳动能力的贫困户，每户可分红1000元，加上秸秆收入，人均年收入可增加2000元左右。

该村还将绒山羊养殖与农家乐旅游发展相结合，推出羊汤、烤全羊、羊肉烧烤、羊肉药膳等特色农家乐菜品，增加农民收入。

永甸村支书于成利介绍，"贫困户养一只羊，光是羊绒能卖250元钱。再加上羊羔和出售活羊，两年脱贫没问题"。"通过两年时间繁育，每户贫困户可得到50只羊羔，如果发展到百只，一年收入五六万不成问题"。

旅游扶贫 "快乐"脱贫产业

钟家堡村位于青山沟镇南部，全村有贫困户124户，贫困人口274人，是青山沟镇4个省定贫困村中唯一没有旅游资源的村。如何让这些贫困户参与到周边的旅游产业中"快乐"赚钱脱贫致富？

为此，钟家堡村通过整合财政、扶贫、移民、民宗等单位扶持资金1000多万元，租地1038亩成立万花谷生态旅游有限公司，在本村公路两侧千亩土地种植花卉20多个品种，并于2016年端午节小长假对外开放，吸引游客观光，发展生态旅游。

钟家堡村把发展乡村旅游和解决本村贫困人口脱贫有机结合起来，做到对贫困户"用工优先、摊位优先、项目优先"，把扶贫资金投入合作社集中使用，用于旅游项目发展，从旅游收益净利润中拿出 10% 反哺贫困人口。

宋考义一家都是地道农民。母亲 70 多岁了，体弱多病，妻子有肢体残疾，不能干重活，只能勉强维持家务，女儿初中还没念完就退学了，儿子在青山沟镇中学读书。全家的经济来源就靠腿脚不太方便的宋考义一人种田和农闲在镇上打工，家里一年的人均收入为 2500 元。

2015 年钟家堡村为其买了小牛两头，将他家的 5 亩地租给万花谷进行花卉种植，并将宋考义的扶贫资金入股万花谷，安排他媳妇在万花谷打工。2016 年一年，宋考义共计收入 26200 元，人均收入 5240 元。

旅游扶贫在脱贫攻坚中具有独特优势，具有投入小、门槛低、带动性强、覆盖面广的特点，能激活贫困地区经济社会的活力，有助于连片整体脱贫。加上土地租金、打工、销售土特产、开办农家乐等收入，贫困户年人均纯收入可达 6000 元以上。

多项产业 多项收入 确保稳定脱贫

宽甸县大西岔镇杨林村，全村现有建档立卡贫困户 63 户 192 人。

杨林村六组 70 岁的贫困人口杨书林患有轻微脑梗，妻子多年重病，大西岔镇产业办主任兼杨林村第一书记杨晓田，经过研究后，决定依托村上的多项产业，为杨书林一家制定一套组合脱贫方案。短期项目为其提供鸡雏，杨书林妻子利用在家时间即可进行饲养，年纯收入 1500 元。每年在春季，通过电商平台帮助杨书林销售刺嫩芽，不到一个月的时间，收入就达到了 1000 元。对他家的板栗进行品种改良，每年可增收 1000 元，为杨书林提供了力所能及的公益岗位，每年收入 3000 元。长期项目入股合作社，保证杨书林一家能够有持续稳定的收入来源，确保其脱贫致富。

在多方举措帮扶下，如今的杨书林家已经盖上了漂亮的民房，债务已经还清，还发展起了立体式庭院经济，年收入可达万元以上。

杨林村第一书记杨晓田介绍，杨林村利用国家扶贫产业资金，先后建立了以蓝莓种植为主的4个产业基地，实现村集体年收入30多万元。2016年，村党支部以"支部＋基地＋贫困户＋企业"四位一体模式组建脱贫产业合作社，通过"四议一审两公开"民主决策程序，把互助资金64万元、扶贫资金28万元、专项资金12万元，投入村集体发展的蓝莓合作社、养牛合作社、软枣合作社等6个合作社中，每户建档立卡户都享有分红权益。合作社实施动态管理，通过民主程序，对返贫的村民进行确认后，再经过贫困户精准入档程序，将其列入精准扶贫范围，申请扶贫资金后加入合作社享受分红。2017年村所有产业基地都达产后，可实现建档立卡贫困户分红均超过万元。

发展扶贫产业 带动贫困人口实现脱贫

宽甸县委书记吴世民介绍，按照"六个精准，五个一批"的工作要求，2016年全县销号34个贫困村，脱贫1万名贫困人口，其中发展生产脱贫7359人，移民搬迁和危房改造脱贫983人，通过教育脱贫240人，通过医疗救助脱贫212人，最低生活保障兜底脱贫1206人。

2016年，宽甸县以产业扶贫为切入点，制定了《宽甸满族自治县2016年产业扶贫方案》《2016年宽甸满族自治县扶贫资金使用管理规定》两个文件。各贫困村依据本村资源禀赋、产业特点和贫困家庭的实际状况发展产业。一是采取长短产业项目结合的方式发展产业并补贴到户。主要产业项目有低产果园改造、中药材和蔬菜等种植业、畜禽等养殖业项目。二是大力发展村集体经济项目，整合财政扶贫补贴资金、互助金、帮扶资金或支农专项资金，实行利益分成。主要项目有冷库、种植园、养殖场等项目。三是动员贫困户开展"亲帮亲"活动，实施专业大户、家庭农场、农民合作社等新型经营主体与贫困户"联姻"，带动无产业发展能力的贫困户脱贫。四是通过正奥食品、光太药业等龙头企业在贫困村建立产业基地，实行订单农业带动贫困户脱贫。五是通过帮扶单位扶持贫困户发展产业带动贫困户脱贫。

2017 年，宽甸县计划脱贫 37 个贫困村、1.05 万名贫困人口。为确保完成以上工作任务，县扶贫办确立五大产业模式，发展扶贫产业脱贫：采取"长短项目结合＋贫困户"的方式，通过短期项目增加贫困户收入，完成当年脱贫任务，长效项目巩固脱贫成果，保证贫困户稳固脱贫；采取"龙头企业＋贫困户"的方式，通过龙头企业与贫困户签订订单回收合同的方式，降低贫困户市场风险，实现发展产业脱贫；采取"合作社＋贫困户"的方式，贫困户以土地或资金的形式加入合作社，通过年底分红实现贫困户脱贫；采取"集体经济＋贫困户"的方式，大力发展光伏发电、冷库、养殖场种植园、旅游等集体经济项目，带动贫困户脱贫；采取"大项目＋贫困户"的方式，通过争取一二三产业融合等大项目，与贫困村实行"联姻"，通过项目收入来带动贫困户脱贫。

吴世民表示，打赢脱贫攻坚战责任重大、使命光荣，全县干部一定要以"闻鸡起舞"的精神，撸起袖子、甩开膀子、俯下身子，苦干、实干、加油干，用扎实的工作成效，迎接党的十九大胜利召开。

以审计促精准识别

张津津

"有房有车的不能评贫困户""村干部不能评贫困户""有劳动能力的懒汉不能评贫困户""不养老人的不能评贫困户"……村民们口中的这些"不能"，正是湖北省精准识别审计工作中负面清单"硬九条"中的部分内容。

2016年以来，湖北省始终把贫困人口精准识别审计整改作为建档立卡"一号工程"的重中之重。在对数据进行摸底和清洗完善基础上，动员全省近20万名基层干部，对库内数据质量进行核实，识别新贫困户，清理"硬伤户"，紧乘审计东风，将精准扶贫的"第一颗纽扣"扣得更紧更牢。

与数据较真

"球鞋都走坏了几双，自精准识别大审计行动开展以来，拿着数据、走街串巷，挨家挨户进行核查，是我们的工作常态。"负责审计的干部们全都憋着一股劲儿，力争将建档立卡贫困户的数据精准再精准。

2015年10月—2016年2月，湖北省在全国先期开展"回头看"，领导干部们带头对贫困户的识别情况进行回访。不懈的努力换来的是越来越准的数据。据湖北省审计厅核查表明，自"回头看"以来，湖北省的识别精准率达到了93.65%，已经从"基本精准"发展为"比较精准"，"回头看"取得了阶段性的成效。

精准扶贫，准中求准，精益求精。越是要求精准，工作压力就越大。但湖北省继续给自己压上加压，对全省 94 个县（市、区）精准识别的准确性和脱贫成效的真实性进行了全覆盖式审计。在审计过程中，发现库内 52 万贫困人口身份存疑，针对这部分人，不讲条件、不打折扣，以整改方案为铁律，进行层层筛查。数据显示，截至 2016 年 10 月，共剔除识别不准的"硬伤户"贫困人口 33.5 万人，占贫困人口总数的 5.7%，保留疑似贫困人口 38.4 万人，占 6.6%。新识别的补录贫困人口 36.6 万人，占 6.3%，精准识别准确率达到 98% 以上。

"以前，我们村里有好几户，身体没啥毛病，种着几十亩地，住着宽房大屋还被评为了'贫困户'。"赤壁市余家桥乡余家桥村村民老李气愤地告诉记者，这些人有手有脚，不愁吃穿，贪图国家的便宜，而那些真正需要帮助的穷人却得不到帮助，村民们都有点不相信政府了。"现在好了，自从审计的人来了之后，这些不合格的人都被剔除出去了，真正的困难户得到了帮助，政府的政策给力啊，还是得相信政府。"说起审计政策，老李竖起了大拇指。

自从湖北省开展精准识别大审计以来，省内对扶贫对象的识别从"比较精准"发展为"更加精准"，一个个鲜活的例子都是对湖北省精准识别审计整改措施以及成效的肯定。

审计依然任重道远。37 个贫困县、4821 个贫困村、590 万贫困人口，海量数据，想要短时间内全部搞定，毕其功于一役，既不现实也不科学。为了巩固贫困人口精准识别成果，湖北省将建档立卡"回头看"当作一项常态化、制度化工作来抓，不断地提升数据管理水平，确保精准扶贫政策真正惠及贫困人口。

攻克审计中的堡垒

"之前我们的工作确实存在一些不足，各级职务不清，数据管理比较混乱，很容易造成信息传递走样。"相关负责人告诉记者。为解决这一问题，湖北省出台相关意见，对各级干部进行培训。通过培训，既统一了思想又统一了标准，各部门分工明确，数据管理清晰，有力推动了审计整改工作的进行。

在全省范围内举办审计整改培训班，聘请教师对市、县、乡、村近600人进行集中培训。通过培训，学员们统一了思想，充实了队伍，提高了实战能力，确保精准识别审计工作整体推进。同时，为做牢做实建档立卡精准过程档案管理模式，湖北出台《关于做好全省精准扶贫档案工作的意见》，并在"全国第一将军县"红安县召开全省精准扶贫档案工作现场培训会议，要求建立精准扶贫档案台账，全程记录脱贫攻坚动态。

对精准识别审计中上报的数据进行整合看似简单，难点在如何对数据进行有效的管理。为解决这一难题，湖北省出台了《关于加强扶贫开发建档立卡数据管理的意见》，明确提出数据管理要坚持"五原则"，即县级主体、精准识别、核准存量、操作规范、数据共享。划定各级管理权限，层层压实各级管理责任。

政策实施以来，各地违规识别、监管缺位、数据造假的情况越来越少。各地将采集年度数据、动态调整对象、清洗核查数据、建立纸质台账等列为数据管理的工作重点，并在数据运用上分级开展大数据分析，运用数据指导政策落实。在加强监管上定期开展比对、检查，密切部门协同配合、周密落实保障措施、严肃考核监督问责，确保数据的真实性、准确性、有效性和稳定性。

"我们这次的精准识别审计就是要抓细节，找出在精准识别工作中的疏漏。"负责审计的相关人员告诉记者，针对贫困人口识别不精准等问题，他们始终坚持问题导向，对症下药、靶向治疗，在转变理念的同时，坚持历史、客观、辩证地看待审计结果，并深入分析原因。就是凭着这股劲儿，湖北省答好了一套精准识别的问卷，为精准识别工作竖起了一把"标尺"。

以奖惩促激励

积极性与战斗性对于一个队伍的作用不容小觑，如何提高自己脱贫攻坚队伍的战斗性与积极性，湖北省有自己的一套路子；制定一系列的奖惩措施，为打赢脱贫攻坚战提供正向激励导向机制。

第一，将各地的精准识别工作情况与通报成效情况挂钩。湖北省扶贫办组成 3 个督查小组，通过随机抽查、现场核对、电话以及 QQ 群等督查形式，核查各地整改到位率和整改成效。"这次省里是真的较真了，工作干得好的，对其进行表扬，干得不好的就通报。不较真不行啊，不较真工作就干不好，工作干不好，老百姓就不信咱们。"省扶贫办负责审计相关领导介绍说。

2016 年 9 月 21 日，湖北省扶贫攻坚领导小组办公室印发审计整改工作进展情况通报，对 81 个县、市、区提出表扬，对 16 个进度滞后的县、市、区点名批评，并将通报直接寄送市州主要负责人，要求限期整改到位。同时，为保证精准识别的进度和质量，湖北省将建档立卡数据管理工作与各项考核结果挂钩，对个别不能如期完成任务或数据质量差的州市，对当年主要负责同志的扶贫目标责任制考核和财政扶贫资金绩效考评实行"一票否决"。这条"硬"规定的出台，对推动整改工作起到了很好的促进作用。

第二，在脱贫攻坚工作中，遵循资金分配公正、公平、公开与绩效并重原则，将精准识别准确率与资金分配挂钩。在分配中央及省级财政扶贫资金的基数方面，按库内贫困人口实录数、贫困村个数、贫困县所占权重依次为 60%、20%、20%，严防"数据造假、数据脱贫"，对库内贫困人口数与规模控制差异率较大、数据质量不高的县市，相应扣减扣回扶贫资金。

乘审计东风，湖北省正持续抓紧数据整改，不断剔除"硬伤户"，补录新识别户，将省内的精准识别从"基本精准"发展为"比较精准"，将精准扶贫的"第一颗纽扣"钉准钉牢。

红色土地老有所依

杨婧

2017年国家精准扶贫工作成效第三方评估江西组评估工作涉及五个县市。由高校学生及老师们组成的评估小组来到了井冈山，对其精准扶贫工作进行调研。井冈山市于2016年脱贫摘帽，此次评估主要围绕贫困户收入是否稳定超过国家贫困线、能否达到"两不愁三保障"展开。此次调研给评估小组留下了深刻的印象。

"大叔，咱家今年种了多少亩地呀？还担心吃穿吗？"

"大娘，咱家房子现在住得安心吗？孙儿上学咋样啊？新农合、新农保买了没有啊？"

……

和农户们接触的十几天，一句句亲切的交谈不断拉近评估小组和村民们的距离。从破旧不堪的土坯房到新建的多层洋别墅，从泥泞的黄泥小路到宽敞的水泥大道，大家为贫困户曾经的艰辛困苦而感慨，更为他们如今的欢声笑语而欣喜。

在访谈过程中，老年人群体引起了评估小组格外的注意，他们大多因病、缺劳动力致贫。他们的养老问题如何落实？"两不愁三保障"如何落实？这成为评估小组此次工作关注的重点之一。

扶贫 + "扶情"，吃穿有保障

老有所依，吃穿靠谁？老有所依，依的是子女和政府。随着扶贫工作的有力推进，老人们已基本实现吃穿不愁。当问到一位老奶奶有几个孩子，孩子是否跟她住在一起、是否会给她生活费时，老人指着墙上的全家福满脸笑颜，直说自己孩子孝顺，大家都打心眼儿里替老人高兴。但是另一位老人的境遇却让小组成员倍感揪心。老人的老伴在几年前去世，女儿远嫁，儿孙们外出务工或求学，只剩老人独自守着空荡荡的家，连个说话的人都没有，平日里最多也就是同邻居和到访的干部寒暄几句。"一年到头，我就盼着过年过节，只有那几天，家里才能热闹一些，才能有人陪我说说话。"说起这些，老人忍不住流下了眼泪。

老话说"养儿防老"，但部分老人却只能将养老寄托在"新农保"和政府的其他补贴上。赡养责任在不知不觉间转嫁给政府，政府成了万千老人的儿子，这在很大程度上增加了政府负担。

如何将子女赡养和政府养老有机结合，在落实基本养老保障的基础上减轻政府负担，成为一个值得思考的问题。扶贫应与"扶情"相结合，在村庄内部制定村规民约，加强子女感恩教育，通过道德教育营造良好的村风、家风，从物质和心理层面给老人们带来双重慰藉，让老人们在吃穿不愁的基础上"情不愁"。

政府政策＋社会力量，医疗有保障

老有所依，医疗如何保障？老人最怕的就是年老一身病，既担心高额的医药费支付不起，又担心增加孩子负担。如今，一些贫困户的新农合、新农保、大病救助、商业保险由政府统一代缴，报销比例也不断提高，贫困户的医疗负担减轻了，许多因病致贫的老人顺利脱贫。当问及能否买得起药时，大多数老人说"现在政府政策好，看病基本不用花多少钱"。但也有部分老人坦言，"便宜的药还行，贵的就负担不起"。

虽然政府提供了基础医疗保障，但随着现代医疗技术的发展，疗效逐渐成为人们考虑的重要因素。而疗效往往又与其价格成正比，享受基础医疗保障的老人对疗效的需求往往得不到满足。当政府面临医药补贴瓶颈时，社会的力量就显得尤为重要。对于一些无生活来源、无劳动能力、无法定抚养义务人的"三无人员"，社会公益组织可在国家补贴范围之外对其进行资助；对于一些有子女的老人，可以将子女、政府基础医疗、社会公益组织三者联结起来，形成合力，使老人获得更高效的医疗救助。同时，政府也应搭建信息共享平台，及时提供救助需求信息，为社会力量参与社会救助创造条件、提供便利。社会力量更应充分发挥好自身的专业优势，为贫困户提供医疗费用补助、心理疏导、亲情陪护等多种形式的慈善医疗服务，帮助贫困老人在减轻医疗负担的同时满足其对疗效的需求。

危房改造＋安居工程，住房有保障

对于那些具有浓厚乡土情结的老人来说，家里的老房大多是他们年轻时凭借双手一砖一瓦建成的，有深厚的感情，他们宁愿住在几十年的老房中，也不愿跟随外出打工返乡的子女住进新建的洋房，老人和子女同村不同房的现象十分普遍。政府便对老人的房屋进行危房改造，确保其住房安全。有孝心的子女也会遵从老人的意见将自己的新房修在离老房不远处，时时看望，老人们的生活倒也舒适安逸。

安居工程和交钥匙工程实施以来，村里的洋别墅越建越多，改水改厕、环境整治也稳步进行。无房老人在政府的帮助下，实现了安居，他们笑呵呵地告诉小组成员，春节前就能搬进去。一位村里的干部告诉大家，一位老人刚住进新房时，坐在村里新发的席梦思上高兴得像个孩子。一床席梦思，一套简单安全的住房，就能让他有个安安稳稳的家。近年来，随着土坯房改造、拆旧建新等工程的进行，贫困户的住房条件得到了极大改善。好多老人都在感叹，"真没想到这辈子还能住进二层小楼""现在国家政策好了啊，感谢党，感谢总书记"！谈及村里的驻村干部和家里的帮扶责任人，农户们都竖起大拇指，纷纷表示干部们的工作做得是真好。"干部们对我比我儿子还亲。"一位老爷爷激动地说。可见，政府工作得到了贫困户们的高度认可。

革命老区井冈山，每家每户的堂屋里都挂着一幅毛主席的画像，村里不乏革命烈士、老干部和老党员的后代，农户对党和政府，保持着不渝的忠心和信心。评估小组抽空去了一趟井冈山革命烈士陵园，战士们的英勇无畏让大家由衷敬佩这片红色土地上勤勤恳恳的人们。革命精神薪火相传，土地的宽厚精神又根植于人们的内心，两相融合，造就出井冈山的不俗之气。

和农户们相处的十几天，小组成员看到了城市生活中不曾看到的酸甜苦辣，在热情的乡音中，感受到了五味杂陈的人生。尽管山路曲折，舟车劳顿，但只要一走进农户家中，看到他们亲切的脸庞，所有的劳累都烟消云散。乡村云雾缭绕，溪流蜿蜒环绕每村每户，伴着流水声，滋养一方水土，养育一方人情。小组成员们多么想再次回到那片红色土地，问候那一缕乡音，和老人们一起，手牵手，话家常。

从"左权样本"看基层扶贫的生动实践

李富根　魏博　王虔　郑亮

"扶贫攻坚，党心所向，民心所依。"走进山西省左权县，这样的标语随处可见。"扶贫攻坚"四个字，不仅刻在了石壁上，更烙在了人们的心里。

贫困发生率高达 21.77% 的左权县，部分地区基础设施滞后、公共服务不足，甚至不宜人居，大多数贫困户属于"贫中之贫、困中之困"，消除贫困和全面建成小康社会任务十分艰巨。

自 2001 年被列为国家扶贫开发工作重点县以来，左权县历届政府高度重视脱贫工作，把脱贫攻坚作为"第一民生工程"来抓。尤其是十八大以来，左权县坚决贯彻落实精准扶贫精准脱贫方略，向决战贫困发起了总攻令，制订了 2018 年底全面脱贫、2020 年达到全面小康的目标，因地制宜实施"六个精准""五个一批"，成为中国精准扶贫的生动实践样本。

挂图作战，扶贫工作统揽全局

贫困现状图、贫困人口致贫原因分析图、贫困户脱贫目标任务图、村级脱贫目标任务图、村级脱贫攻坚组织保障图……在左权县 125 个贫困村村委会的墙上，都挂有这些"作战图"。

贫困地区独特的地理位置和经济发展的具体条件，决定了它的发展变化只能是渐进的过程。决战贫困，左权县的"打法"是，紧紧抓住精准扶贫精准脱贫这个"牛鼻子"，精准识别贫困人口 29717 人，坚持以脱贫攻坚作为统揽全县工作大局的"纲"，纲举目张，整体谋划，分步实施，以创新、协调、绿色、开放、共享五大发展理念为引领，推动社会经济的全面进步。

巍峨雄伟的太行山脉，曾经是革命胜利的天然屏障，却一度成为阻断老区人民致富之路的"贫困大山"。如何让"贫困大山"变作"金山银山"？近年来，左权县充分运用脱贫攻坚带来的政策、资金资源和体制机制等优势，加快林业发展步伐，在最大限度让贫困群众在参与林业生态建设中得到实惠的同时，为全县生态文明建设提质增效。

"'十三五'期间，左权林业扶贫攻坚贡献率要占到全县总任务的 20% 以上，助推 1.2 万人如期脱贫。截至 2017 年 6 月，全县共成立扶贫攻坚造林专业合作社 45 家，吸纳贫困人口 626 户。林业扶贫项目的开展也带动了生态建设，全县森林覆盖率由 35% 提高至 39%。"左权县林业局总工程师关晓东向记者介绍。

"春季时跟着合作社种树，平时照管树林，一年下来收入 5000 多。"麻田镇的杨文秀因供孩子上学一度成为贫困户，仅靠三亩地的收入，生活难以为继。成为生态护林员后，既有了稳定的收入，又有了体面的工作，每次穿上生态护林员的工作服装，他的自豪感油然而生。

以脱贫攻坚统揽全县经济社会进步的"打法"，在 2016 年这个"十三五"规划的开局之年"战果"斐然：23 个贫困村、8147 名贫困人口稳定脱贫，据第三方评估数据显示，群众满意度达到 92% 以上；核桃、养殖、中药材等特色农业和光伏、乡村旅游等新兴产业发展迅猛；农村整体环境、基础设施和农民的内生动力都持续趋好。

扶贫先扶志，扶贫不是慈善救济，关键要激发贫困群众的内生动力、改善其精神面貌。左权县充分发挥第一书记和基层党支部的作用，加强对群众的"思想扶贫"。

位置偏僻的龙泉乡连壁村脱贫压力大、担子重。村党支部班子摈弃"等靠要"的思想观念，依据本村的实际条件，实施产业脱贫。基层干部们从解决思想问题入手，与村民们谈心，提振他们的精神，使村民们看到出路和希望。

2016 年，连壁村如愿摘帽脱贫。

"以前不太关心国家大事，现在不一样了，自从村里来了第一书记，给我们带来了很多信息，我现在经常看新闻，了解国家对农民的好政策。"左权县拐儿镇村民张世林说。

上下同欲，帮扶队伍凝心聚力

上下同欲者胜。干部群众是脱贫攻坚的重要力量，打赢革命老区的脱贫攻坚战，既要激发贫困群众积极性和主动性，更要打造一支"不走的扶贫工作队"，在实战中培养锻炼干部。

在左权，有来自各行各业的人群共同为脱贫事业添砖加瓦，他们组成了一支充满力量的扶贫队伍。山西省省长楼阳生的扶贫联系点就在左权县，今年 4 月，他在前往自己的联系点调研时表示：拧紧责任螺丝，凝聚各方合力，推动脱贫攻坚政策措施精准落地、精准见效，兑现对人民的庄严承诺。

基层干部是奋斗在扶贫工作第一线的人，他们解决的是贫困户们最切身的困难。里长村是左权县老龄化程度较高的一个村，村委会在县里的帮助下建立了老年人日间照料中心，65 岁以上的老人可以在这里解决一日三餐。"目前在食堂就餐的有 40 个人。如果孩子们都不在家，无法照料，还可以在这里住宿，中心还有大众澡堂。"里长村书记宋向林介绍。80 岁的老人宋喜荣笑容满面地说："一天三顿饭都在食堂吃，不掏钱，得病了还有合作医

里长村的老人们在日间照料中心用餐

疗。我们老年人在一起吃饭又热闹，又不用麻烦子女，吃完饭打扑克，搞活动，活得挺幸福。"

扶贫不是一城一地"自扫门前雪"的工作，还需要全社会共同发力。在左权，中央单位的定点帮扶发挥了巨大作用。左权县委书记王兵表示，2002年以来，左权县的定点帮扶单位中国外文局在人力、物力和财力上给予了左权极大支持。在寒王乡，屋顶光伏能帮助贫困户每年增收7000元；里长村的农家书屋里，价值5万余元的图书让孩子们流连忘返；石匣乡未来将有100亩蔬菜拱棚帮助贫困户实现更好的生活……这些，都离不开中国外文局的帮助。"自2007年以来，我们选派了10批27名干部，参与到左权县的精准扶贫工作。每一年，我们都会因地制宜，因户制宜，制定精准的扶贫政策。"中国外文局在左权挂职的副县长王洋介绍道。

在左权扶贫攻坚战役中发挥关键作用的，不仅有执政党全心全意为人民服务的宗旨，还有"全国一盘棋""一方有难、八方支援"的政治资源优势，以及先富帮后富、共同致富的社会主义内涵。

民营经济在左权的扶贫工作中扮演着非常重要的作用。鑫森酒庄位于左权县左权湖畔，辐射带动周边群众种植葡萄，还可以吸纳贫困户在酒庄工作。"周边贫困户来这里劳动，管吃管住，工作一年，一个女工能收入1万多元，而男工能有两万多的工资。"酒庄负责人郝左亮介绍道。左权全县有17个非公有制企业与17个贫困村进行了结对帮扶，为贫困村安置剩余劳动力、提供技术培训，帮助贫困村加快脱贫致富的步伐。

深根固蒂，本质脱贫杜绝返贫

在左权，让眼下近三万贫困群众真正摆脱贫困，不返贫，实现全面脱贫目标，与十几亿同胞一起走上小康之路，时间十分紧迫、任务相当繁重。推进精准扶贫，解决好"怎么扶"的问题，发展生产脱贫是重中之重。产业扶贫

左权县通过发展光伏等产业对贫困群众进行"造血式扶贫"

能最大范围地覆盖贫困区域、贫困群体，变"输血"为"造血"，也是左权县实施精准扶贫的重要抓手。

"在产业对接上，左权县大力实施庄园经济、合作经济，培育新型经济主体，根据贫困人口致贫原因制定对应帮扶措施。大力发展核桃、杂粮、规模健康养殖、设施蔬菜、中药材五大产业，带动贫困人口增收。截至2017年6月，合作社将近1000家，庄园经济有四五十个，吸收贫困劳动力就近打工。"左权县扶贫办主任窦俊秀介绍。

在左权县里，发挥扶贫"造血"功能的还有光伏产业，"十三五"期间，左权县力争全县贫困区域光伏电站总装机容量突破130兆瓦，年发电量1亿度，确保建档立卡贫困户年均增收3000元以上。

"产业帮扶是为贫困群众栽了一棵扶贫树，这棵树生根发芽、开花结果，能让他们持续受益。"中国外文局驻里长村第一书记张健这样总结产业扶贫的作用。

扶贫攻坚不是领导干部的政绩秀场，是决战贫困的一场硬仗，是实实在在地让人民群众过上好日子。为确保脱贫成效，左权县按照本质脱贫的要求，严把贫困人口退出关，做足"成色"。一方面，左权县完善了考核、退出、评估"三位一体"的脱贫成效评价机制，严格规范退出标准和程序，确保脱贫一户，销号一户，坚决杜绝数字脱贫、虚假脱贫现象。另一方面，左权县专门聘请第三方评估机构，对全县 10 个乡镇、20 个村、200 个贫困户进行考核评估，彻底打消了扶贫工作"流于形式、敷衍了事"的念头。

此外，左权县还组建 10 个扶贫攻坚专项督查组，对脱贫攻坚工作进行全面督查；并强化问责机制，全面落实党委主体责任和纪委监督责任。

这一系列举措，都彰显了左权县摆脱贫困、实现跨越发展的坚定决心与信心。"弱鸟可望先飞，至贫可能先富。"在新时代，自强不息、艰苦奋斗的"太行精神"又将支持左权人民赢得脱贫攻坚这场硬仗，取得全面小康的伟大胜利。

山水美景富乡亲

龙博

　　阳春三月，细雨霏霏；苍山翠岭，烟萦雾绕。八桂大地的乡村田园里，山川壮美，往来游客络绎不绝，流连忘返；特色民族村寨炊烟袅袅，茶饭飘香，身着盛装的瑶族阿姆端着美酒，盛情款待着八方来客……这一幅幅乡村旅游的画面，也是广西发展旅游扶贫，带动边远闭塞地区群众脱贫致富的真实写照。

　　众所周知，作为风光大省（区）和多民族聚居地，广西坐拥丰富的自然、人文旅游资源。如何将绿水青山转化为"金山银山"？近日，笔者走进广西三江侗族自治县、龙胜各族自治县，深入发掘广西以"全域旅游"推动精准扶贫，利用绿水青山打造"金山银山"的旅游扶贫模式。

"旅游＋茶"——带动旅游经济联动发展

　　三月的三江县八江镇布央村阴雨绵绵，绿波荡漾。一场春雨过后，村民吴民德逮住时机，身背竹篓来到自家的茶园里采摘嫩茶。由于前晚刚下过雨，茶叶的芽尖还沾着雨水，嫩叶儿显得鲜翠欲滴。吴民德手脚麻利，一杯茶的工夫，身后的背篓便已装下小半。

　　"刚发出的嫩芽就要及时采摘，不然过了时候芽老了就不值钱咯！"吴民德向笔者介绍，他家总共种有11亩茶园，一天采得多的时候能采十来斤的茶。市场上一斤能卖到12元左右，如果是直接卖给前来旅游观光的游客，那利润则更丰厚。

"我家里有 5 口人，有 3 个小孩在上学。之前自己在外面打工，每月能赚两三千块钱，后来县里引导我们种茶，不用外出打工，在家门口每月也能有两三千元的收入，再加上现在村里打造茶文化旅游观光园，我们帮忙打些零工，每月还能有好几百元的收入。"吴民德说。

村里贫困户的收入远不止这些。"我们这里的村民有三种入股形式，均可直接产生效益。一是土地入股，即公司在旅游开发时涉及村民土地的我们都折算入股；二是人头股，村里每人都拥有 10 股；三是现金股，村民可以通过现金或贷款等形式直接入股公司。三种形式下来，布央村每人每年可获得 5000—6000 元不等的收入。"布央古茶园旅游投资有限公司总经理吴战科说。

"旅游＋茶"的发展模式，也让布央村 80 多户贫困户走上了致富的快车道。2016 年，布央村村民人均收入达 13316 元。随着茶园休闲观光的兴盛以

"旅游＋茶"的发展模式，让三江侗族自治县布央村的贫困户踏上了致富快车道

及村内基础设施的改善，从柳州、南宁甚至是从广东慕名而来的游客络绎不绝，同时也带动了周边村屯贫困户的脱贫。

据了解，三江县通过对示范区茶园灌溉、污水处理、风貌改造、道路建设、休闲观光配套设施等项目的投入，以连片大面积茶叶种植形成的特色农业景观为基础，以地域特色文化为背景，形成了由农业生产、旅游观光、文化体验为一体的乡村旅游综合发展观光园区，2012 年以来，该园区已举办四次茶文化系列活动，日平均接待游客 150 人以上，每年接待各地游客达 6 万余人次，2013 至 2016 年旅游收入上千万，现代农业特色观光休闲旅游有效带动了贫困户脱贫致富。

生态旅游——助力脱贫致富

位于长江洞庭湖水系最源头的三江县高友村山清水秀、泉水清爽甘甜、松杉林木茂盛、翠竹环绕，寨中心有三江保护最好、规模最大的飞山宫，白色建筑引人注目，傍山而建、古朴的吊脚楼渗透着别致的风情。

笔者在村口看到，几台挖掘机正在寨子里紧张施工，一个面积达 15 亩的 4A 级停车场正初具轮廓，游客中心以及公厕等基础设施也将配套完成；驻村第一书记莫中山介绍，届时村屯 10 公里左右的水泥道路也还将升级改造，拓宽成约 8 米的旅游公路，进一步完善村寨的基础设施。

在村民潘凤军家里，他和爱人正在将茶叶灌入机器里，对茶叶进行一番揉捻加工。旅游淡季里，种茶便是潘凤军的主业，而进入旅游旺季，潘凤军家则转换成了另外一种业态：农家乐。他家的二楼有 5 间客房，还有一个大大的餐厅，这些全部是为游客准备的。从"五一"一直到"十一"，家里的客房几乎周周都有预定。作为名副其实的侗族村寨，村里有着多姿多彩的民俗风情文化，有芦笙节、乌饭节、尝新节、斗牛节、吃冬节、谷雨韭菜节等名目繁多且极具侗族风情的节庆活动和各种歌会，络绎不绝的游客不仅给小村寨带来了名气，也使村民的收入迈上了新台阶。

据介绍，高友村共有 1927 人，其中贫困户 515 人。2016 年，高友村农民人均纯收入 6580 元，旅游总人数 26000 人次，实现旅游收入 160 万元。通过旅游发展以及茶叶种植加工，2016 年高友村有 6 名贫困户实现脱贫。下一步，高友村还将加大旅游基础设施建设力度，扶持农家餐馆、旅馆建设，整合提升建筑文化和民族风情文化资源，打造出农家乐生态旅游景区，今年高友村的贫困户将全部实现脱贫。

近年来，三江积极挖掘丰富的自然资源和浓厚侗族文化，紧扣"创特"工作目标，统筹推进"创特"工作深入开展。通过"侗族大歌天天唱、芦笙踩堂天天舞"等传播特色民族品牌和强化市场效应，为推动全县旅游产业发展增添新动力。通过承办全区乡村旅游与生态休闲产业发展工作推进现场会、举办中国大桂林旅游·湘桂原生态风情节等，主动融入大桂林旅游圈和贵广高铁沿线精品旅游产业带，培育三江旅游发展新亮点，因地制宜打造了新一批特色景点作为总体旅游发展格局的补充，形成了新的旅游服务热点，带动了贫困地区的脱贫致富。

资源入股——村民"哼着山歌搞旅游"

"背着犁耙种田地，哼着山歌搞旅游"，这是龙胜县龙脊镇大寨村村民对旅游开发以来自家生活状态的新描述。"如果不是梯田旅游开发，我们村民还过着面朝黄土背朝天的传统农耕生活。现如今，水电到户，硬化道路通村屯，家家都参与旅游产业，人人都能获得分红，村里人的日子越过越红火。"大寨村村支书潘保玉说。

大寨村以"天下一绝"的龙脊梯田蜚声海内外。村内"西山韶月""千层天梯""金佛鼎"等梯田自然景观及浓郁的瑶族风情吸引了无数中外游客纷至沓来。三月的龙脊梯田薄雾缭绕，沿着索道自山脚下缓缓上升，观赏着层峦叠嶂中"天梯",更是别有一番风味。

据介绍,大寨村从 2003 年开始发展旅游开发,2006 年开始整村推进发展旅游扶贫。"以前没有修索道的时候,村民主要靠卖自家的农产品,当挑夫营生,少部分人开旅馆,后来旅游公司为了推进旅游开发,与村里合计修索道,却遭到了村民的反对,修缆车的施工队也多次被赶出村子。"潘保玉说,为了说服村民,他带着村"两委"班子挨家挨户上门劝说,给他们做算术题,细数修通索道后能带来的好处。此外,潘保玉以"不要长期做挑夫,要自己当老板"来劝说有异议的村民,一句话便打动了大家,村民们的思想也开始转变,索道于 2012 年正式修通。

索道修通后,村里的收入每年都翻番。2012 年,大寨村的分红有 110 万元,2013 年达到了 220 万元,2016 年更是达到了 473 万元之多。"我们这边在路边摊卖红薯的阿婆,一年的收入也有 1 万—2 万元!更别说开餐饮和住宿店的村民了。"潘保玉自豪地说。据介绍,2016 年,大寨村农民人均纯收入达 7800 元,全村共有贫困户 47 户 196 人,依托旅游扶贫发展,去年仅靠旅游分红一项多的有 43500 元收入,其中最困难的一户潘应芳分得 43000 多元。2016 年,依靠旅游产业以及分红,村里所有的贫困户实现脱贫摘帽。

龙胜县委宣传部副部长蒲庆锋介绍,近年来,龙胜坚持"全域一区一线"的发展思路,按照全域旅游的理念,把整个龙胜建设作为一个大景区,以建设生态旅游扶贫大环线为切入点,在沿线合理布局建设乡村旅游服务设施,串点成线、串线成面、广泛辐射。该县直接从事旅游业的有 2.5 万人,间接从事旅游业的有 5 万多人,乡村旅游业覆盖建档立卡贫困群众比例 30% 以上。在龙脊梯田景区举行的 2016 年旅游扶贫成果分红中,大寨村民分到奖金 473 万元,平安寨村民分到奖金 260.4 万元,龙脊古壮寨及周边村寨共分到 255.6 万元。

龙胜县黄洛瑶寨村民正在进行舞台表演

依托品牌——打造特色民族村寨

在龙脊梯田的山脚下，尽管没有了山上居民的天然资源优势，但世代居住于此的红瑶族依然找到了脱贫致富的好诀窍。"天下第一长发村"，便是他们打造的少数民族风情旅游品牌。

贫困户粟维艳正是这一特色民族风情表演的演员之一。"我在这里演出有10多年了，我们表演的舞蹈融合了红瑶的民族特色，以长发表演为主，一台演出下来也就半个小时左右。"粟维艳向笔者介绍，他们每人每月都有15天可以参与演出，演出一场可获得15元的收入，平时可以演3到4场，旺季时一天可以演10来场，到年底每人还能获得1000多元分红。除此之外，她家还种有3亩左右的百香果，不用演出时就在地里农忙，一年也能有五六千元的收入。

算下来，她家去年一年的收入达2万余元。

旅游产业给黄洛瑶寨贫困户带来的变化显而易见。2007年屯里与旅游公司合作，2016年全屯实现旅游歌舞表演收入200余万元，销售工艺品收入8万余元，仅旅游这一项给黄洛人民带来每年每户2万余元的收入。全寨共有贫困户9户35人，依靠旅游扶贫致富，每户增收2万元。黄洛瑶寨依托旅游走上了脱贫致富奔小康之路。

据介绍，龙胜县不断加强特色旅游品牌宣传，强力唱响"世界梯田原乡、世界滑石之都、多民族生态博物馆、中国红玉之乡、康寿养生胜地"五大特色旅游品牌，推动红色文化游、农耕文化游、民族风情游、休闲度假游、乡村体验游、生态森林游、康寿养生游、中国红玉文化游等旅游方式持续火热。通过举办"龙脊梯田文化节""开耕节""红衣节""辣椒节""红糯节"等民族节庆活动，吸引了众多海内外游客，不但扩大龙胜的知名度和影响力，而且通过旅游业也带动了贫困村的脱贫致富。

小山村里的大幸福

刘红涛

山西省吕梁市离石区信义镇新山湾村是典型纯传统农业村，地处吕梁山片区，虽然全村有1400亩耕地，6000亩林草地，但贫瘠的土地和干旱缺水的地理条件，无法给全村带来富裕的生活，2015年全村人均可支配收入仅2000元左右，村里几乎一半的人口是建档立卡贫困户。

去年初，吕梁市委下乡包村干部刘永平驻村后，通过走访，结合山区的实际制定了坚持基础设施建设与产业扶贫共同推进的扶贫思路。

养牛合作社成了贫困户的第二个家

"村里建了养牛合作社后，还建了比我家还好的休息室，现在我几乎天天睡在合作社，我是养牛、种地、照看家庭'三不误'，这里成了我的第二个家。"今年58岁的信义镇新山湾村村民高福贵说。

高福贵一家3口人，儿子在外地打工，全家一年的收入不过几千块钱，家里的房子仍是几十年前的土窑。

村集体以"龙头企业＋合作社＋贫困户"为主要发展模式，成立了吕梁市离石区东兴养殖专业合作社。该合作社占地面积20余亩，建筑面积1806平方米，由31户村民组成，其中贫困户27户。贫困户以三户联保的形式共申请金融贷款88万元，购进能繁母牛108头。27个贫困户按户均3头计算，每户贫困户一年可增收15000余元。

高福贵利用金融扶贫贷款买了6头能繁母牛，如今看着牛圈里低头吃草的6头牛，还有即将出生的2头小牛犊，他说："有了这个专业合作社，我们家的收入翻倍了，养牛真的使咱山村老百姓看到了脱贫致富的希望。"

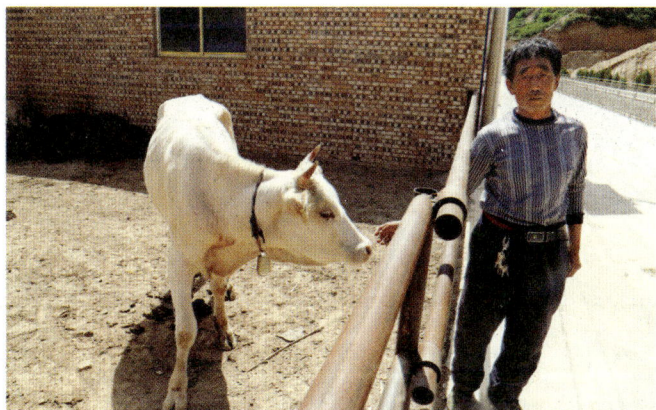

吕梁市离石区信义镇新山湾村58岁的贫困村民高福贵参加了东兴养殖专业合作社，年增收1.5万元

"我们以村民的玉米、农作物秸秆作为饲料，采用生态养殖保证肉质，同时把牛的排泄物变废为宝做肥料。下一步，我们在继续引进优良品种的同时，扩大养牛规模，吸引更多的贫困户加入合作社，争取带动更多的贫困户脱贫致富。"该村党支部书记闫文忠说。

传统手工制醋

山西人爱吃醋，离了醋吃不下饭。随着制醋的工业化发展，手工醋慢慢成了稀罕物。

在新山湾村，新山湾食品专业合作社二楼屋顶上放着一个大大的不锈钢圆桶，10米开外就能闻到醋的清香。"把高粱蒸熟，加入酵子，放入缸中发酵，3到5天后就发酵好了，再加入麦麸、谷糠等搅拌均匀，装入缸中，加热加湿酒化，最后进行陈酿，就可以随时出厂了。"醋作坊的经营者张国忠介绍道。

张国忠是新山湾村村民，22岁的他娶妻生子后，面对生活压力，干起了贩醋的行当，之后又去清徐学习酿醋并回乡建了醋厂。

吕梁市离石区信义镇新山湾村原来的臭水沟被改造成现在的水渠

　　2016年，张国忠联合三户贫困户成立了吕梁市离石区新山湾食品专业合作社。

　　现在这个纯粮老陈醋作坊每天产量达2000—3000斤，帮助贫困户年均增收近万元。现在有更多的贫困户也看好了这个手工醋坊，纷纷要求加入。

　　张国忠表示，村里乡村旅游的发展，也为手工醋打开了更宽的销售渠道，今年他将吸纳更多的贫困户加入合作社，带领乡亲们共同致富。

旅游扶贫　为村庄提供发展后劲儿

　　现在走进新山湾村，能看到整齐的砖瓦房、水泥路，道路两侧有路灯、花坛，但谁也想不到两年前，这里还是个土窑、臭水沟、杂草丛生、垃圾满地的小山村。

　　包村干部刘永平介绍，近两年，村里投资240万元改善全村基础设施，改造横贯村内的排洪渠1000米，建成高标准的百米文化长廊，修复村内残垣断

吕梁市离石区信义镇新山湾村老村的土窑被加固装饰后，散发出浓浓的山西风情

壁 5000 平方米，栽植松柏 100 株，硬化村内道路 1 公里，村容村貌得到整体提升。

在新山湾村的老村，记者看到原来依山而建的土窑被加固装饰后，散发出浓浓的山西风情，改建后的民宿成了当地书法家协会和民间民俗文化的活动基地，更成了婚纱摄影和时尚摄影的场地。

刘永平说："新山湾要先建配套，再建房子。只有随着旅游休闲产业的不断发展，实行易地搬迁的村民才会持续受益。"基于这一思路，村内正在建的红色传统教育基地，把杜凤英烈士纪念馆、青少年户外拓展体验基地、乡土文艺演出广场等都囊括其中。这些配套设施的修建，将会为新山湾带来显著的经济效益。

光伏扶贫 让老百姓见到"太阳效益"

新山湾村贫困户薛月平笑着说:"光伏发电不占用劳动力,不影响种地,只要有太阳,就能发电,这回我们可是沾了大'光'了。"

走进新山湾村,屋顶上一排排整齐的深蓝色光伏电池板成为村内一道风景线。"以前扶贫就是送米面、送猪羊,不能从根本上解决贫困问题。光伏扶贫项目,可以使农户持续多年获取收益,解决基本生活保障,具备明显的造血功能。"第一书记任迎亮说。

该项目共投资 83 万元,政府投资 50 万元,公司投资 33 万元,通过利用新山湾村的山坡丘陵地,既不占用老百姓的耕地,避免了征地困难,又能充分利用山坡地带朝向各异、阳光充足的优势。7 月份项目建成并网发电后,可使新山湾 42 户建档立卡深度贫困户每年每户至少增收 2000 多元,并持续获益 25 年。同时,此项目可以适当增加村集体收入。

近两年来,村党支部紧紧围绕"精准扶贫、精准脱贫"基本方略,在包村干部、帮扶工作队和第一书记"三支扶贫力量"的帮扶下,确立了"抓党建、促脱贫,强基础、谋长远,努力打造离石区美丽乡村示范村"的工作思路,坚持以脱贫攻坚统领全村经济社会发展,带动贫困人口和全村群众一道迈进致富奔小康的幸福"通道"。

以智慧和勇气解彩云之"难"

——云南省怒江州直过民族脱贫攻坚纪实

王健任

一江怒水，切断了横断山脉，一侧是高黎贡山，一侧是碧罗雪山。两山夹一江，便是怒江大峡谷。

怒江大峡谷的山水对人是吝啬的，98%以上面积是高山峡谷，坡度在25度以上的耕地占总耕地面积的76%，生态脆弱，灾害频发。

但52万余怒江人是坚强的，他们在怒江峡谷的褶皱里，在怒江的咆哮中，在缠绕雪山的云雾中，奋力求生，从未怨天尤人。这是一群怎样的人，能演绎战天斗地的传奇！

怒江州，集边疆、直过民族、深度贫困于一体，是我国民族族别最多和人口较少民族最多的自治州，全州52万余人，少数民族人口比例占总人口的92.2%，有傈僳族、独龙族、白族、怒族、普米族5个直过民族。全州所辖四县（市）均为国家扶贫

怒江大峡谷

开发工作重点县和滇西边境片区县，29 个乡镇中有 21 个贫困乡镇，255 个行政村中有 181 个是贫困村，贫困人口 12.85 万人，贫困发生率为 27.7%，贫困发生率居云南省之首。

直过民族，是人类文明史上的奇迹。他们从原始社会或奴隶社会直接进入社会主义社会，几乎"一夜之间"跨越了其他民族上千年的历程。他们是脱贫攻坚的"上甘岭"，拔穷根需要下猛药，需要集中火力攻"山头"。

新时代的"怒江之战"该如何打？

穷山恶水——险

当地人笑称，怒江的穷山恶水"送"给怒江人三险：路险、地险、房险。

要想富，先修路，而崇山怒水让公路显得尤为珍贵！

怒江州是全国唯一的"五无州市"：境内无高速公路、航空、铁路、水运和管道运输。从怒江州府六库镇沿江而上到贡山县城，只有一条路，当地人称这条路为"不三不四"路——比三级路差，比四级路好，甚至部分路段连四级路的标准都达不到。而这条"不三不四"路，是 20 世纪 50 年代修建的，是泸水县、福贡县、贡山县通往外界的唯一主干道，是怒江州唯一的交通大动脉。但这条大动脉却经常通而不畅，塌方、滚石、泥石流、路基塌陷、晴通雨阻……

记者在怒江州 1000 多公里的采访路程中，有一半在高黎贡山或碧罗雪山的云端，一半在咆哮的怒江边。怒江州扶贫干部王靖生说，这条路催生了一种特殊行业：尸体打捞队。

如今，路仍是制约怒江州与全国同步建成小康社会的主要"瓶颈"！这一点，泸水县扶贫办的同志深有体会。

"前进村在什么位置？"记者问。

"在那片云后边！"泸水县扶贫办干部张丽权说。

泸水县前进村易地扶贫搬迁集中安置点正在建设中

6月24日，记者前往前进村采访。前进村距离主干道38公里，汽车从海拔900米爬升到2000多米，30多公里的山路缠绕在高耸入云的碧罗雪山。"走这条路，不仅需要技术，更需要胆量。"张丽权说。30多公里山路中有13公里没有硬化，平均不到3米宽，没有任何安全防护措施。云雾飘在深不见底的悬崖边，滑坡、落石随处可见，这条路也因此被村民称为"夺命路"。23日，记者到访的前进村一位怀胎八月的孕妇步行4个多小时到山下做胎检，在返回途中摔倒导致大出血，等救护车来时人已去世。

这个悲剧让前进村第一书记友碧芳非常痛心。"路对前进村的脱贫致富太重要了。"友碧芳介绍，前进村有14个村民小组，其中有7个不通路，最远的一个村小组距离村委会12公里，"路就在悬崖边上，我们到那要走6个多小时"。友碧芳说，村民说那条路"猴子见了都掉泪"。

即便这样，前进村在称杆乡也不算偏远。"除了乡政府的所在村，其余的村都和前进村情况类似。"称杆乡人大主席李跃东告诉记者，虽然全乡实现了每个行政村都通路，但是有大部分村小组没有通路，现在村民仍处在肩挑马驮的状态。

千百年来，怒江的山水竭尽全力地挤占着这方百姓的土地。全州境内除兰坪县的通甸、金顶有少量较为平坦的山间槽地和江河冲积滩地外，其余多为高山陡坡，可耕地面积少，垦殖系数不足4%。全州的耕地沿山坡垂直分布。"我们这的耕地坡度不止25%，坡度在60%以上的还有一大部分，经常有村民在地里劳作时滚下山去。"友碧芳说，按照政策规定，村里的地基本上都符合退耕还林政策要求。

村民生产有危险，在生活上也有隐患。在怒江州，大部分村组分布在高黎贡山和碧罗雪山的半山腰或山头上，房屋大多依山而建，地质灾害隐患极大。"没人敢为这些村址是否安全打包票。"贡山县扶贫办主任钱斌说。

攻坚拔寨——难

新"怒江之战"，要在怒江深深的缝壑中攻，要在云雾缠绕的高山中战；攻的是贫中之贫，战的是难中之难。

路，关系着脱贫攻坚"怒江之战"的成败。在前进村，村民给记者算了笔账：一袋水泥光运费就50多元，一块空心砖在山下2.5元，运到山上5元，建房成本至少翻一倍。

"有位村民赶着猪到山下卖，结果在路上猪滚到山下摔死了。"友碧芳告诉记者。

在怒江修路有"三高"：建设成本高，投资数额高，技术难度高。而在怒江州建设资金筹措极其困难，当地财政自给率低，项目建设资金短缺，融资渠道少。

贡山县独龙江乡是中国人口最少的少数民族之一独龙族唯一聚居区。2015年11月13日，深山绝壁通天路，独龙江公路全线建成通车，路线全长79.98公里，其中新建隧道6680米，比原有公路缩短16公里，使贡山县城至独龙江乡的出行时间从8至9小时缩短至3小时左右，结束了独龙江乡半年大雪封山的历史。当然投资也是高昂的，这条路总投资7.8亿元，光一个隧道就耗资6亿元，而资金基本上都是由国家和云南省支持的。

独龙江乡的"待遇"让怒江其他地区眼红。据统计，截至2017年7月，怒江州50户以上的村组有1458个至今没有通路。"现在修路要求保护生态，不能随意弃土，这又增加了成本。"福贡县副县长高松说，实际修路成本在60万—80万元1公里，但到位资金只有35万元1公里。

偏远不通路，又有地质隐患的村组，为何不能搬走？

无地可搬。咆哮的怒江水斗不过两岸的高山，无法像其他江河那样冲积出一块块平原。高松说，怒江全州只有兰坪县有一块超过10平方公里的平地。"从山上搬到山下不现实，山下无地可搬，只能从一个山头搬到另一个山头，从有地质隐患的半山腰搬到山头。"高松介绍，即使搬也不能搬太远，村民还要回去种地，否则稳不住。

不能搬。怒江州西邻缅甸，境内国境线长449.467公里，在边境线上的村庄不允许搬迁，而这些村庄大多比较偏远，且有部分地区至今仍未通路。

在如此恶劣的自然条件下，怒江州肩负着5个直过民族的脱贫重担：傈僳族建档立卡贫困人口为78860人，贫困发生率为61.64%；独龙族建档立卡贫困人口为711人，贫困发生率为0.56%；怒族建档立卡贫困人口为10715人，贫困发生率为8.38%；普米族建档立卡贫困人口为3932人，贫困发生率为3.07%；白族建档立卡贫困人口为24734人，贫困发生率为19.33%。其中，白族支系"拉玛人""勒墨人"和景颇族支系"茶山人"整体处于深度贫困状态。并且，他们大多生活在边境沿线或偏远山区，长期与世隔绝，社会发育程度低，贫困程度极深。

干群发力——战

只有横断山，才能摁住这江怒水；只有怒江水，才能撕裂这座巍山；也只有怒江人，才能坚守在这山水间。但在脱贫路上，他们并不孤单，与全国、全省同步建成小康社会，怒江不能"缺席"。

独龙族，以前连名字都没有，从 1952 年，周恩来总理正式命名为"独龙族"，此后独龙江就一直和北京心手相连。多年来，独龙江的脱贫发展始终牵动着党中央、国务院，云南省委省政府和社会各界的心。怒江扶贫"上甘岭"，独龙江是最难啃的"硬骨头"。

整族帮扶，整州扶贫，独龙江开创全国扶贫工作先河。独龙江整乡推进，独龙族整族帮扶三年行动计划和两年巩固提升计划，各级政府累计投入建设资金 13.04 亿元，通过实施安居温饱、基础设施、产业发展、社会事业、素质提高、生态环境保护与建设 6 大工程，独龙江发生了翻天覆地的变化，独龙出山，实现千年跨越。

各级政府帮，独龙群众干。提起独龙江，绕不开一个人——高德荣，大家习惯叫他"老县长"。退休前他曾任云南省怒江州人大常委会副主任、贡山县县长、独龙江乡乡长等职。2007 年，退休的高德荣在野生森林里搞了一片

贡山县扶贫办主任钱斌（左）和独龙江乡党委书记和进义查看草果长势

实验田带领群众在独龙江边建起了草果示范基地。如今，草果已经成了独龙族群众的"绿色银行"，到 2016 年底，全乡草果种植面积达 65133 亩，产量达 317 吨。

独龙乡巴坡村的王国光，现在家里 70 多亩的草果有 20 多亩进入盛果期，去年卖了 7000 多元。"比种玉米强多了，又省时又省事，还不耽误干其他的。"王国光除了种草果，又跟着贡山县扶贫办从甘肃请来的养蜂技术员学养蜂，"蜂箱是政府送的，养蜂技术是政府请人教的，我们不能辜负政府的期望"。王国光说，过去自家住四面透风的茅草房、篾笆房，被宽敞明亮的独龙新居取代，现在家里也能接待游客，"在我家住一晚 100 元，还管吃住"。

截至 2016 年底，全乡农村经济总收入 2028.5 万元，是 2009 年的 21.8 倍，独龙族同胞生活水平发生了翻天覆地的变化。独龙江党委书记和进义举了一个例子：2010 年之前，全乡没有一辆机动车，现在全乡有摩托车 372 辆，拖拉机 49 辆，货车 69 辆，小型普通客车 122 辆。

独龙族即将实现整族脱贫，而怒江州境内的傈僳族、白族、怒族、普米族群众还在翘首期盼。全面实现小康，一个民族都不能少。再难，也要战，怒江州的干部群众同甘共苦、并肩作战，人定胜天的气势，回荡在崇山怒水间。

有路才能富。一条"不三不四"路让怒江州的壮丽河山变成穷山恶水，痛定思痛，怒江州委、州政府励志打造最美二级公路，将怒江州丰富的旅游资源与大香格里拉旅游经济圈有效融合，形成黄金旅游环线，加速怒江优势旅游资源的开发，带动地方经济发展。5 月 16 日，怒江集中开工建设 15 个重大项目，总投资 99 亿元，涉及交通、能源等领域。未来五年，怒江还将加强农村公路建设，做到 20 户以上的自然村都能通公路。

有房才能安居。在认真规划的基础上，怒江将结合实际，对农户在 20 户以下的较小村庄，居住在坡度 45° 以上的农户等"五种人"，采取"五种方式"进行搬迁，建设 5 万套有民族特色的安居房，打造 100 个特色村寨，确保到 2020 年所有贫困户都能住上安全、舒适的新居。面对恶劣自然环境，干部群众甘当"愚公"但不盲目"移山",探索出众多贴合实际需求的生动实践。福贡县在安居工程建设中,因地因人施策,针对不能搬、无地搬的实际情况,探索出统规统建、统规改建、统规自建的模式,花小钱,办大事。

用教育阻断贫困代际传递。怒江将加大学校硬件建设,加强乡村教师队伍建设,健全家庭经济困难寄宿生生活费补助政策,实现家庭经济困难学生资助全覆盖。怒江现在全面推行12年免费教育,发展职业技术教育,下定决心让贫困孩子一个不少都能接受完整的教育。同时,实施技能培训,提高群众谋生能力,怒江将每年开展职业技能培训2万人、劳动力技能培训2万人、农村致富带头人培训1万人,确保每户贫困户至少有1人掌握一门实用技能。

攻坚路上,怒江干部群众并不孤单。珠海市对怒江州四县市安排4000万元,用于建设易地扶贫搬迁安置示范点,解决贫困户的住房问题;三峡集团计划用4年时间投入帮扶资金8.9亿元(2017年帮扶36400万元),帮扶怒江州怒族、普米族精准脱贫;大唐集团计划用4年时间投入6.7亿元帮扶傈僳族精准脱贫。怒江扶贫形成了专项扶贫、行业扶贫、社会扶贫"三位一体"的扶贫格局。近年来,以中国交通建设集团和云南能投集团为代表的39个中央、省级企事业单位,328个州、县国家机关企事业单位,帮扶了4个贫困县、29个贫困乡、256个贫困村,社会合力,汇聚大怒江。

险,吓不倒怒江人;难,压不倒攻坚人。怒江,在各级政府的支持下,在社会各界的关心下,在干部群众的拼搏下,开创了整乡推进、整族帮扶、整州扶贫的新模式、新经验,打造了脱贫攻坚的怒江模式。

决战深度贫困：新疆之新

王新红

新疆一盘棋，南疆是棋眼。

党中央历来对南疆工作高度重视，特别是党的十八大以来，以习近平同志为核心的党中央从国家层面进行顶层设计，采取特殊措施支持南疆。新疆维吾尔自治区党委、政府聚焦社会稳定和长治久安总目标，把脱贫攻坚作为重大政治任务和第一民生工程谋划推进，全区上下认真学习贯彻习近平总书记关于扶贫开发的重要论述，深入贯彻落实党中央脱贫攻坚决策部署，全面实施精准扶贫、精准脱贫各项举措，扶贫开发工作取得显著成效和重要进展，贫困程度明显缓解，贫困群众的钱包渐渐鼓起来。

瞄准主战场　新思路促脱贫

南疆四地州是全国确定的 14 个特困片区之一，也是新疆脱贫攻坚的主战场。据统计，截至 2017 年 8 月，南疆四地州集中了 26 个贫困县、2605 个贫困村、218.67 万贫困人口，分别占全疆的 74%、86% 和 84%。

党的十八大以来，中央提出了"精准扶贫，精准脱贫"的新要求。新疆维吾尔自治区第九次党代会提出，要坚持扶贫惠民，如期打赢脱贫攻坚战。全面落实"六个精准""五个一批"，确保到 2020 年贫困人口全部脱贫，南疆四地州区域性整体脱贫。

扶贫是一道方程式，同一个地区不同家庭、同样的投入和方法，取得的产出不尽相同。如何破解这道方程式？如何让"精准扶贫"中的"靶向疗法"更加奏效？

除大力实施《南疆四地州片区区域发展与扶贫攻坚"十三五"实施规划》外，新疆维吾尔自治区党委又在深入调研、深思熟虑之下，制定出自治区脱贫攻坚"十大专项行动"实施方案、"五大抓手"工作方案，自治区贫困退出实施办法、地州市党委和政府扶贫开发工作绩效考核办法等一系列方案、办法，并反复征求意见，修改完善。推广实施"先富帮后富、北疆帮南疆、兵团帮地方"的扶贫新路径。

围绕"七到村、七到户、七到人"的精准扶贫新政策，各对口扶贫单位、行业、部门、团体展开了细之又细的建档立卡工作。

顶层设计的创新折射出新疆维吾尔自治区党委、政府对扶贫开发工作实践的探索："安民之道，在于察其疾苦"，实施精准扶贫，因乡因族制宜、因村施策、因户施法、扶到点上、扶到根上。

各地、各部门纷纷出新策、出新招，实施定位精准、一户一策的扶贫方略。广大贫困群众脱贫致富奔小康的梦想被唤醒，社会各单位、各部门、各方面、各阶层扶贫帮助的激情和热情被再次点燃，贫困地区处处喷涌着扶真贫、真扶贫的热潮。

2016 年 3 月，新疆工商联、扶贫办组织开展了"千企帮千村"行动。在"十三五"期间，将动员和组织 1000 家左右民营企业和商会参与到精准脱贫攻坚战中，积极主动配合各级党委政府完成 1000 个左右贫困村的脱贫任务。

2016 年新疆将专项扶贫资金的 85% 以上用于南疆四地州，投入南疆片区财政专项扶贫资金 65.29 亿元。通过精准扶贫，现在，南疆四地州贫困家庭几乎家家都有"小菜园""小果园""小养殖园"，人人都有一门拿得出手的手艺。

今年 4 月，于田县库尔班特色小镇特色产业街开建。于田县居民阿巴斯·如则从中看到了新机遇。"等特色产业街建成，我想开个拌面馆，增加收入。"阿巴斯说。

小小杏脯带动 140 名贫困妇女实现家门口就业

库尔班特色小镇特色产业街是新疆发展商会"千企帮千村"精准扶贫的内容之一，主要从餐饮业、地毯刺绣业、特色林果业、现代畜牧业、旅游业等五大产业进行精准扶贫。

坚决打赢脱贫攻坚战是"十三五"时期的重大战略任务。和田地区引导新疆发展商会和大型企业参与投资，推动金融扶贫与产业扶贫紧密衔接，通过特色小镇建设带动区域性脱贫，探索现代产业精准扶贫新模式成效初显。

喀什市立足喀什经济开发区，实施就业脱贫和旅游扶贫工程，引导贫困户进园进城；和田地区利用扶贫资金发展地毯、刺绣、艾德莱斯等手工业；阿克苏地区采取"以富带穷、合作经营"模式，突出科学谋划，精准部署脱贫减贫目标任务。

……

自治区扶贫办党组书记、主任马成介绍，新疆在实施精准扶贫上下真功、深功、硬功，将精准扶贫要求贯穿脱贫攻坚全过程，2013 年至 2016 年，全疆 35 个贫困县累计减贫 138.55 万人，南疆四地州累计减贫 136.88 万人。

拓宽致富路 新产业促脱贫

"要坚持优势优先、发展特色产业，把有特色、有优势、容易干、能干成的产业先干起来，引进一些中央和援疆省市的大企业大集团引领带动提升产业水平，通过大众创业万众创新培育形成新产业。"新疆维吾尔自治区党委对拓宽贫困群众致富路提出如上要求。

去年，和田县布扎克乡库木巴格村村民艾则孜·阿塔吾拉，在当地政府的引导下在自家庭院种植洋葱，仅洋葱一项每年就能增收1万元，这让他增加了脱贫致富的信心。现在，南疆四地州很多农民充分利用自家庭院，种蔬菜、果树，养鸽子、羊，通过发展庭院经济甩掉了贫困的"帽子"。

巴楚县琼库尔恰克乡巴格托格拉克村村民热合曼·尤力瓦斯在自家庭院种植的无花果，第二年就挂果了，热合曼·尤力瓦斯凭此一项，当年收入近

接受建筑技能培训的各民族村民

3000元。除了无花果，无花果苗也能赚钱，2016年春天，他靠销售无花果苗又赚了2000多元。

"我还要继续扩大无花果种植规模，利用塑料盆、水桶种植，地里也要种上，创造更多收益。"热合曼说。

岳普湖县阿其克乡吾斯塘博依村村民阿不都克里木·肉孜是2016年脱贫户之一，现在已经成为村里的"脱贫标杆"，这让他无比自豪。

阿不都克里木家里有5口人，种植了8亩地。2016年以前，家里每年毛收入只有1万元，住的是土坯房子，加上两个孩子上学，生活非常拮据。为帮助阿不都克里木脱贫，2016年当地政府和驻村工作队鼓励他发展庭院经济，并帮助他建起了蔬菜大棚，如今，大棚里的蔬菜、葡萄长势旺盛。

"这些菜是工作队教我种的，以前，每月去市场买菜要花七八十元，现在我们把买菜的钱省下来了，吃不完的菜还可以拿去卖。现在我家收入翻了将近一番，生活越来越好了，我也要帮助其他村民去增收。"阿不都克里木说。

现在，与阿不都克里木一样实现脱贫致富的人越来越多。

48岁的如仙古丽·吐孙是巴楚县色力布亚镇库勒贝希社区居民，今年初，如仙古丽来到家门口的卫星工厂——巴楚县艺美服装有限公司干起了裁缝。有了稳定收入，现在如仙古丽脱贫的信心越来越足了。

6月28日，叶城县21岁的哈力旦·阿布力米提和妻子一起乘专列到达乌鲁木齐。他是喀什、和田地区转移纺织服装企业就业岗位的2000名城乡富余劳动力的一员，他们将前往巴州、东疆、北疆就业。

近年来，新疆积极鼓励和支持像哈力旦·阿布力米提这样有能力脱贫的贫困户依靠就业实现脱贫。针对南疆四地州劳动力转移就业难题，编制《喀什、和田地区城乡富余劳动力有组织转移就业三年规划（2017—2019年）》，通过北疆、东疆33个经济相对发达县市联合用力，计划三年内解决喀什、和田地区10万人转移就业问题。

如今，新疆贫困百姓致富路越走越宽，脱贫步伐越走越快，增收效果越来越明显。截至 2016 年底，南疆四地州农村居民人均可支配收入达到 7868 元，较 2012 年增加 3066 元，年均增长 13.1%。

打造产业链　新渠道促脱贫

产业扶贫对促进贫困地区经济发展和贫困群众增收，促进区域经济可持续发展，有着十分重要的作用。

6 月 15 日上午，墨玉县萨依巴格乡齐格勒克村村民吐尔逊托乎提·艾合买提家核桃园的门一打开，上千只尼雅黑鸡就扑腾着翅膀从四面八方飞奔而来。吐尔逊托乎提说："现在我养了 5000 只鸡，出栏就有 15000 元收入，上个月我还买了 30 多只羊和 2 头奶牛，到年底，挣个 5 万元没问题！"原本是贫困户的吐尔逊托乎提在驻村工作队的帮助下，搞起了林下养殖，现在小日子过得红红火火。

近年来，民丰县引进黑鸡孵化厂和黑鸡深加工厂以及饲料专营店，在各乡镇成立黑鸡养殖合作社，申请通过了 ISO9001 质量管理体系认证，让黑鸡有了"身份证"，现在，一个农民围着一群黑鸡转，已成为民丰县的一道风景。尼雅黑鸡成了当地农民的"造血机"。

通过实施产业扶贫，变"输血"为"造血"，民丰县还形成了红枣、核桃、尼雅黑鸡、和田羊四大特色农牧产品，安迪河甜瓜、昆仑雪菊、红柳大芸、蔬菜大棚等区域特色种植，使农民脱贫致富。

和田地毯有限责任公司的车间里，热依古丽·吐尔逊正和工友们一起熟练地编织着地毯。3 年前的她还是一名身无所长的普通农民，一家三口，一亩多地，年收入仅够糊口。

2014 年，热依古丽·吐尔逊和姐姐古丽娜依·吐尔逊一起报名参加了和田地毯有限责任公司的免费地毯技能培训后开始到公司上班。一年多的时间，她已经成为高级技工，每月 3000 多元的收入，令她非常高兴。"现在我家里盖了新房子，以后日子会越来越好的。"

像热依古丽·吐尔逊一样的员工，在和田地毯有限责任公司共有350多人，企业实行计件工资，大家月平均工资在2000元以上。

早在1995年就荣

免费学习面点制作、拓宽就业渠道的妇女们

获中国农业博览会"葡萄类国家金奖"的木纳格葡萄，产自阿图什市。

每到秋季，阿图什市阿扎克乡的果农西库尔·提力瓦提就会和家人、乡亲们忙着采摘葡萄。

西库尔·提力瓦提说："俄罗斯人特别喜欢阿图什的葡萄，去年，俄罗斯客商购买了40万箱葡萄，今年一次订了30万箱，收入300万元。"

去年阿图什葡萄产量达到8.1万吨，产值1.8亿元。截至2017年8月，克州木纳格葡萄已发展到10万亩，总产量达到15万吨。"木纳格"不仅成为贫困人口增收的新品牌，而且成为贫困人口的新精神寄托。

今年"五一"小长假，许多阿图什市民都前往距离市区不远的阿湖乡、阿扎克乡游玩，在田园春色中，游人纳凉垂钓，谈天说地，好不惬意。

眼下，第三产业已成为新疆经济强力增长点，守着金山银山的新疆，"旅游+扶贫"的模式自然应运而生。

帕提古丽·艾买提是阿湖乡一家农家乐的"老板"兼"大厨"。"以前我只是个家庭妇女，家里只有丈夫挣钱，生活比较困难。在政府的帮助下，今年初，我开了这家农家乐，生意特别好，每月平均净收入4000多元。自从当了老板，我感到我的人生充满了希望，生活更有盼头了。"帕提古丽·艾买提说。

今年，克州结合旅游优势，出台各项优惠政策，打造了一批星级农（牧）家乐，并鼓励农牧民参与民族手工纪念品及特色食品的加工和销售，开辟了当地农牧民增收致富的新渠道。

政策扶持将农牧民"扶上马"，如何把他们送得"更远"则在于规范行业的整体质量。

克州旅游局相关负责人表示，克州正全力做好星级农家乐复核工作，组织国家乡村旅游扶贫工程观测点信息员业务培训工作，进一步规范克州旅游服务质量，并加快推进136个农家乐建设工作。

放眼全疆，旅游脱贫已是许多贫困地区攻坚克难的一大"利器"，各地政府从政策推动、产业扶持、人员培训、行业规范等方面均下足了功夫。截至2017年8月，新疆通过大力发展乡村旅游带动了10%以上贫困人口脱贫，旅游脱贫人数达到17.6万人，全区农（牧）家乐近7000家，中国乡村旅游致富带头人283人。

"十三五"期间，新疆还将支持建设一批旅游特色镇（乡）、村，培育旅游扶贫示范县（区）20个，支持全区建档立卡的600个适宜发展旅游的贫困村发展旅游业，乡村旅游从业人数达到100万人，带动30万贫困人口实现脱贫。

十八大以来，新疆贫困人口累计减少185万人，35个贫困县农村居民人均可支配收入达8055元，贫困县全部实现"两基"教育目标，落实南疆地区15年免费教育，新疆正以"苟日新，日日新"的面貌吸引着世人的瞩目。

湖北业州镇：
深度贫困地区的片区综合扶贫方案

高永伟

"三里板桥七里坪，烟墩山下业州城"，恩施州建始县业州镇的山多，水也多。从一个村到另外一个村，翻山越岭穿桥渡水，时间以日计。同恩施州的大部分地区一样，这里的人爱唱山歌，《黄四姐》《号子》，高腔抑或平调，粗犷与婉约并存，如这山、这水。

同样因为这高山长水，业州镇辖区下的高山区域——当阳片区发展滞后，11941 人中有贫困人口 7297 人，贫困发生率为 61.1%，远高于建始县平均 41.3% 贫困发生率，是业州镇集中连片的贫困区域，贫困面广、量大，贫困程度深。

茧缚——道路、产业、生态的贫困基因

建始县属于国家扶贫开发工作重点县，属于国家确定的集中连片特困地区之一的武陵山片区，经济基础差、基础设施较为落后，贫困人口多处于山大人稀、环境较恶劣的地方，贫困程度较深，脱贫成本高，脱贫难度大。

当阳片区位于业州镇西部，与重庆巫山、奉节接壤，下辖苏家坪村、柳树淌村、当阳坝村等13个行政村和高岩子林场1个国有林场，有116个村民小组3206户，耕地近2万亩，林地10万余亩。

早在2013年，片区内基础设施薄弱，公路、水利等基础设施建设滞后，片区内主干道网络尚未形成，通水泥路自然村只有11个，还有3个村不通水泥路，水、电设施落后，行路难、饮水难、上学难等问题突出。

产业发展上，2012年第一产业值2599.5万元，第二产业值2606.8万元，无第三产业，片区内农村劳动力文盲、半文盲率为60%，农民仍然以传统种养业为主，特色产业没有形成规模，农民人均纯收入4381元，低于全镇、全县的平均水平。7297名贫困人口中有低保人口1260人。

此外，片区平均海拔高，旱涝灾害并存，土地贫瘠，产出率低，风灾、雨雪冰冻等灾害易发。部分村由于水利设施缺乏，水土极易流失，石漠化现象严重，生存环境恶劣，发展与生态保护矛盾尖锐。如何突破地域条件限制，实现稳定脱贫，是建始县亟待解决的难题。

破局——敢打连片脱贫攻坚的硬仗

面对高山片区，广大百姓希望尽早摆脱贫困的愿望，2014年，建始县委、县政府在广泛调研和充分论证的基础上作出决策，确定建始县当阳片区为第一个区域连片扶贫攻坚试验区。

试验区总体定位清晰明确，充分发挥自然资源优势，以"改革创新、扶贫攻坚、富民强村"跨越式发展为主题，着力打造扶贫攻坚试验区、休闲旅游度假区、生态屏障保护区，建设富裕、文明、和谐新片区。

要想富，先修路。按照"一年规划，分期实施"的原则，当阳片区在交通上投资 5000 多万元完成了 130 多公里片区主通道业龙路硬化工程，打通 13 个村连接线。截至 2017 年 8 月，试验区外循环交通贯通，内循环路网基本形成。投资 2500 万元国土整治项目高标准整治农田 1 万亩。

同时加大招商引资力度，以产业为本。高标准建设小漂至四十二坝、高岩子林场度假旅游休闲区，着力把这一试验区打造成"天湖秀色、森林氧吧、休闲天堂"特色旅游目的地，融入大三峡旅游圈。

区域连片扶贫开发，使这里基础设施大改善，产业大发展，产业和基础设施实现共享。

在产业发展上，把休闲度假旅游、特色农业、生态屏障产业紧密结合起来，下活产业发展"一盘棋"。建设连片扶贫开发平台，捆绑资金，凸显综合效益，加快交通、水利、产业、卫生、教育等扶贫进程。截至 2017 年 8 月，试验区新发展猕猴桃、苹果桃、核桃、精细蔬菜、速生丰产林 8000 亩，生态旅游扶贫如火如荼。

易地扶贫搬迁方面推出区域联动模式，易地扶贫搬迁小区规划建房土地由当地村委会统一征用，乡镇政府负责补偿，所建房屋统一规划设计，所有"三通一平"基础设施由政府负责建设，并统一补偿建房标准，进一步完善公共设施，凸显政府主导地位。先后在柳树淌和当阳坝两个中心村地带建起集中易地扶贫搬迁安置小区。2016 年，在县里部署下，由 2 个易地扶贫搬迁安置小区扩大为 4 个，以 4 个中心安置小区为圆心，辐射周边集中或分散安置，形成众星捧月态势。

心里的山歌

"今天不得空我明天要砍柴，后天才到幺妹儿家里来"，这里的人现在还爱唱山歌，青山绿水不变，变的是出行的路，山间空地连成片的空心李、猕猴桃、枸杞，与人的精气神。

业州镇当阳坝村的王建华最近没空唱山歌，她很忙。从4月份到8月份，她每天排得满满的。早晨不到6点起，伺候残疾的父亲吃饭，打发11岁读三年级的儿子去村里的小学上课。随后她骑电动车，沿着新修的水泥路，去半山腰的建始县业州镇名艺工艺厂上班。中午回家做饭，照顾老人、孩子，下午再去，晚上回。刮风下雨不耽搁，路好走、离家近，她也愿意去。

丈夫年后去江苏打工了，她在家照顾老小，也打工。4月份加上勤工奖的75元和补助的75元，她领到了2535元。

这是一家生产石膏工艺品的工厂，老板刘志山是当阳坝村人，1992年到广东打工，做玩具加工。片区建设稳步推进，路修好了，优惠政策多，2014年刘志山带着"国外客户"回来了。玩具加工是订单生产，20年来积累的客户，让工厂一年四季生意不断，4月到8月是订单最多的时候，也是最忙的时候。

王建华在给"蓝格子女孩"着色，每个1毛4分钱

最忙的时候也是挣钱的时候。米奇博士吊饰、吉米火柴盒摆饰、蕾伊持剑吊饰、蓝格子女孩吊饰、蓝色彩虹马吊饰……王建华的工作是在做好的白胚模上着色。按件计薪，吉

米的小手 2 分钱、彩虹马的尾巴 4 分钱，她给蓝格子女孩染白袖子，1 毛 4 分，每天能染近 600 个。

这让王建华很知足，甚至骄傲。父亲生病，家里条件不好，她靠自己的劳动脱贫了。像她这样靠双手脱贫的贫困户，工艺厂成立以来，已经有 70 多户。

每天下班回家，王建华会习惯性地望一望山坳里的一丛白色建筑，父亲在休闲广场上遛弯，孩子在新教室里读书，那里是她的家——当阳坝安置小区，这里是镇政府建的四个易地搬迁安置点之一。有时候看着自己染色的小工艺品装车，再看着车沿着有护栏的环山路开出去，她有一种安适感。丈夫也是沿着这条路出去的。

四川南部：为了十万贫困乡亲

王健任　张江

嘉陵江畔，青山作证！

奔腾不息的嘉陵江在国家扶贫开发工作重点县四川省南充市南部县蜿蜒曲折，仿佛年轮一般，见证着这个千年古县的沧海桑田。而有些时刻，注定被历史铭记，比如 80 年前那场红军战士血洒沙场的革命战争，比如如今这场南部县干部群众攻坚拔寨的脱贫战。一场是为南部百姓谋解放的"革命战役"，一场是为南部乡亲谋小康的"脱贫战役"。

使命不同，但南部县干部群众初心不忘、矢志不渝、担当不减。脱贫攻坚战打响以来，南部县 3 万余"拼命干部"和 10.3 万"拼搏群众"并肩作战。截至 2016 年，全县贫困人口由 10.3 万人减至 2.6 万人，贫困发生率由 9.8% 降至 2.31%，以优异成绩顺利通过贫困县摘帽验收！

成绩，总是令人振奋，值得南部儿女欢呼雀跃；但成绩背后，更令人深思，值得全国贫困地区干部群众学习借鉴。比如为何南部县 3 万余名干部对自己的帮扶工作底气十足？为何南部县贫困群众对自己能够如期脱贫底气十足？为何南部县在脱贫摘帽接受各级评估验收时底气十足？

南部底气，来自何处？

干部底气：脚上的泥土多一点

"深山无特产，田地也偏远。若逢干旱年，饱腹亦困难。"这首打油诗，被南部县百姓世世代代传唱着。这方水土确实养活了南部人，但2229平方公里的土地让131万南部百姓的光景"缺光少景"，2014年，南部县仍有10.3万贫困人口。

弱鸟先飞，南部需要"振翅"追赶，而南部干部，就是翅膀上的一根根羽翼。但如果羽翼未满，何以高飞？"丰翼壮翅"，在南部县委书记张根生看来至关重要，"我们的干部是习近平总书记关于扶贫工作重要论述的贯彻落实者，是各项扶贫政策的传达实施者，他们能否用情用心用力投身于扶贫工作中，不仅关系到南部县脱贫攻坚的成效，更关系到南部县贫困群众能否如期实现全面小康"。

为贫困村派最优秀的干部，南部县各个单位、部门毫不吝啬。南部县委、县政府要求，每个贫困村都有一个县级领导、一个帮扶部门、一个驻村工作组、一名第一书记、一名农技员的帮扶力量。1.3万余名机关干部职工结对帮扶198个贫困村1.4万户贫困户；1.7万余名乡镇机关、学校、卫生院等干部职工结对帮扶1.8万户插花贫困户……

张根生认为，脱贫攻坚需要硬举措，全县10.3万贫困群众脱贫奔康的希冀，需要一套让硬举措落地生根的"硬板子"！人，不下去不行，走过场也不行。对第一书记实行轨迹管理，差评召回。凡连续两次被"黄牌警告"的，一律召回。第一次被召回，由单位副职领导替补，第二次被召回，由单位一把手顶岗。板子打得"重"，也打得"准"，打得"频"。全县抽调了150名纪检干部组建了40个巡回督察组，明察暗访、当天交办、限期整改、层层剖析、电视问政、从严追责……

任务艰巨，惩罚严厉，但只要精神不滑坡，办法总比困难多。如今这3万余名干部变成南部县"最可爱的人"，没等板子落下，他们主动担当，积极作为，撸起袖子加油干，挽起裤腿下田间。在南部脱贫攻坚战场上，一时间展现出了万众一心的"四拼精神"——争分夺秒的"拼抢精神"、挑战极限的"拼命精神"、不胜不休的"拼搏精神"、万众一心的"拼合精神"，形成了南部独特的"脱贫文化"。

33 名县级干部率先扛起了一面鲜艳的旗帜：县委书记张根生每次下乡带着锅盔，被群众称为"锅盔书记"，脱贫攻坚战打响以来，每天睡眠不足 4 个小时，妻子评价他"出门狗都追不上，进门风都吹得倒"；县长任爱民由于一心扑在扶贫工作上，几个月没回家，被女儿误以为和妈妈感情不和；县委副书记朱仕友主动请缨，挂联指导 57 个村的扶贫工作，每天不分昼夜连轴转，患上了严重的糖尿病、骨质疏松症；县委常委、统战部部长杨庆萍连续下乡驻村，胃病犯时，由于离不开岗位，在村卫生室输了 4 天液……

榜样的力量是无穷的，一个个感人事例足以说明一切。

南部县扶贫移民局局长谭必武，2016 年当拉扯自己长大成人的大哥去世时，他正在贫困村里检查扶贫工作，临大哥入葬时，他才匆匆赶到墓地，拉开棺木看了大哥最后一眼后，失声痛哭……

南部县武装部干部郭小进在三合村担任第一书记，他一头扎进村里，产业项目进入关键时期时，连续几个月没回家，妻子的电话一个接一个，他"不近人情"地将妻子的电话拉进黑名单。妻子大怒，几个月未理他，直到郭小进因劳累过度，口吐鲜血昏迷不醒后，妻子抱着他悔恨痛哭……

魏小杰和妻子都是驻村干部，夫妻俩经常驻村不回家，只剩下上五年级的儿子自己在家。一个周五，他接到儿子的视频聊天，原来儿子想吃回锅肉，他就在视频里指导儿子自己做，等儿子做完后哭着给他打电话，"爸爸，味道不对呀"！而此时的电话这头，他已哭成了泪人……

南部县人大常委会副主任林鸿斌今年因为扶贫工作繁忙 3 个月没回家，被邻居朋友传言接受组织调查了，他听到这个谣言后，哈哈大笑……

丢官气才能沾土气，接地气才能聚人气。各机关单位的食堂连续亏损，办公楼里经常只有几个保安坚守。但在贫困村田间地头多了更多脚印，贫困户扶贫手册中的帮扶措施写得密密麻麻……

行程万里，不忘初心！这，就是南部干部的底气！

群众底气：手上的茧子厚一点

"2020 年奔小康，没的问题！"

楠木镇金垭村 59 岁的贫困户马青然，对自己能够过上习近平总书记口中的"小康日子"信心十足。不等不靠不要，这是老马的"致富法宝"。"国家这么帮我们过好日子，自己咋能不努力！"

小康生活，老马期盼了许多年。2011 年，老马在茂县打工时，看到当地农民种李子发家致富，老马动了心，掏 30 元买了 12 棵李子树栽到了自家地里。但由于不懂技术，12 棵李子树并没有"甜"了老马的日子。近年来，在当地政府的帮扶和指导下，老马嫁接了新品种，扩大了种植规模，去年收入超过 7500 元。

在南部，大部分贫困群众和老马一样勤劳朴实，在脱贫攻坚中，他们如鱼得水，用自己的双手创造美好生活。但也不可否认，仍有部分群众"不怕穷"，"等靠要"思想仍然严重。

2013 年 11 月 3 日，习近平总书记在湖南十八洞村调研扶贫开发工作时强调，脱贫致富贵在立志，只要有志气、有信心，就没有迈不过去的坎。扶贫先扶志，但在部分人看来短时间内不可能做到，他们认为，一个人的志气和性格不可能短时间改变。南部做到了，把贫困群众从麻将馆领到田间地头，从揣起手看干部干到撸起袖子加油干，南部有套"秘诀"。

"把激发贫困群众脱贫致富的内生动力作为系列帮扶措施的'药引子'。"在任爱民看来，嚼烂了喂到贫困群众嘴里的饭失去了原本的味道，如何提升困难群众的志气是个难题，需要耐心、信心和细心。

用荣誉打破陋习。南部县围绕四川省委提出的"住上好房子、过上好日子、养成好习惯、形成好风气"的目标，细化制定 16 条具体标准，在全县开展"四好村"创建和"四好"星级示范户评选。让陋习参与荣誉之争，看似荒谬，却评出了出乎意料的成果。比如在"居住环境"的评比中，有户贫困户家里"脏乱差"，并且拒绝参加评比。当全村人都看着驻村干部在她家墙上贴上"不清理户"的黑色牌子时，她无地自容，转身回到房间清理卫生。随后评比中，她家门口多次挂上鲜艳的流动红旗。

用教育强化自尊。南部县依托"农民夜校"等多种教育形式，常态化开展感恩教育、风气教育、习惯教育等，让"勤劳致富光荣、懒惰致贫可耻"的理念厚植人心。白天上课、晚上接着学习；入户劝导、追到麻将馆跟着教育；干部教育、发动孩子亲戚继续教育。全方位的教育劝导，把贫困户的自尊心你一砖我一瓦地补全、加固，让他们自尊自立。贫困户曹怀清天天等着干部"送小康"。一天，上小学的儿子放学归来后把门口上的帮扶牌扯下来，当着他的面撕碎，"老师说了，好吃懒做争当贫困户可耻，你还不努力干活"！第二天一大早，驻村干部就在脱贫奔康产业园里看到了他的身影。

用真心换取信任。干部干，群众看，很大原因是因为贫困群众对干部的不信任。南部县委、县政府从干部自身找原因，加强基层党建，结合党的群众路线教育实践活动，开展"干群一家亲"活动，深入开展助耕帮扶、家访住夜等十大惠民行动，累计为贫困户提供抢种抢收等义工服务106万人次，以干部的真心换取了群众的信任。南部县税务局副局长伏云国刚到双沟村当第一书记时，以化解村民之间的矛盾为抓手，带领村"两委"先后化解17起村民矛盾，赢取了村民对村"两委"和干部的信任。当发展产业项目时，村民积极响应，"跟着伏书记干没错"！

"贫困群众有'等靠要'思想不可怕，可怕的是干部对这部分群众丧失信心，只顾一味抱怨群众，而不是从自己的工作方式和工作态度上找原因。"任爱民告诉记者，不放弃一个贫困群众，才能做到精准扶贫不落一人。

如今，自暴自弃的贫困群众少了，艰苦奋斗的多了；怨天尤人的贫困群众少了，自力更生的多了。"我虽不能行走，但双手有的是力气。苦点累点无所谓，自己努力一点，政府帮一把，一定能过上小康日子！"失去双腿的贫困户赵清武，在政府帮助下开起了网店，每天销售手工面条150余斤。这样的故事在南部县数不胜数。

自己的小康自己干！这，就是南部县贫困群众的底气。

脱贫底气：群众的满意多一点

脱贫摘帽，不单单是让贫困群众口袋里有了"票子"这么简单，想摘掉贫困群众头上的"穷帽子"，得让他们的困难得到解决，愿望得到满足。贫困群众的期望不高，或能吃饱穿暖，或房子不漏雨，或能看得起病，或孩子能上得起学……"两不愁三保障"，足以让贫困群众的脸上绽放笑容。

而在2014年，南部县在四川省党风廉政社会评价群众满意度考核中排倒数第十名。南部县痛定思痛，奋起直追，上演了一场"弱鸟先飞"的南部样本，2016年，南部县在全省排名上升了109个名次！

成绩喜人，每一个上升的百分点都代表着在脱贫攻坚中，贫困群众的一个个困难得到解决，一个个愿望得以实现。

贫困户马素英"住上好房子"的愿望实现了。过去，马大妈一家五口住在土房子里，处处漏雨，儿子娶上媳妇却很难领回家。如今，马大妈一家住上了好房子。一家五口和全县2335户贫困群众享受易地扶贫搬迁，搬进了政府帮建的小洋楼。截至2017年11月，南部县投入安全住房建设资金8.4亿元，新建和改建住房2.4万户，让所有贫困群众都住上了安全房。

贫困户周炳善"看得起病"的愿望实现了。老周是个老实巴交的农民，去年因患脑瘤卧床不起，但面对高昂的手术费，一家老小并不发愁。南部县"三三制"健康扶贫政策，通过实施基本医疗保险、商业保险、民政救助确保群众看得起病；通过实施城乡一体供水、基层医疗机构建设、技术培训和医疗联合确保群众看得好病；通过建立完善医疗数据库、开展健康体检和巡诊巡防、开辟绿色通道，确保群众看得上病。一套政策"组合拳"下来，老周十

南部县打鼓山村脱贫奔康产业园

几万元的手术费到头来只掏了几千块钱。

　　贫困户张中路"鼓起钱袋子"的愿望实现了。张中路勤劳能干，但一身力气使在二亩多地上并没有"刨"出什么希望，缺资金、缺技术堵死了致富门路，但如今脱贫攻坚让张中路在小康路上大步向前。村有当家产业，去年他申请了5万元的扶贫小额信贷入股到村里食用菌脱贫奔康产业园，年底分红7000多元，像这样的产业园，南部县共建设了236个；户有致富门路，张中路利用南部县实施的"四小工程"（小庭院、小养殖、小作坊、小买卖）的产业扶持资金，在房前屋后种了一亩多丑橘，每年能有3000元左右的收入；人有一技之长，张中路在政府组织的技能培训上，学会了电焊技术并拿到了技能证书，"有了证书一个月最少得挣3000多元工资"！张中路信心满满。

　　还有贫困生袁翀实现了"上学深造"的愿望，一库一卡一册教育助学平台实现助学金精准发放，让南部县无一人因贫辍学；贫困户侯子仲"走上水泥路"的愿望实现了，南部县5600多公里的公路，让每家每户告别了泥巴路；贫困户黄宗炳"喝上自来水"的愿望实现了，南部县整合15亿元建成6个大型水厂，让全县大部分群众吃上了"安全水"……

"吃不完、穿不完、花不完，咋能不脱贫！"马素芬说，十九大开幕时，自己和老伴在电视机前听着习近平总书记作报告时激动万分，"要是现在20多岁多好，以后的日子会越来越好，我们还没活够嘞！"

初心，穿越时空，永志不忘！2016年，西南大学作为第三方评估机构，对南部县脱贫摘帽进行了评估检查。结果显示，南部县综合贫困发生率2.31%，低于3%；脱贫人口错退率0.06%，贫困人口漏评率0.05%，均低于2%；群众认可度97.82%，高于90%，达到贫困县退出标准。

使命，继续担当，催人奋进。为确保剩下的2.6万贫困人口如期实现小康，保证脱贫户稳定脱贫不返贫，南部县继续保持扶持对象不变、帮扶力量不变、帮扶政策不变、帮扶措施不变、帮扶责任不变。扶上马，还要送一程。

"穷帽子"，贫困群众自己摘！这，就是南部县的脱贫底气！

脱贫攻坚"讲"出来

周艳

2017年11月13日，在贵州省毕节市黔西县林泉镇海子村村委，一场别开生面的"十九大精神专题讲习"正在进行。这间能容纳50人左右的讲习所会场座无虚席。台上，35岁的讲习所指挥长谢伟铿锵有力、激情饱满地将十九大精神细致地讲了出来。台下，海子村的男女老少端坐着，正聚精会神，不时发出一阵喝彩。

今年4月14日，毕节市威宁县率先挂牌成立脱贫攻坚讲习所。自此，讲习所在毕节乌蒙山区生根发芽，并在这片赤水河蜿蜒流淌的红色热土上渐成燎原之势，彝、苗、回等民族群众的精神面貌显著改善。

破"旧"——小课堂里的大学问

在中国近代革命史上，农民讲习所曾是一个伟大的创举。1924年7月，为适应革命形势发展，广州农民运动讲习所创立，1926年毛泽东任所长，萧楚女任教务长，周恩来、瞿秋白、吴玉章、彭湃、邓中夏等人担任教员，讲授与农民运动相关的课程，为中国革命培养出了一批重要骨干，为改变中国农民的命运蓄积了巨大的能量。如今，中国特色社会主义进入新时代，脱贫攻坚与讲习所的"结合"，使讲习所这个特定历史事物焕发出新的生命力，带给世人新的惊喜。

黔西县金兰镇双玉村村民董用海虽不是村里家庭条件最困难的，却是让村干部最头疼的。"他家跟我家条件差不多，凭啥他是贫困户，我就评不上？这不中，我要上访。"董用海的理解是自己家也穷，却没沾上"精准扶贫"的光，一点好处没捞着，政府偏心。自2015年以来，这个难缠的"上访户"，让各级干部头疼。

一次次苦口婆心地上门同董用海谈心，向他讲解扶贫政策，为他安排各种免费技术培训……干部们虽然想尽办法，却还是拉不回"一根筋"的董用海。他坚持认为上访是解决自家贫困问题的唯一途径。镇党委书记陈健气得直跺脚：这个"老顽固"啊！真是要人命！

不仅是董用海，金兰镇留守儿童多、矛盾纠纷多、上访对象多、贫困人口多、乡村陋习多，究竟怎么才能做好工作呢？

这时，毕节市新时代农民讲习所来了，干部们还是有些困惑：发动群众，团结群众，是我们党做群众工作的优良传统啊！可是，怎么让他们积极参与到讲习中来呢？怎么让讲习所看起来"很美"，办起来"更美"呢？

今年初刚开班时，大部分村民根本不知道这讲习所要讲啥，也不知道讲的东西有啥用，大部分人是来看热闹的。

讲习所讲什么？怎么讲？成了干部们要解决的首道难题。

董用海之所以要上访，正是因为他对扶贫政策不了解。群众的第一信息来源不可靠，以口传口、以讹传讹，不仅影响了国家政策的落实、损害了政府的公信力，也加大了基层扶贫工作的难度。找准病根对症下药，政策讲习员应运而生。

在讲习所这个小小的舞台上，市、县、乡、村各级书记和村第一书记，以及驻村干部等都可担任政策讲习员。他们讲思想，进一步坚定了广大党员干部群众的理想信念；他们讲政策，讲透产业帮扶、教育医疗、社会保障兜底等脱贫政策，让政策更容易理解，让困难群众心里更透亮更有数。

"咱这可是直接面对群众。讲课我可有压力啊，怕讲不好。上台要是没讲到位或者没说清楚扶贫政策，村民会有疑问，就可能不信任政府。不怕你们笑话，每堂课我都要反复准备，这大半年来感觉自己也提升了一大截。"28 岁彝族小伙、海子村讲习所所长、共产党员杨帆感慨地说。身旁一位大爷拍了拍他的肩膀："小伙子讲得好懂，习近平总书记都是为我们好，大家伙信你们！"一位大妈接话说："我们爱听着哩，政策讲得清清楚楚，这样好啊，没上过学也能听得明白。"

虽是料峭深秋，却在这样的零距离交流中流淌出融融暖意。董用海的"坚持"也没了。现在的董用海，不仅搞清楚了国家的政策，更明白了党的良苦用心，他利用"惠民贷"贷款 5 万元，养起了 5 头牛、10 头猪，种起了洋芋、大葱，整天忙得不亦乐乎。

破"懒"——吹起创新文明之风

除了政策讲习员，讲习所还有"两大员"——文明讲习员和技术讲习员。由各级乡贤榜样、法治先锋、文明标兵、退休教师、非遗传承人等组成的文明讲习员队伍，成为活跃在讲习所的另一支重要力量。

56 岁的杨绍书是黔西县金兰镇瓦房村的一名数学老师，多年来坚持采用汉、苗双语教学。今年，懂苗语的他自愿加入农民讲习所，担起了向苗族群众翻译、讲习的重任。

青白色的水泥直通村组，中草药、华山松、柳杉构成的苍翠波浪环山守望，红黄相间的花海缭绕村口，一栋栋青瓦白墙散落在郁郁葱葱的绿海之间。大方县小屯乡滑石村更像一个诗意的仙境，村民守着绿水青山，挣着"金子银子"。好生活、好习惯、好风气，已经成了村民的自觉行为。

这方面，文明讲习员可功不可没。县、乡、村三级脱贫攻坚讲习所是他们的战斗堡垒，县区党校、乡镇驻地、村级办公场所是他们的战斗阵地，板凳会、院坝会、群众会是他们的战场。结合党的十九大精神、社会主义核心价值观、中华文明优良传统，他们深入宣讲民主法治、传统美德、团结和谐、家训家风等内容，通过集中讲解、村民相互监督的方式，让各村逐步形成爱家、爱村、和谐、向上、向善的干事创业和生活氛围。

"去讲习所上了课，才晓得脱贫致富不仅是干部们的事，更是咱老百姓自己的事；不仅是男人的事，也是我们女人的事。"从讲习所回来，纳雍县董地乡青山村贫困户王贵英逢人就谈她的学习心得。

结合脱贫攻坚，文明讲习员向贫困群众讲清楚"直接发钱不是扶贫、发展产业才是根本"的道理，帮助他们算"经济账""亲情账"，鼓励贫困群众自力更生发展产业脱贫致富。渐渐地，群众的精神面貌变了，"等靠要"思想没了，村民的心思"活"了。

习近平总书记强调："新时代的农民讲习所是一个创新，党的根基在基层，一定要抓好基层党建，在农村始终坚持党的领导。"这是肯定，也是要求。讲习所在发展，毕节市委市政府也在"摸着石头过河"。

赫章县平山乡中寨村用群众喜闻乐见的方式，创办微脱贫攻坚讲习所，开办"云上课堂"，截至2017年12月，群成员达到169人，上课形式更为灵活、交流更为方便。

在大方县小屯乡，一个挂着"积分兑换"牌子的超市格外醒目。为鼓励广大学员积极参与讲习所培训，学员每参加一个学时，并答对问题可积一个学分，每个学分可兑换2元代金券，凭代金券可在学员积分超市兑换同等金额的日用品。截至2017年12月，超市已兑换价值400余元的物品，如香皂、牙膏等，这一小举措大大调动了村民学习的积极性。

小屯乡小屯小学开展了"小手拉大手"活动，10月13日，二年级（2）班的来睿智带回了家长来书俊"不乱丢垃圾"的承诺书；10月24日，该班的陈艺涵带回了家长陈远法"不乱办酒席"的承诺书……小学生充当起文明监督员，不仅使娃娃们养成了好习惯，还使家长们逐步改变了思想观念。

破"难"——让技术到田间地头

细雨霏霏，一群村民围着一棵棵樱桃树，边说边比画着，有的拿着手机录像，有的接过钳子跃跃欲试。原来，这是赫章县平山乡中寨村的技术讲习员在进行现场教学，向村民讲解樱桃树树枝修剪要领。300元每棵、50棵每亩的高效益让樱桃树成了不少贫困群众心中的"宝贝"。讲习员一来，群众顾不上当天刮风下雨，全都跑来了。"有技术员手把手地教，多方便哟，讲习所好哇，我们的产业发展快着哩！"村民们对这个措施很肯定。

不拘泥于地点，不拘泥于形式，按村主导产业讲解、按群众需求授课，"群众点单、讲习所配菜""群众缺什么，讲习所补什么"，让技术直达田间地头，这就是技术讲习员的作用。他们向贫困群众讲脱贫攻坚的方式方法，特别是讲农村实用技术，成为助推脱贫攻坚的又一力量。

如今，中寨村基本形成了集大棚蔬菜种植、生态养殖、有机化肥于一体的现代高效生态循环农业经济。抓住县中等职业学校帮扶的机遇，根据群众需求，组织开展西红柿、黄瓜等种植技术培训和大樱桃修枝、水肥管理等，受到群众的欢迎。

技术讲习员队伍中，有社会各界技术专家，有农技能人，有致富带头人。他们的现场教学、示范带动，让科技真正发挥了作用，让产业发展有了希望，让乡村振兴有了动力。

赫章县平山乡中寨村流动讲习所技术讲习员正在讲解樱桃树修剪技术

"一开始安排我去上课，我内心还有点不情愿，给村民上课，这不是浪费时间吗？我自己养猪都忙不过来哩。"黔西县金兰镇瓦房村养猪技术"土专家"彭德祥不好意思地提起这茬，"上了几次课后，我就找到感觉了。不照搬、死搬书本，用老百姓听得懂的语言讲，带着乡亲们一起挣钱，这可比我自己闷头发财成就感大多了！"

对此，大方县小屯乡滑石村学员黄成钰还专门写了一段学习感言，表达自己的感受："脱贫攻坚讲习所，我们进门学知识。脱贫路上强本领，发展产业门路多。他日脱贫致富时，我变技能大讲师。"

截至2017年12月，毕节市共成立新时代农民讲习所3896个，实现所有乡（镇、街道、办事处）全覆盖，开展培训1.8万多场，培训干部群众200余万人次。讲习所开讲以来，干部作风变了，基层党建夯实了，干群关系和谐了，群众内生动力增强了，产业发展更快了。

"新时代农民讲习所，既聚焦于贫困户，又关注了非贫困户，点面统筹，以此为契机带动整个农村的发展。毕节市现有92.43万贫困人口，我有信心如期完成脱贫攻坚目标。"贵州省政协副主席、毕节市委书记周建琨的话底气十足。

如今，走进毕节大地，你能听到到处传唱着这样一首群众自编的歌谣：脱贫攻坚讲习所，干部群众你和我。就像当年见红军，看见干部不再躲。宣传政策讲道理，房前屋后种水果。党给我们拔穷根，日子越过越红火！

贵州雷山：
"民族文化乡村旅游+"让苗疆更出彩

黄清发

　　11月23日，中国贵州雷山苗年非物质文化遗产展示巡游和展演活动在雷山县城隆重举办。作为2017贵州雷山苗年系列活动的重要一项，数万名中外游客齐聚雷山，共度苗年、共尝长桌宴、共品苗家酒、共跳苗族舞。此项活动在增加雷山旅游知名度的同时，也极大地提高了苗族贫困群众的收入，对脱贫攻坚产生了促进作用。

　　近年来，贵州省雷山县坚持以脱贫攻坚统揽经济社会发展全局，坚定不移

地走"一主导四围绕"特色发展之路，坚持把民族文化旅游产业作为战略性主导产业，围绕文化旅游业抓特色山地农业、特色生态工业、特色服务业、特色城镇化，努力探索出一条百姓富、生态美的民族文化旅游脱贫攻坚新模式。

"十二五"期间，全县累计接待游客2091.6万人次，实现旅游综合收入154.5亿元，带动1.2万贫困人口实现脱贫，贫困发生率从2014年的30.20%下降到2016年的17.63%。

旅游扶贫：一篇发展大文章

立足自然环境和民族文化"两个宝贝"，雷山县把民族文化旅游培育成脱贫攻坚支柱产业。

一是在规划上高屋建瓴。雷山按照"全域旅游化、全县景区化"思路，聘请知名团队编制了《雷山县民族文化旅游产业创新区暨民族文化旅游目的地规划》《雷山县民族文化乡村旅游扶贫规划》等，出台了《关于守住两条底线用好两个宝贝加快推进全域旅游化全县景区化打造国内外知名苗族文化旅游目的地实施意见》等，搭建了文化旅游扶贫的"四梁八柱"。

二是在保障上优先支持。雷山成立了县委书记、县长任双组长的文化旅游扶贫工作领导小组，组建了县旅游发展委员会和旅游发展服务中心，统筹全县旅游产业发展。多渠道加强资金保障，累计发放"特惠贷"4.47亿元，其中入股西江文旅公司发展乡村旅游3.28亿元，入股贫困户每年获取不低于7%分红，惠及贫困户6576户。

三是在环境上创造条件。凯里至雷山高速公路、蚩尤大道建成通车，雷山至榕江高速公路开工建设，率先实现村村通油（水泥）路，开通雷山旅游直通车，"快旅慢游"体系初步形成。深入推进"四在农家·美丽乡村"六项行动计划，对全县所有集镇及村寨的人居环境进行改善提升，为发展乡村旅游创造良好条件。

富裕起来的西江人民，欢欢喜喜过苗年

旅游产业：一个发展新动能

雷山推动旅游发展规模由区域化、块状化、封闭化转向规模化、集团化、社会化、全域化，实现贫困村寨和贫困户全覆盖。

一是打造大西江苗寨群文化旅游扶贫带。全县累计投资近 15 亿元，实施西江景区提升扩容工程，启动"一酒店一文化中心两索道三片区"建设，成功荣获"世界十大乡村度假胜地"。"十二五"期间直接和间接带动 646 户 2378 人增收脱贫，"十三五"拟带动 860 户 3698 人增收脱贫。

二是打造环雷公山生态旅游扶贫带。规划建设环雷公山精品自驾游线路，开发"森林疗养、森林氧吧、康体运动"等康体养生产品，"吃旅游饭，赚游客钱"成为雷公山腹地贫困群众脱贫致富的一条主要途径。"十二五"期间直接和间接带动 233 户 977 人增收脱贫，"十三五"拟带动 480 户 2064 人增收脱贫。

三是打造苗疆走廊乡村文化旅游扶贫带。以郎德景区为突破口，按照3—5个相邻苗寨为一个单元的模式，把全县58个国家传统村落和100多个苗寨串联起来，实现区域联动、全域发展。"十二五"期间直接和间接带动267户953人增收脱贫，"十三五"拟带动360户1548人增收脱贫。

四是打造南部农耕文化旅游扶贫带。借助"最时尚的短裙苗"和"最独特的水上粮仓"品牌，启动实施了新桥苗寨景区、水上粮仓酒店群、九十九省级生态农业园区、"苗岭天路·花海幽谷"等项目建设，吸引了大量游客深度体验游。"十二五"期间直接和间接带动78户282人增收脱贫，"十三五"拟带动342户1488人增收脱贫。

五是打造山地特色小城镇旅游扶贫带。坚持以产兴城、以城促产、以景靓城、产城一体，积极打造"西江—县城—大塘"特色城镇旅游带，按照旅游景区标准配套城镇道路、供排水、电力、通讯、绿化以及文教卫等设施，成功创建了"全国文明县城""全国卫生县城"，西江入选首批中国特色小镇名单。"十二五"期间直接和间接带动295户1163人增收脱贫，"十三五"拟带动482户2072人增收脱贫。

"旅游＋"：一条融合产业链

雷山借助"旅游＋"辐射带动能力，推进农文旅一体、产城景互动、一二三产业深度融合的文化旅游扶贫产业链。

一是抓好"旅游＋特色农业"。县里按照"强龙头、创品牌、带农户"的要求，制定贫困户因户施策3000元扶持政策，引导贫困群众围绕文化旅游，大力发展茶叶、中药材、黑毛猪等特色产业，全县茶园种植面积16.15万亩，实现农民人均1.5亩茶，成功入选国家有机产品认证示范区和国家级出口茶叶质量安全示范区。天麻、白芨、青钱柳等中药材种植抚育面积达5.5万亩，农民人均近半亩中药材。黑毛香猪生猪存栏 6.96 万头，黑毛香猪等农特产品在北京、杭州等城市以私人定制、专卖店、会员制等形式销售。"十二五"期间，通过发展特色农业，带动 2167 户 9164 人脱贫。2016 年带动 671 户 2349 人增收脱贫。

二是抓好"旅游＋特色工业"。大力发展以茶叶为主的特色食品加工业和以银饰刺绣为主的旅游商品加工业，开发了一批独具本土化、个性化、特色化的旅游热销商品。全县各类企业从 245 户增加到 1197 户，其中茶叶和民族手工艺品个体户和企业占比达 65%，"十二五"期间，带动贫困户 285 户 1440 人脱贫。2016 年带动 75 户 263 人实现脱贫。

三是抓好"旅游＋特色服务业"。积极推进"千户精品民宿、千户精品客栈"建设，悦榕庄酒店落地西江，全县四星级以上酒店两家，宾馆、农家乐450 家，床位数 10600 张，解决 800 余名贫困人口就业。"十二五"期间，通过发展特色服务业带动 308 户 1312 人实现脱贫。2016 年带动 116 户 458 人实现脱贫。

望丰把稻田养鱼开发成旅游项目

四是抓好"旅游＋特色城镇化"。将易地扶贫搬迁项目与旅游规划项目结合起来，打造了返乡创业就业一条街、银饰刺绣一条街、特色饮食一条街等特色业态街区，不断拓宽贫困群众创业就业渠道。2016年，搬迁1199户4645人，解决1426人就业，带动178户628人脱贫。

五是抓好"旅游＋民族文化"。全县拥有"非遗"名录231项，其中国家级13项，58个民族村寨入选中国传统村落，是全国拥有"非遗"项目最多、传统村落密度最高的县。坚持文化为魂、旅游为体，全县共有1.3万农民参与银饰、刺绣、芦笙、服饰等民族文化旅游商品的加工、生产和销售。"十二五"期间带动267户1066人增收脱贫，2016年带动96户438人增收脱贫。

六是抓好"旅游＋大数据"。以巩固国家电子商务进农村综合示范县为契机，建成了西江景区智慧旅游系统，农村电商平台覆盖全县154个村，推动乡村旅游业实现井喷式增长。西江旅游公司利用电子商务销售门票、订房订餐、销售农特产品等，一年网络交易额达2.8亿元。

七是持续抓好"旅游＋大生态"。雷山先后列入国家重点生态功能区、全国生态文明示范工程试点县、全国生态保护和建设示范区，全县植被覆盖率达94%，森林覆盖率达72.52%，272名建档立卡贫困人口就地转化成了生态护林员，累计发放公益林补偿金1194万元，覆盖8个乡镇2.37万户。

旅游收入：一份要分享的红利

雷山不断丰富完善旅游扶贫业态，带动更多贫困人口参与分享旅游发展红利。一是业态发展联动。按照"政府引导、群众参与、市场运作、利益共享"机制，通过农家乐、家庭旅馆、酒店等经营实体，增加群众收入。西江景区村民经营农家乐、家庭旅馆、酒店313户，年经营利润上百万元的达35家，最具有代表性的"阿浓苗家"每年利润500万元以上。鼓励无能力经营的贫困户通过出租房屋、门面实现增收。门面、房屋出租一年就有10万至50万元不等的收入，直接带动 137 户贫困户脱贫。二是利益共享驱动。制定了《西江千户苗寨民族文化保护评级奖励办法》，每年从门票收入中提取 18% 对景区民房保护完好农户进行奖励，既让景区村民享受乡村旅游红利，又充分调动了村民参与保护民族村寨的积极性。2016 年西江景区发放民族文化保护评级奖励 2448 万元，共有 1387 户 5322 人受益，户均享受资金 1.76 万元。三是就业服务带动。西江景区将商铺、摊点统一规划，无偿提供 436 个摊位给景区失地农民、家庭经济困难和就业困难村民经营，惠及贫困户 365 户 1469 人。提供了保安、导游、驾驶、环卫、消防等 800 多个服务岗位，优先安排周边贫困群众，惠及贫困户 78 户 320 人。乡村旅游"井喷式"发展，激起了外出务工人员返乡热潮，西江村外出务工 1100 多名农民已有 820 多名返乡创业就业。四是文化参与互动。在景区景点推出迎宾仪式、歌舞表演、神秘祭祀等文化展示活动，积极鼓励贫困户参与文化表演，实现增收脱贫。郎德景区成立旅游专业合作社，把全体村民参与表演的收入按约定比例分配到各家各户，同时将一定比例用于无劳动能力参加表演和卫生服务的贫困户，贫困户参加表演，户均年收入达 8000 余元。五是产品供给拉动。以"景区 + 合作社 + 基地 + 农户"形式，针对性地发展蔬菜、黑毛猪等特色种养殖业。西江景区每天消耗肉类近 2500 斤，各类蔬菜约 2500 斤，米酒近 1000 斤。景区周边村寨发展规模种养殖基地 4 个，规模种养殖场 9 家，家庭农场 154 家，与景区农家乐、超市达成产销协议 80 余家，带动 35 户 147 人脱贫。西江电子商务旗舰店带动 1154 名贫困人口增收。

2018

西藏阿里：谱写高原攻坚传奇

西藏阿里地区扶贫办

西藏阿里地区平均海拔 4500 米以上，素有"高原上的高原"之称，是西藏最为偏远和艰苦、经济发展相对落后的地区之一。阿里地区总人口 11.4 万人，每平方公里仅有 0.3 人，地广人稀，地域条件差、基础设施薄弱、资源匮乏、生态环境脆弱、产业发展滞后，贫困程度深。至 2016 年初，尚有建档立卡贫困户 6508 户 21419 人，脱贫难度大、致贫因素多、脱贫成本高。

2016 年，时任阿里地委书记白玛旺堆（现西藏自治区党委常委、拉萨市委书记）指出，阿里如期实现脱贫摘帽，是党中央、区党委交给的重大政治任务，也是历史赋予阿里干部的神圣职责使命。阿里虽然条件艰苦、困难很多，但脱贫摘帽没有任何条件可讲，是必须完成的政治任务，也容不得一丝一毫闪失。

如今，阿里地区干部群众凝心聚力、众志成城、攻坚克难，在这场脱贫攻坚战中，阿里着力打造优势特色产业、加快推进基础设施建设、持续保障和改善民生、坚决守住生态安全屏障等方面，美丽新阿里的壮美画卷铺展开来，走出了一条体现阿里特色的脱贫之路。

兴产业、促就业

"要将发展生产实现脱贫作为脱贫攻坚的根本。"2016 年 3 月 2 日，白玛旺堆在阿里地区 2016 年扶贫开发工作会议上指出，产业这道"门槛"跨不过，阿里就难以跨进全面小康社会。

2016 年以来，阿里地委、行署立足该地区的资源禀赋状况、市场机遇与潜力、人文旅游等优势，着力打造三大特色优势产业，因地制宜找准了脱贫出路，全力推动经济发展。

依托阿里地区独特的旅游资源，坚持"特色、高端、精品"导向，大力推动定制式高端旅游，加大宣传营销力度，塑造"藏西秘境·天上阿里"旅游品牌，把旅游业打造成优势产业。预计到 2020 年，全地区年接待海内外游客突破 150 万人次，实现旅游总收入达到 20 亿元，旅游业吸纳农牧民转移就业年均递增 10% 以上，转移就业突破 1 万人。

同时，还加快发展天然饮用水产业，把绿色工业培育成首要财源，培育 2—3 家具有较强竞争力的天然饮用水骨干企业，争创西藏自治区著名品牌、全国知名品牌，预计天然饮用水总产值达到 5 亿元以上。依据传统产业，扶持藏医药业发展，支持藏医药科技创新，打造阿里藏药品牌。

阿里还以保障主要农畜产品供给和促进农牧民增收为核心，把特色农牧业培育成支柱产业，全面实施农牧业提质增效战略，强化强农惠农富农政策支持，重点抓好白绒山羊、象雄半细毛羊、紫绒山羊的科研和良种推广力度，加快产业带、产业县、养殖示范基地建设。预计到 2020 年，农作物良种覆盖率达 80% 以上，粮食产量达 6700 吨，其中青稞产量 5700 吨以上；蔬菜种植面积达 4000 亩，产量达 7000 吨，主要城镇供给率旺季达到 80% 以上。

产业发展离不开人的参与。阿里有关部门积极落实好转移就业政策，牢牢把握就业岗位开发、就业培训、就业管理、就业服务 4 项重点，把就业岗位开发与产业开发有效连接，突出订单式培训，努力在旅游服务业、设施农牧业、生态环保业、建筑建材业、民族手工业和维护稳定、政府购买服务等领域开发就业岗位，实现贫困群众有效转移，2016 年完成 1500 人的转移就业培训工作。

2016 年，普兰县成为第二批全国全域旅游示范县，年游客量突破 10 万人次，带动群众累计增收 1374 万元，从业贫困户人均旅游收入达到 7520 元。

2016 年，仅一个总人口不到 8000 人的札达县旅游人数就达到 6 万人次，总收入达到 6300 多万元，吸纳 2350 人从业，带动 400 多名建档立卡贫困户人均收入上万元，实现脱贫摘帽。

当一个个产业遍地开花似的兴旺起来，群众的钱包也注定会随之越来越鼓胀——这样美好的未来，已经在阿里描绘出了清晰的轮廓。

挪穷窝、谋富路

"要易地搬迁脱贫一批，对没有资源也没有办法的非边境贫困群众，要组织他们向有条件、有资源的区域有序搬迁，引导他们发展旅游业、服务业、设施农牧业、边贸业等适宜产业。"对于阿里地区易地扶贫搬迁工作，2016 年白玛旺堆提出了更高的要求。

让贫困群众挪穷窝，也要为他们谋富路。近年来，阿里地区针对生活在"一方水土难养一方人"的贫困户，在旅游景点沿线、产业园区、县城、小城镇周边选取了 17 个符合产业发展、生态建设、避灾要求和群众意愿的安置区，搬迁贫困群众 2225 户 8175 人。采取"统规统建"和"统规自建"两种方式，于 2016 年超标完成了 1110 户 4284 人的搬迁入住工作。

最大的搬迁点——康乐新居紧抓"建房、搬迁、就业、保障、配套、退出"关键环节，完成了 500 户 2061 人搬迁，当年产业分红户年均 1.6 万元，安置就业 500 余人。搬进"康乐新居"，致富从此有奔头——这是很多阿里易地扶贫搬迁群众一致的心声。

"康乐新居"集中安置区建设项目，是阿里地区易地扶贫搬迁点的样板工程、精品工程、阳光工程、廉政工程，计划分三期建设实施，按照人均不超过 25 平方米的标准，计划修建 994 套搬迁安置房，共安置 4006 人。

来自措勤县达雄乡达瓦村 46 岁的残疾人桑增，带着一家 5 口人搬到"康乐新居"已经半年了。他和妻子次吉轮流上岗，在噶尔县当环卫工人，月工资

康乐新居

加起来有 2500 元。以前在乡里当加油员、月工资只有 1500 元的大儿子石确饶布，在"康乐新居"劳务输出合作社的安排下，到地区住建局参加了造价员培训，如果顺利考取资格证上岗后，月工资可以拿到 5000 元，小儿子则通过地区统一培训，到检察院阿里分院当上了保安，月工资 2500 元。

"以前在村里时，因为我的身体残疾，家里很穷，根本没想过能住上这么好的房子，别说来狮泉河镇了，就是县城都很少去。"桑增感慨地说，"如果石确饶布能考上造价员，我们一家人的月工资加起来就上万元了，国家的各种政策性补贴还能继续享受，再也不用为生活发愁了。"

抓关键、补短板

"阿里地区还面临着脱贫难度大的突出问题，经过多年扶贫开发，容易脱贫的乡村和人口，已经基本解决了脱贫，剩下的往往是区位条件更差、居住更分散、基础设施更薄弱、资源条件更匮乏、生态环境更脆弱的偏远乡村。"2016 年，白玛旺堆指出，必须正确处理边境一线稳固和当地群众脱贫难题，这些都是难啃的"硬骨头"，越往后脱贫攻坚成本越高、难度越大、见效越慢。

阿里地区按照"不摘穷帽交官帽、不拔穷根不脱钩"的原则，成立了组织机构，签订了目标责任，实行了包县联乡，推行了结对帮扶，形成了包抓全覆盖、联抓无缝隙、驻村不留白、帮扶零距离、结对不断档的齐抓共管责任体系。同时，高度重视规划的先导、引领和统筹作用，采取地区相关职能部门与专业编制机构联合编制的形式，成立脱贫攻坚系列规划编制组，精心编制"十三五"脱贫攻坚等 9 个规划，精准确定脱贫攻坚的"路线图"。县、乡、村、户也层层制定精准扶贫规划、计划，实现地县有规划、乡村有计划、农牧户有卡册。此外，根据专项工作推动需要，还编制了干部结对认亲、扶贫产业资金分配、援藏资金筹措、金融政策落实、狮泉河镇"康乐新居"建设资金筹措、保安人员培训等 10 个具体工作方案。

阿里地区还坚持自我发力与向外借力并举，广泛动员和凝聚社会力量参与扶贫，形成政府、市场、社会互为支撑，专项扶贫、行业扶贫、社会扶贫"三位一体"的大扶贫格局。深入推进定点帮扶，进一步完善领导联系和单位帮扶贫困地区制度，健全"单位包村、干部包户""党员干部进村入户、结对认亲交朋友"和

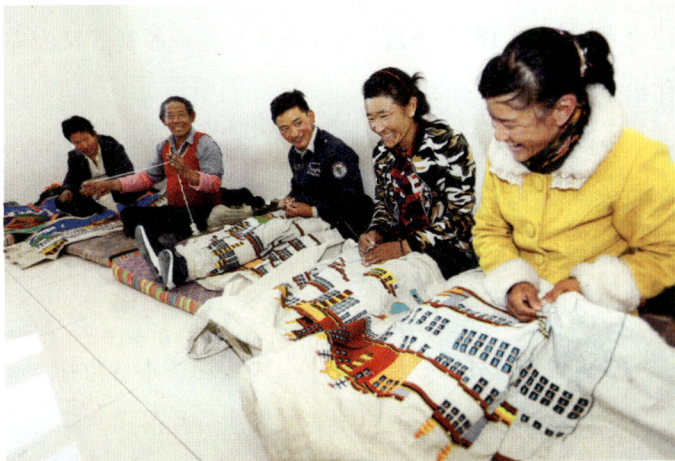

阿里地区农牧民群众通过技能培训，大力发展手工针织业增收致富

驻村工作队帮扶制度，制定了"十三五"时期机关单位、驻军部队定点帮扶工作方案，广泛开展10名机关党员包一户贫困户的"10+1"活动。深入开展"十企帮十村"活动。明确地区恒远商贸有限责任公司、阿里大酒店、神山营运有限责任公司等10家民营企业对口帮扶10个贫困村计划，动员民营企业主动开展对口帮扶，参与脱贫攻坚。同时，利用全地区项目开工建设的黄金期，发改、住建、水利等职能部门发挥沟通协调作用，鼓励动员在阿里施工企业吸纳贫困人口参与项目建设，通过劳务输出增加现金收入。

2016年，白玛旺堆代表全地区10万名各族干部群众，掷地有声地说道："我们必须从讲政治、讲大局的高度，以更坚决的态度、更大的决心、更明确的思路、更精准的举措、超常规的力度，举全地区之力，坚决啃下这个硬骨头，确保阿里与全国全区同步全面建成小康社会，向党中央和区党委、政府，向阿里各族人民交上一份满意的答卷！"

保生态、惠民生

近年来，为处理好富民利民和保护生态的关系，2016年、2017年阿里地区共安排、落实生态岗位33738个，年人均补助3000元，90%以上为贫困户、边缘人口。贫困群众通过"吃生态饭"实现脱贫，又为守护祖国生态安全屏障作出了贡献。

党的十八大以来，阿里地区以保持环境质量良好为目标，积极推进生态文明建设，让阿里保持着天蓝、地绿、水清。截至2018年1月，阿里地区7个县获批国家级生态功能县，创建自治区级生态乡1个、自治区级生态村62个，美丽阿里更加璀璨。

在执行生态红线管理制度上，阿里地区不打折扣。该地区坚持"生态保护第一、尊重群众意愿"的原则，严格执行和落实西藏自治区环境保护"一票否决制"和矿产资源开发西藏自治区政府"一支笔"审批制，严把生态环境关、产业政策关、资源消耗关，严禁高消耗、高污染、高排放的"三高"企业和项目进入阿里。同时，建立资源总量管理和全面节约制度，严格落实草原保护制度、耕地保护制度、土地节约集约利用制度和水资源管理制度。

作为"国家重要生态安全屏障"的重要组成部分，阿里地区海拔高、植被少，生态系统抵御外界干扰和自主恢复能力较弱。为守护好美丽家园，阿里地区积极主动作为，加大力度植树造林。"十二五"期间，完成植树造林 3.7 万余亩，封山育林 11 万余亩。2016 年投资 7120 万元，完成造林 4200 亩，封山育林 19 万余亩，砾石压沙 5.94 万亩，城镇居民沙害治理 1988 亩，建造挡沙堤 8.9 千米，义务植树 1064 亩，以 11 家单位作为庭院绿化试点单位并取得明显成效。

守护美丽家园，绘就生态画卷。如今，阿里地区生态环境全面改善，生态环保理念深入人心，各族群众共享生态环境改善带来的实惠。

阿里地区广大干部、各族人民群众在"赶考"路上，以不拖全国人民的后腿为目标，以时不我待、只争朝夕的顽强拼搏精神，精准扶贫精准脱贫结出了累累硕果。而今，在习近平新时代中国特色社会主义思想指引下，古老苍茫、雄奇壮观的红色阿里正在以崭新的姿态展现在世人面前。

陕西旬阳县："525"就业扶贫
让万名贫困人口早脱贫

张兆群

陕西省安康市旬阳县全县总面积 3554 平方公里，辖 21 个镇 305 个村（社区），总人口 46 万人，是国家扶贫开发工作重点县，全县在册贫困户 22229 户 58637 人，其中贫困劳动力 3.86 万人。

隆冬时节，陕西省安康市旬阳县仙河镇竹园河村天佑农业生态合作社里，何世荣一边麻利地干着活一边说："以前做梦都没想到，能跟合作社签订零活就业协议，可以在家门口挣钱。这个月我在合作社里就挣到了 2000 多块钱呢！"这个合作社已吸纳 65 名贫困户就近就业。

2017 年以来，旬阳县把帮助贫困家庭劳动力实现就业作为治理贫困问题的一把"金钥匙"，以实现贫困劳动力稳定就业为目标，大力实施就业扶贫工程。截至 2018 年 2 月，全县共有 10462 名贫困人口通过稳定的就业实现了稳定脱贫。

劳务输出实现"订单式"就业

36 岁的仙河镇竹园河村贫困户武绍刚，从山西省河津市给他的家人和帮扶干部传来了"月工资 4000 元"的喜讯。据帮扶干部介绍，武绍刚是 2017 年 3 月份通过劳务输出在山西省河津市海华名园从事模工工作。

无独有偶，构元镇金马塔村贫困户党书山，2016 年 4 月参加县上组织的手足修复师培训后，通过对外劳务输出到陕西郑远元集团贫困劳动力基地就业，月薪高达 2 万余元，实现脱贫。

近年来，旬阳县结合县情实际，立足外出务工人员动向，借助已培育成熟的"旬阳建工"为引领的劳务品牌，通过政府搭台、商业运作、社会参与的模式，依托驻外创业协会和能人带动，运用劳务补贴和贫困劳动力交通补助等激励措施，在外出务工人员聚集的河北、山西、河南、新疆、甘肃、北京、深圳、西安等地建立了 9 个劳务输出基地。同时，与在外旬阳籍企业进行劳务协作，在西安举办旬阳县特色产业扶贫和就业扶贫项目推介招商签约会，现场签约项目 26 个，签订贫困劳动力对外定向输出协议 4 个，提供就业岗位 5 万余个。

此外，旬阳县还与企业实行精准对接、结对服务，建立劳务合作关系，实现"订单式"上岗和对口精准就业。截至 2018 年 2 月，已经转移贫困劳动力 34350 人，有组织转移就业 1854 人，均已实现有班上、有钱挣，帮助贫困群众获得了稳定长效的劳务收入。

技能扶贫实现"自助式"就业

在政府和扶贫干部的帮助下，双河镇贫困户杜永斌，通过县人社部门组织的手足修复师培训后，又被人社部门介绍到陕西郑远元集团湖北分公司就业。经过半年的发展，已是武汉片区经理，月收入过万元。

为实现"培训一人，就业一人，脱贫一人"的目标，旬阳县立足县情、村情，深入建档立卡贫困劳动者家中，了解群众需求设立培训项目，实行订单式短期培训及长期培训相结合，常年开设手足修复师、中式烹饪、种养殖等专业培训。截至 2018 年 2 月，对全县 21 个镇 60 个贫困村进行全覆盖培训，累计培训贫困劳动力 10516 人。

旬阳县针对有转移就业意愿的贫困家庭开展"订单式 + 定点输出"培训，

"订单式＋定点输出"的手足修复师培训，让旬阳县 1300 多名贫困劳动力走上工作岗位

以手足修复师为重点培训实效最为显著。截至 2018 年 2 月，全县已组织该项目培训 27 期，培训人数 3000 余人，其中建档立卡户 2500 余人，签订意向就业合同 2000 余人，1300 多人已走上工作岗位，包吃住保底月薪 3000 元以上，有效解决了贫困人口就业难题。

针对有创业意愿的贫困户，旬阳县持续开展"SYB"创业培训 337 人，大大提高了贫困群众就业创业的自主性、选择性。

针对有从事农业生产意愿的，开展油用牡丹、拐枣种植以及畜牧养殖等优势产业短班培训 2934 人，成为旬阳县上万名贫困户稳定增收的 20 多万亩烟草、拐枣、油用牡丹等特色产业发展的主力军。

保障安置实现"兜底式"就业

刘贞平是旬阳县吕河镇秦家塔村贫困户，夫妻两人和 70 多岁老母亲都体弱多病，生活很艰难。作为村级公路清洁员的刘贞平，对自己现在的工作非常满意。

2017 年，旬阳县就业部门针对刘贞平的实际情况，采取公益特岗扶贫措施，让他担任村级公路清洁员，每月 600 元的工资报酬让他家的收入多了份保障。

这份工作对于刘贞元一家就是捧上了一个"好饭碗"。一年 7000 多元的收入，以他们的劳动能力和条件，在以前根本就是做梦也不敢去想。而且这份工作既让刘贞元一家增加了收入，还能让他照顾家里的老人，可谓一举两得。

针对像刘贞平这样"无法离乡、无业可就、无力脱贫"的"三无"贫困劳动力，旬阳县积极探索出"公益岗＋公益专岗＋公益特设岗"三保险的兜底保障模式。将全县各机关、事业单位和财政拨款的社会组织编制外新增或补充的服务性、辅助性的公益专岗，用于安置建档立卡贫困劳动力。注重因人置岗，设置包括农村环卫、水利设施看护、公益林管护、公路维护、敬老院护理及城镇化发展、新农村建设等公益岗位，通过兜底安置，彻底消除"零就业家庭"中贫困劳动力。

截至 2018 年 2 月，旬阳县通过公益岗已安置 847 名贫困劳动力实现就业，其中在 21 个镇 60 个贫困村开发了 231 个特设公益岗和 61 个公益专岗专门用于特困劳动力的安置工作，受到了贫困群众的欢迎。

自由创业实现"带动式"就业

王盛奎是旬阳县双河镇平河村的一名贫困户，在创业关键阶段遇到资金周转不足难题，通过人社部门宣传的创业就业扶贫政策，申请 50 万元无息创业担保贷款，发展花卉 10 亩、养鱼 2 亩、养野鸡 2000 只，年收益达 150 万元左右。不仅自己实现脱贫，还吸纳贫困户就业 20 多人。

"创业，我拼的是技术，靠的是资金扶持。"在王盛奎的脸上我们看到了满满的感激。他说，"就业扶贫政策帮我脱了贫，我有义务扩大合作社规模，提供更多的就业岗位，带领更多的贫困户早日脱贫，过上好日子"。

为了让更多像王盛奎一样的贫困户"想创业、能创业、创成业"，旬阳通过创业担保贷款贴息政策，采取鼓励自主创业，政府帮、政策扶的办法，帮助其发展种植、养殖产业或参与到电商、合作社、开办农家乐等创业中来，

王盛奎在就业部门政策扶持下发展的 10 亩花卉获得大丰收

实现创业促就业，获得稳定收益。鼓励享受创业扶持政策的单位或个人，积极吸纳贫困劳动力在本单位就业，每个创业实体采取"1 带 3"的模式，带动贫困劳动力就业实现脱贫。

截至 2018 年 2 月，旬阳县已为 314 名创业户发放创业担保贷款 36768 万元，直接扶持创业人员 750 人，带动就业 2590 人。其中为贫困村发放贷款 11745 万元，为 21 户贫困户发放创业担保贷款 308 万元，带动 198 名贫困劳动力自主创业。

"三变改革"实现"一站式"就业

2017 年 12 月 6 日，在旬阳县神河镇金河口社区的精准扶贫就业基地国桦合作社里，该镇黑沟村三组贫困户张乾军正在他所承包的菇棚里，小心地侍弄他的"菇宝贝"。

"自从加入合作社，脱贫一下有了方向！等到这批菇销出去，年收入十来万不成问题。"张乾军说，自他成为合作社的员工后，除了每月领取3000元工资外，合作社还分给他一个大棚让他管护入股，年底参与分红。"我一人就有了3份收益。"张乾军脸上绽放着丰收的喜悦。

和张乾军一样，神河镇周边村已有136户建档立卡贫困户在这里有业就，有钱挣。还有20户有劳动能力、懂技术的贫困户，以大棚管护入股方式，年底一个大棚另可分红2万—4万元。眼下，香菇收获在即，大家伙儿都能尝到丰收的甜头。

这是旬阳县打造的"百千万"就业产业脱贫工程，该县将国桦合作社作为全县去年创建的市级就业扶贫基地之一。

旬阳县为了能让更多的贫困户在家门口实现有业就，有钱挣，围绕油用牡丹、拐枣等本地特色产业，以"扶产业助就业促脱贫"为路径，结合并支持"三变"改革模式，引导贫困户通过小额贴息贷款入股、土地入股等形式，开展就业扶贫基地建设，实现贫困户增收。

同时，旬阳县探索"基地＋贫困户""园区＋贫困户""社区工厂＋贫困户""合作社＋贫困户""产业大户＋贫困户"的"五＋"扶产业助就业模式，吸纳贫困劳动力就近就地稳定就业。2017年建成就地转移就业产业园区（基地）15家，培育和发展"社区工厂"9家，吸纳贫困劳动力就业2755人。

就业帮扶实现"造血式"脱贫

实现贫困人口就近就业、转移就业、精准脱贫，搞好服务是根本保障。旬阳县精心就业援助，对返乡创业或是经营带动性强的工商企业建立绿色通道。

旬阳县仁河镇桥上村一组村民洪列芳去年4月底返乡创业，得到了当地社保站就业窗口工作人员保姆式的服务，短短3个月，她的玉泉服饰公司便走上正轨，实现赢利，员工增至32人，其中吸纳贫困妇女27人。

2017年，旬阳县针对性地举办"就业援助月"，组织开展"就业精准扶贫"专场招聘会等大型公共就业服务活动4场次，开展送政策、送岗位、送服务"三送"活动，为贫困人员提供就业岗位1.2万个，实现就业1000余人。

针对低保家庭、残疾和建档立卡贫困高校毕业生实施就业援助，旬阳县开展了贫困大中专毕业生见习活动，见习期月补贴1200元，安置贫困家庭高校毕业生182名。

就业需求在哪儿，服务就延伸到哪儿。旬阳县发放了《旬阳县就业创业脱贫政策汇编》《就业岗位信息》等宣传资料。21个镇还建立了劳务输出服务站，为贫困劳动力提供政策宣传、职业介绍，做好办理就业失业证、签订劳务合同、参加社会保险、劳动维权讨薪四个节点保姆式代办。配备了305个村级就业服务信息员，专门负责就业创业宣传、信息采集和就业服务等工作。县人社局在"旬阳人社"微信平台开通了"微就业"通道，在人力资源网开设了求职招聘专栏，劳务就业招聘工作做到日常招聘天天有。

"就业是民生之本。下一步，旬阳县将继续做大做强两大就业工程——'百千万'工程和'扶产业助就业促脱贫'工程，积极拓宽就业精准扶贫外延，实现'就业一人、脱贫一户、带动一片'的就业效应，让越来越多的贫困劳动力通过稳定就业实现脱贫，创造美满的幸福生活。"县人社局局长曾胜昔说。

"天梯村"的"进化史"
——四川凉山昭觉县阿土列尔村精准扶贫侧记

刘红涛　张津津

四川省凉山州昭觉县支尔莫乡阿土列尔村勒尔社的村民出行需要攀爬藤梯，被媒体称为"悬崖村""天梯村"。如今的阿土列尔村架起了钢梯、通了网络，即将实施旅游项目开发，"悬崖村"再次成为关注热点。

阿土列尔村距昭觉县城72公里，辖4个农牧服务社，面积11平方公里，最高海拔2300米，最低628米，相对海拔落差达1672米，地形以山地悬崖为主。全村户籍总户数171户688人，贫困户44户165人，经济结构以传统的畜牧养殖业和种植业为主。

2016年5月，一篇《悬崖上的村庄：出入走崖壁爬藤梯　曾摔死多人》的报道，向社会展示了村民出行需要顺着悬崖断续攀爬17条藤梯的情况后，引起广泛关注。藤梯改造项目由州、县两级财政统筹资金100万元，2016年8月正式进场施工，2017年6月初完工，极大地改善了村民出行条件，保障了村民出行安全。

2017年10月29日，记者来到"悬崖村"，实地感受那条著名的"天梯"。

藤梯换钢梯——险路变游路

上午9时许，站在山脚下，记者就看到了在山腰上悬挂着的钢梯，直冲山巅。山脚下的村民告诉记者，现在能看到的只是"悬崖村天梯"的第一段，其余部分在更高的山上。

四川省凉山州"悬崖村"的"天梯"建好后，孩子们上下山更便捷、安全。在钢梯上，他们每一个都是小"飞人"

　　沿着山脚下几座房屋间的小路，顺着田间的垄沟，记者到达了"天梯"的起点。

　　据了解，建这条钢构的"天梯"共历时8个月，耗资100万元，整个工程共用钢管1500根，钢材120吨，共有2556级。"天梯"分为三段，每段在缓坡处修有平台供人休息。

　　梯宽约1米，每梯由3根钢管并排组成，钢管间用金属件固定，支架嵌入崖壁，并有斜拉和支撑钢管分列在旁，避免钢架晃动。

　　走钢架的"天梯"不同于走楼梯，两眼透过钢架的空隙看到裸露的山崖，越往高处走，越感觉身体悬在半空，心里始终感觉有一种被往下拉拽的感觉，恐惧让人心跳加速，双手不由得攥紧了两侧的扶手。

　　阿土列尔村第一书记帕查有格介绍，在钢梯的建设过程中，乡、村党委成员与工人同吃同住同努力，在材料搬运遇到劳力荒和地势最危险路段，都是党员干部冲在一线，做给村民看，号召感染村民投入建设中来，最终完成了这一浩大的工程。

在攀登"天梯"的过程中，记者看到了20余名来自全国各地的游客，他们慕名而来，专程体验"悬崖村"村民生活的艰苦，感受攀登"天梯"的辛苦，游览凉山特有的地形和地貌风光。

网络通了——"悬崖村"有了"网红"

记者用了将近两个小时的时间到达了"悬崖村"的勒尔社。村子的旁边就是一道绝壁，深渊之下，是从深山流淌而来的古里拉达河。绝壁对面是昭觉县另外的一个"悬崖村"哈甘乡瓦屋村，东面则是龙头山下的美姑县乐跃乡阿土巴古村。

勒尔社全村有43户人家，其中36户姓莫色，7户姓俄。村民养殖山羊、牛和猪，因没通公路，勒尔社的牛，仅仅用来耕地。山羊敞放深山老林里，需要贩卖或宰杀时，年轻人钻到深山老林去抓羊，猪则是自养自吃。

由于建筑材料无法运上山，村里人家的房子全都是木架结构的土坯房，随着钢梯和运输索道的建成，已经有村民开始囤积建材，准备翻建新房。

23岁的贫困户某色拉博，鼻梁高挺、顶着一头彝族青年特有的鬈发。拉博家有3亩地，种了40棵花椒树、70多棵核桃树。现在只有3棵花椒树结了果，每年能卖到800多元，其余的树还要5年后才能结果。

一家人每年还可收获土豆3000斤、玉米约2500斤，土豆是他们每天要吃的菜，玉米磨成粉，蒸熟就成了玉米饭。

"我现在在村里身手最好。"拉博自豪地说，村里有人打核桃，会请他爬树去打，他还能背60斤物品上下山。如果有人需要买羊，拉博把羊的四条腿两两绑在一起，像背书包一样把羊背下山。钢梯通了后，拉博有了"悬崖飞人"的绰号，他身手矫健，上下山分别只需40分钟和20分钟。

钢梯通了后，紧接着宽带网络也通了，高速的网络不光给村民们带来了便捷的通讯，还带来了更新鲜的赚钱方式——网络视频直播！

"悬崖村"因媒体报道红遍了全国，村里的小伙子们借助"天梯"进行现场直播，每天对"悬崖村"的新鲜事进行直播，让不能实地体验"天梯"的网友，从视频中感受在攀爬钢梯时的那份心惊肉跳，而这些彝族小伙，走在钢梯上如履平地的表演，也惊呆了众多网民，成了"网红"。

拉博就是其中最红的一个，他在钢梯上表演走单管、唱彝族歌曲，赚得最多的一天，有几百元的进账。

上山的路方便了——村民的脑子也活了

上山的人多了，村民们也都有了营销意识，村里最好卖的是山上的核桃和野蜂蜜，但是这两样东西有很强的季节性，于是村民们养的山鸡也成了旺销品。每到休息日，到"悬崖村"观光的游客会因体力和胆量的原因被分成两拨，一部分爬上"天梯"到达了"悬崖村"，因体力消耗过大而需要吃饭休息，于是"悬崖村"里雨后春笋般开了三家超市。

旅游的火热带动了"悬崖村"的发展。现种植有核桃1.5万株，青花椒4420株，脐橙7000余株。该村还成立了全县第一个村级山羊养殖合作社，现有山羊520多只。

2017年3月，乡党委书记阿吾木牛牵头与凉山地区的油橄榄龙头企业中泽公司签约发展阿土列尔村和说注村两个村油橄榄产业。4月在阿土列尔村勒尔社和特图社、说注村说注社试种了36亩油橄榄，所有油橄榄在7月中旬便全部挂果，成活率达到100%。

在支尔莫乡党委统筹指导下，由阿土列尔村党支部和西昌中泽公司联合组建了昭觉支尔莫油橄榄产业发展有限公司，预计2018年初，将完成在阿土列尔村勒尔社100亩高标准油橄榄建设基地。2017年9月，该公司在工商部门注册了中泽悬崖村油橄榄品牌。

此外，昭觉县人民政府还与成都天友旅游集团签订协议，投资3亿元人民币打造"悬崖村"—古里拉达大峡谷景区旅游开发项目。主打彝族文化＋旅游度假、彝族生态农业＋旅游度假、山地运动＋旅游度假、养生休闲＋旅游度假四大旅游产业。打造四川山地运动旅游业目的地、彝族原生态村落体验示范区、大凉山精准扶贫示范区。围绕户外运动、彝族原始村寨旅游核心功能，构建复合型旅游产业链。

阿土列尔村第一书记帕查有格对记者说："未来将在各级党委、政府和全社会的关心支持下，'悬崖村'以旅游扶贫开发为引领，打造集自然风光与彝族文化为一体的旅游风情村，通过干群的不懈努力奋斗，共创幸福生活！"

培育脱贫攻坚的"主心骨"

——宁夏固原市实施"两个带头人"工程助力脱贫富民

宁夏固原市扶贫办

2017年12月15日下午，宁夏固原市隆德县陈靳乡新和村又迎来了一批游客，逛明清风情街，看社火表演，听大戏，吃暖锅，游客说："冬游新和，品的就是个年味。"

新和村党支部书记、致富带头人赵小龙曾在北京市做沙棘加工生意，收入不菲。2013年返乡创业，开发利用马社火文化等资源，采取"党支部+合作社+致富带头人+贫困户"的模式，发展形成了农家乐、生态养殖、民俗文化旅游产业，通过入股集资分红，引导500户1790名村民附着在产业链上脱贫致富，把自己致富的"盆景"变成了带领贫困人口脱贫的"风景"。

近年来，固原市委市政府认真贯彻习近平新时代中国特色社会主义思想，全面实施精准扶贫、精准脱贫方略，针对固原脱贫内生动力不足、富民产业不强等现状，把农村"两个带头人"（农村党组织带头人和致富带头人）工程作为打赢脱贫攻坚战的"方法论""加速器"，做了一些有益的探索和实践。2016年7月，习近平总书记视察固原时充分肯定了依靠"两个带头人"帮助群众脱贫致富的做法。

建立培优扶强机制，增强带头本领

选准育强是实施农村"两个带头人"工程的关键环节。但长期以来，这些贫困村的"领头雁"经常迷失方向或没有发挥领头作用。"村级党组织班子整体不强,带头人队伍素质不高,带动发展的意识不强。"原州区委书记主动提出了辖区基层党组织存在问题的根源。"从基层看,有的党组织书记抓党建的基本功还不扎实,能力还需进一步加强,抓经济工作与抓党建工作存在'一手硬、一手软'的问题;还有部分乡村党组织发展壮大集体经济思路不宽、办法不多,存在'等靠要'思想。"彭阳县委书记在党建述职评议中,直言不讳地点出基层党组织带头人作用发挥不强的现状和问题。2015 年以来,宁夏固原市认真贯彻落实党要管党、从严治党的要求,坚持问题导向,将县乡党委书记抓党建述职评议作为有力抓手,大力实施"两个带头人"工程。

选准带头人。固原市坚持政治标准和致富能力并举选准党组织带头人,从种养大户、农民专业合作组织负责人、复员退伍军人和大学生村官等人员中培养后备干部 1795 名,其中 497 名优秀后备干部进入"两委"班子,为农村基层组织注入了新鲜血液。采取"四个一批"(在农村创业成功人员中培育扶持一批、在外创业成功人员中召回一批、依托特色产业引进一批、事业单位工作人员下派一批)办法选准致富带头人,培育致富带头人 3506 名,成为带动群众脱贫致富的中坚力量。

育强带头人。固原市组织"两个带头人"到区内外先进地区观摩学习,取别人"把产业链拉得更长、把产品做得更响"的真经,更新观念,开阔视野,强化了市场意识,增强了带动能力,促进比学赶超,小的争中、中的培大、大的走龙头。

管好带头人。固原市实行农村党组织书记正向激励、反向监督办法,把村干部报酬待遇与星级评定等次挂钩,表彰优秀党组织带头人 170 人,3 名优秀村支部书记提拔为副乡(镇)长,调整不称职村党支部书记 309 名,让农村党组织书记物质上得实惠、精神上受鼓舞、行动上更积极。建立党支部联系致富带头人和考评激励制度,表彰先进,树立典型,激励后进,增强致富带头人的责任心和荣誉感。

建立转化提升机制，促进融合互动

如何培养"两个带头人"很关键。固原市提出，基层党组织带头人既要会搞党建治理村务，又要会搞经济谋产业促发展；农村能人既要带头致富，又要带领群众脱贫致富。

把农村党组织带头人培养成致富带头人。脱贫攻坚战打响以来，固原市建立农村党组织带头人扶持转化信息库台账，从村党支部书记中培养致富带头人424名，有"二合一"带头人的村占总数的52.6%。这些能致富、会致富的农村党组织带头人，在群众中有威信，是群众跟党走的知心人。

把致富带头人中的优秀分子培育成农村党组织带头人。对思想政治素质好、带富能力强的致富带头人，固原市乡村党组织引导动员入党，逐步把致富带头人培养成党员，把优秀的党员致富带头人及时吸收到村"两委"班子，从致富带头人中新发展党员240名；1016名致富带头人进入村"两委"班子，其中担任村党支部书记162名。这些有本事、干成事的农村党组织书记，能够更好地把握政策、对接市场，推动村集体经济发展，带领群众共同致富。通过转化提升，选优培强了村党支部班子，发展壮大了党员致富带头人群体，解决了党群之间、党建与扶贫之间相互脱节的难题，确保了党的各项惠民富民政策更好地落实。

建立减贫带贫机制，引领脱贫富民

带动群众脱贫致富是衡量"两个带头人"工作成效的重要标尺。在扶贫工作中，固原市对"两个带头人"有着特殊期望。

引导群众"富脑袋"。一些贫困群众的穷根不单体现在口袋里，更体现在脑袋上，拔不掉观念落后的穷根，就播不下创业致富的种子。固原市组织了

400名"两个带头人"深入村组巡回宣讲"致富经"723场次，让"农民讲给农民听，农民做给农民看"，实现了"要我学、逼我干"到"我要学、我想干"的大转变，打消了贫困群众长期以来怕风险、怕失败的担忧，鼓起了增收致富的精气神。

带动群众"富口袋"。聚焦精准减贫致富，让"两个带头人"通过"公司+农户""合作组织+农户"等形式带动群众发展。在实践中探索出六种带动模式，即：龙头企业引领型，采取"支部+公司+基地+农户"的方式，由龙头企业带动贫困群众脱贫致富；专业组织带动型，采取"支部+合作社+农户"的方式，由专业合作社、产业协会带动贫困群众脱贫致富；致富能人帮带型，采取"1+X"的方式，引导致富带头人通过一对多形式，与贫困群众建立结对帮扶；技术指导服务型，采取"技术+"的方式，由致富带头人提供技术支撑，帮助贫困群众脱贫致富；托管分红互助型，采取"托管+分红"的方式，由致富带头人盘活资金、土地等，贫困群众以入股的方式进行分红，增加收入；劳务创收带领型，由致富带头人牵头组建务工队，带领有劳动能力、无务工渠道的贫困户打工挣钱。带头人领办国家级、自治区级农业产业化龙头企业49家、合作社128家、家庭农场105家，带动5.28万户14.9万名群众实现脱贫致富，其中直接带动建档立卡贫困户3.05万户9.2万人。

建立支持保障机制，提升落实成效

致富带头人是农村的能人，代表着农村先进的理念和生产力。抓住了他们，就抓住了发展的路子。为了抓住这些"领头雁"，形成"农民学农民，你行我也行"的氛围，固原市委市政府把"两个带头人"工程作为实施脱贫富民战略的重要工程，加大金融、人才等方面支持力度。

从严督查考核。把"两个带头人"工程纳入目标效能考核，单列分值进行考核，主要考核带头人的培育数量、带动贫困户数量和带动效果。

加大金融扶持力度。市上建立5亿元"两个带头人"产业担保基金，按照1:10比例放大贷款，实行贷款额度与减贫带贫情况结合，带的贫困户越多，金融支持的力度越大。截至2018年4月，致富带头人担保贷款余额20.52亿元。

强化人才支撑。制定出台了鼓励事业单位工作人员担任农村"两个带头人"带领群众脱贫致富实施办法，探索实行离岗后身份不变、编制不变、人事关系不变、福利待遇不变、工龄连续计算"四不变一连续"政策，鼓励干部职工到贫困村创业扶贫，带动10户以上建档立卡贫困户增收脱贫，户均年收入3万元以上。

加强基层基础保障。结合精准脱贫"五通八有""七有"目标，全面落实村级组织办公经费、为民服务专项资金，激发了村干部干事的热情，为实施"两个带头人"工程提供了有力支撑。

2017年12月15日至16日，国务院扶贫办在固原市召开全国贫困村创业致富带头人培育工作现场会，推广固原市"两个带头人"工程经验做法。国务院扶贫办副主任洪天云对固原市"两个带头人"工程作出高度评价："固原市'两个带头人'工程，在基层党建和扶贫发展二者之间找到了结合点，农村基层党组织的战斗堡垒作用在产业链上得到发挥，形成了'穷人跟着带头人走，带头人跟着产业走，产业跟着市场走'的产业扶贫格局。这一做法具有一定的示范效应，值得向全国同类地区推广。"

洮南市："三扶一改"为脱贫加分

李古峰

洮南市位于吉林省西北部，素有"千年古城、百年府县"之称。全市面积5107平方公里，辖8个街道、16个乡镇、221个行政村、658个自然屯，总人口46万人（农村人口28万，城市人口18万）。自从脱贫攻坚工作启动以来，洮南市以产业项目扶贫、政策扶贫、社会扶贫和改善人居环境"三扶一改"为统领，精心谋划、精准发力，推动了脱贫攻坚迈出坚实步伐、取得显著成效。全市贫困村由65个减少到27个，贫困人口由14252人减少到7232人，贫困发生率也由13.3%下降到2.5%。

"重"在破题 跑出正向"加速度"

产业扶贫是国家脱贫攻坚中的重要一环，是贫困地区人口脱贫的重要举措，是脱贫攻坚的根本出路，关系到脱贫的稳定性和持续性。洮南市始终把发展产业项目作为脱贫攻坚的有力支撑。2017年洮南市产业项目共实现收益1132万元，贫困户户均、人均分别增收3360元和1855元。

针对谋划实施的产业项目，洮南市委市政府明确要求凡是政策资金入股、贫困户个人财产参股到经济组织的，各经济组织和贫困户都要签订协议，并进行司法公证，以法律形式把股份比例、效益分红固定下来，确保贫困户获得稳定收入、实现如期脱贫。

为确保扶贫项目有规模、够体量、可持续，带动贫困群众如期脱贫、不返贫，洮南市在反复论证的基础上，敢于承担责任，勇于面对风险，全市统筹实施了圆梦牧业、阳春羊奶、光伏产业、洮南香酒业、恒盛毛纺织、热电公司"六大产业"扶贫模式，实现了贫困人口全覆盖、有叠加。

洮南市扶贫开发管理中心主任康明礼介绍说："2017年，洮南市深化'龙头企业＋合作社＋贫困户'模式，依托现有产业主动与有扶贫意愿的企业商洽，筛选了洮南香酒业、恒盛毛纺织、热电公司3家企业参与到全市扶贫工作中，并在各乡镇成立了圆梦扶贫发展合作社，由合作社将扶贫资金入股企业，每年按入股资金额度的15%收取效益分红。其间，合作社不参与经营、不承担风险，从而保障了贫困户能够获得稳定收益。"

截至2018年4月，洮南市已累计向3家企业注入扶贫资金2000万元，2017年已提取半年扶贫分红150万元。与此同时，本着集约资源、便于管理的原则，洮南还整合65个贫困村力量集中建设了村级分布式光伏电站13处，共计32.5兆瓦。截至2018年4月，已全部并网，预计年可提取扶贫资金1300万元。同时，通过与富邦、润禾两户光伏企业沟通，企业自愿在每度电中提取5分钱用于全市扶贫工作，2017年已提取扶贫资金113万元。为了打造"扶贫车间"，洮南市大力发展了以中药、瓜果蔬菜种植为主的庭院经济，共涉及农户2.3万户，种植面积1.9万亩，贫困户户均增收1200元。通过大项目引领带动、小项目普惠聚焦，实现了产业扶贫全覆盖，龙头产业成为精准脱贫的"永动机"，小项目成为增收致富的"摇钱树"。

"扶"进心坎　解决脱贫"拦路虎"

洮南市始终把解决贫困人口的共性难题作为全面脱贫的根本之策，确保"规定动作"不走样、"自选动作"有创新。相继出台了重度贫困人口免费医疗，用药政策、医疗力量、服务资源三下沉和报销比例、报销封顶线两提高政策。

瓦房镇悦来村一社村民姜连成今年 67 岁，无配偶和子女，靠 4 亩地和五保金维持生计，属重度贫困户。2012 年 3 月患上心梗后，丧失了劳动能力，使原本不富裕的生活更加

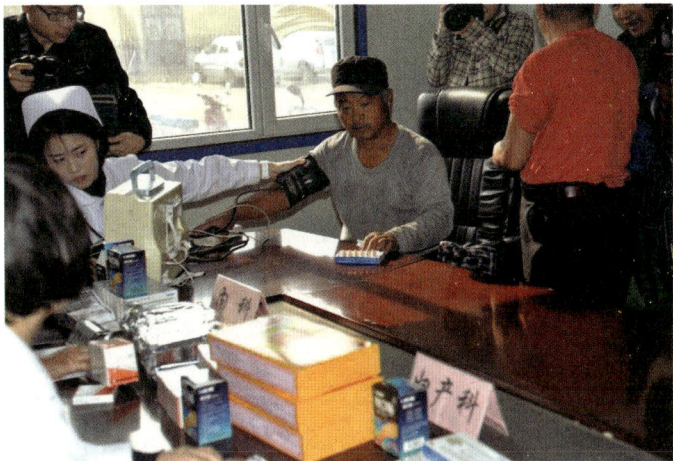

吉林省洮南市、乡两级医护人员定期下乡为贫困地区群众体检

困难。重度贫困户免费就医的政策出台后，姜连成成为这一政策第一批受惠者，经过免费住院治疗，他的病情已经得到有效控制，身体也比以前硬朗了很多，他再也不用担心医药费的问题。

洮南市卫生和计划生育局局长张学峰对笔者表示："针对重度贫困人口无钱看病这一实际，洮南市每年安排财政专项资金 1000 万元，为全市农村 3918 名重度贫困人口发放了住院治疗'一卡通'。贫困人口凭此卡及身份证，可到定点医院直接住院、接受免费治疗，实现了零垫付、全免费。2017 年，洮南市将此项政策扩展到所有综合施策人口 8818 人，截至 2018 年 4 月，已有 1864 名患者受益。同时，针对农村贫困人口在乡村两级门诊治疗药品少、报销比例低、程序繁琐等问题，每年安排财政专项资金 500 万元，实施了用药政策，以及医疗力量、服务资源三下沉和报销比例、报销封顶线两提高政策，将乡村两级的门诊报销比例全部提高到了 80%。村级门诊报销封顶金额由原来的 50 元提高到 80 元；乡级门诊报销封顶金额由原来的 300 元提高到 400 元，使贫困群众就地就近享受到精准医疗服务和最大报销优惠。政策实施以来，共诊疗贫困患者 10385 人（次），提高补助金额 13.3 万元。"

"善"行古城 圆了学子"求学梦"

　　全面打响脱贫攻坚战以来，洮南市主动作为、勇于创新，把精神文明建设和扶贫工作相结合，以全民志愿服务助力脱贫攻坚作为培育和践行社会主义核心价值观的有效载体，打造了"日行一善公益洮南"活动品牌，为困难群众实实在在地解了难事、做了好事、办了实事，洮南全社会尽己所能、无怨无悔参与扶贫的热情空前高涨，人心向善蔚然成风。

　　2016年6月6日，"公益洮南"微信公众平台发布了一条"为重度贫困家庭学生小佳奇筹集每月600元住宿费"的微心愿，呼吁社会爱心人士提供帮助。仅3天时间，就有60多人参与捐款，并有一位爱心人士结对资助小佳奇。这场爱心资助活动不仅帮助小佳奇彻底解决了上学难的问题，更在悄然间以星火燎原之势，点燃了古城人民参与志愿扶贫的热情。

　　2017年1月10日，在洮南市委宣传部、市志愿者协会发起的"2016年度洮南好人·日行一善最美志愿者发布暨社会助学扶贫誓师大会"上，共有1706名志愿者、61位资助人、18个资助团体和96个志愿服务组织接受表彰，232名志愿者新加入"日行一善"志愿者队伍，247家单位或个人参与了现场捐款，19名重度贫困家庭学生被结对资助，26.2174万元善款从四面八方汇集而来。短短一年时间，"日行一善"犹如涓涓小溪汇成了滔滔大河。

　　洮南市委宣传部副部长薛立杰介绍说："自'公益洮南'微信公众平台正式开通以来，每个工作日都会发布贫困家庭'微心愿'征集和认领、爱心好人榜、全市志愿扶贫成果等信息。目前全市'日行一善'志愿者达到4万余人，共筹集社会扶贫资金3000万元，已为贫困家庭实现更换假肢、添置轮椅、提供换季衣物、医疗费、学费、书本、拆房建屋、去游乐园等微心愿3900多个。平台关注量突破50万人次。在吉林省志愿服务新媒体排行中，连续8周位居第一。洮南市还成立了志愿者闲置物品爱心捐赠总站，并在城区100多个沿街商铺设立了爱心物资代收点，在全市 18 个乡镇陆续又成立了镇村爱心捐赠分站，把总站物品配送过去，成为贫困户家门口的免费自选超市。"

截至 2018 年 4 月，总站累计收到物品 100 多种 5 万余件，已经发放 3 万余件。2017 年 11 月，洮南市将最初的 177 名重度贫困家庭子女扩大到全市 466 名所有综合施策贫困家庭学生，共发放助学金 64.2 万元。

爱洒脱贫路，情暖一座城。广大志愿者始终坚守在脱贫攻坚第一线，社会扶贫使"小善"终成"大器"。

"改"到弱处，村屯环境"换新颜"

"现在自来水通了，厕所都改到屋里了，还有各家的围墙、村里的文化广场、家门口的路都是新的。"说起近两年来村里的变化，洮南市福顺镇春华村 66 岁村民印国庆侃侃而谈，"我都不敢想自己能过上这样的好日子，现在的生活太幸福了，城里人都比不上！"春华村位于洮南市福顺镇北 13 公里，辖 4 个自然屯、5 个社，全村 210 户、870 人。脱贫攻坚启动前，春华村仅有一条通村公路，屯内房屋大多破旧不堪，围墙参差不齐，屯内垃圾遍地，村屯环境用"脏、乱、差"来形容再恰当不过了。"如今，屯里的环境与城里差不多，我们每天都来广场上扭秧歌，真没想到能发生这么大的变化！"一位大妈边扭秧歌边高兴

吉林省洮南市万宝镇新丰村的扶贫温室大棚，让北方的冬季能收获幸福

地说。

脱贫攻坚启动后，洮南把改善人居环境作为扶贫工作的一项重要内容来抓。在各级帮扶力量的共同努力下，春华村的村屯环境开始发生翻天覆地的变化。如今崭新宽敞的村部巍然屹立于村子的西侧，在夕阳余晖映照下，显得古朴庄重。村部的配套设施也一应俱全，村干部和老百姓经常聚在村部商讨本地发展的路子、改变了过去村部一年老百姓都不去几次的窘境。村部东侧的小河沟，过去都是倒垃圾的地方，夏天一到满是蚊虫，臭气熏天。如今河堤铺上白色护砖，河道进行了清理加深，清澈的河水缓缓流淌，加上整齐划一的围墙、大门和袅袅的炊烟，春华村宛如一幅恬静的乡村山水画。环境变了、干部群众的心气也变了，他们就像一家人一样，谋划着春华村的未来。

贫困之冰，非一日之寒；破冰之旅，非一春之暖。2018 年，洮南市继续以"干"字当头，脚步铿锵，步稳蹄疾。

青海同德：同心同德　勠力攻坚

马青军

高原春天萌动的 3 月，青海省海南州同德县城湛蓝的天空下，一条条整洁的乡村道路，一栋栋红瓦白墙的牧家新房，一片片规范的种植基地……欣欣向荣的宜居图景展现在笔者眼前。

这是青海同德创造的"脱贫奇迹"。

5 年来减贫超 3 万人，贫困发生率从 2012 年的 75% 降至 1.08%，群众认可度高于 90%……同德县交出了一份亮眼的脱贫"成绩单"。

这是全省上下同心创造的"同德样本"。

2017 年 11 月初，国务院扶贫办发布消息，同德县顺利通过国家第三方评估验收，青海省政府发布公告：包括同德县在内的 3 个县率先脱贫摘帽。笔者近期赴同德看到，成功"摘帽"后的同德继续按照习近平总书记的要求和省州委、省州政府的总体部署，多措并举，全力巩固提升脱贫攻坚成果，撸起袖子加油干，让农牧民们的生活更加幸福美好。

汇"扶贫之水"，浇"贫瘠之地"

九曲黄河虽环绕这里，但这片平均海拔 3660 米的高原，并没有因母亲河的恩惠而拥有太多的资源禀赋。同德，地处青海海南、黄南和果洛 3 个藏族自治州交界处。长期以来，因自然环境恶劣，基础设施薄弱，资源十分匮乏，气象灾害频发，严重制约着同德县的全面小康进程。

同德县的特殊贫困状况，引起了省委省政府的高度重视，成立省州县三级 12 家省直部门组成的联合调查组，分赴 5 个乡镇、73 个行政村，逐村逐户对同德农牧民贫困问题进行专题调研摸底。在专题调研及多次征求州、县、乡、村干部和群众意见的基础上，省委省政府于 2012 年 11 月 1 日正式启动了《同德县特殊类型三年扶贫攻坚规划》，打响了青海扶贫史上第一场"攻坚拔寨"式的集中扶贫战役。

打这场硬仗，需采取超常规扶贫手段。同德县实施基础设施、产业发展、民生改善、公共服务、能力建设、生态保护六大项目，三年内全方位改变同德县贫困落后面貌，使 3.69 万贫困农牧民摆脱贫困。

超常规扶贫，聚合并释放的是无法计量的扶贫合力。一笔笔巨额资金投入，一项项重大政策落实……同德大地，煦暖的阳光照到了每一个贫困的角落，温暖了每个同德人的心窝。

脱贫攻坚这三年，全县生产总值年均递增 12%，农牧民人均纯收入年均递增 13%；群众住房难、吃水难、行路难、上学难、就医难等"十难"问题得

同德县贫困村的孩子们在新建的广场上打篮球

到彻底解决，4.9万人从中受益；全县73个行政村拥有产业和集体经济……这一项项成绩，在同德贫困群众的日常生活中体现得淋漓尽致。

才多玛经营的小卖部生意红火

　　走进距县城不远的瓜什则村定居点，统一规划的藏家小院整齐划一，村里的文化广场上的健身器械一应俱全。"以前我家在30公里外的山区，住的是帐篷，不通电，不通水，路不好，去一趟县城要走三四个小时。现在搬到这么亮堂、干净的新家里，买了沙发和床。外面还租了一间铺面，开起了小卖铺，生意好的时候，每天也有100元左右的收入。环境优美、设施齐全、交通方便，这辈子能住到条件这么好的村子，想想都激动。"才多玛说起现在的"好日子"高兴得合不拢嘴。

　　走进才多玛的新家，卧室、客厅，功能区划分清楚、明晰，客厅里摆放着藏式家具，电视、冰箱、电暖气这些现代化家用电器一样不少。

　　"这是2013年同德县实施易地扶贫搬迁的成果之一。160户无房无畜户家家有了安全保障住房。特别是新建的幼儿园，让村里的孩子接受了和县城孩子一样的学前教育。村民们的眼界也开阔了，观念也转变了，致富的思路也拓宽了，现在全村劳动力都去县城打工，能干的每月能有三四千元收入。"瓜什则村支部书记东智加告诉笔者。

　　"这样的脱贫攻坚力度，在青海扶贫史上尚属首次。这三年，是同德经济和社会事业发展步伐最快，取得成效最大，人民群众得到实惠最多的三年。"青海省扶贫开发局局长马丰胜说。

从"尽锐出战"到"精准发力"

同德新区祥和小区的居民宫保基对自家的变化感触很深。他说，这几年惠民政策越来越好：住房有补贴、草场有流转费、医疗养老有保障、孩子上学全免费……

"草场少、耕地少，可利用资源短缺，这是长期以来导致同德农牧民贫困的最直接原因。"同德县委常委、副县长苑丹坚措说。

"一花独放不是春，百花齐放春满园。"小康路上一个都不能落下！为此，同德县大胆探索富民生态战略。城镇定居、流转土地。5418户牧民搬迁到县城和农牧区8个小集镇定居，草场、耕地入股专业合作社或向牧业大户、牧场主流转获取红利，有力推动农牧户走集约化、规模化、产业化的经营之路。集中定居，入股分红。3769户农牧户搬迁到各乡镇农业点，通过新建住房与原有农牧户集中定居，实施和建立了"一村一品"村级产业，不断加大扶持力度，集体产业实现全覆盖，有效增加了农牧民收入。留居草场，发展生产。2200户牧户留居原有草场，依法有序流转草场，就地开办家庭牧场或向养殖专业大户发展，增加家庭收入。

此外，以"生态扶贫"拓宽增收渠道，优先从建档立卡贫困户中聘任234名生态护林员和328名草原管护员，每人年工资21600元。尕巴松多镇的项秀，是扶贫产业园区内一家藏地影视文化产业基地的剪辑师，而他自身的经历却是同德县脱贫攻坚工作取得成就的一个缩影。

28岁的项秀正在认真地剪辑拍过的几个样本，十分熟络。项秀出生在同德县尕巴松多镇秀麻村，父母都是普通的牧民，多年前项秀家还是村里的贫困户，以前没有任何劳动技能的他只能在县城里打打零工，生活十分拮据。2014年，项秀参加了县里扶贫和就业部门组织的技能培训，接触到了影视方面的内容，之后就一直跟着松太加导演学习影视剪辑和制作。经过一段时间的培训，项秀成为基地里的一员，现在每个月都能拿到3000元的固定工资。

对于现在的转变，项秀由衷地说："自从进入影视基地工作，眼界、观念，发生了巨大的变化，还在县城盖了新房、买了小轿车……"以"产业带动"增强发展后劲。在同德县省级扶贫产业园和巴塘扶贫产业园中，已有14家企业投入运营，其中就有4家是贫困村级企业，藏服加工、木雕工艺加工、民族用品等都从"小作坊"转化为规模性产业发展。

脱贫攻坚几年来，同德县在全省牧区中第一个全面解决人畜安全饮水和农林灌溉用水问题；第一个实现县、乡、村三级路网和生产生活用电全覆盖；第一个实现公共医疗卫生、教育文化基础建设、村综合办公服务中心、广播电视和网络宽带全覆盖；第一个实现牧民全部定居，全面解决危房户和无房户问题；第一个实现全县行政村产业发展和村级集体经济全覆盖。城乡面貌发生了翻天覆地的变化，人民群众获得感和幸福感稳步提升。

"多措并举"与"志智双扶"紧密结合

为全面巩固脱贫成果，持续提升脱贫村的综合实力、脱贫户及贫困边缘户的收入水平，确保到2020年全县同步建成小康社会，同德县召开扶贫专题会议研究，制定印发《同德县巩固提升脱贫成果实施方案》。

《方案》中明确要求组织领导力度不减、驻村帮扶力度不减、干部联村力度不减、政策落实力度不减等保持"四个不减"持续巩固脱贫成果工作措施，推动"三个转变"创新脱贫方式：扶贫重点从注重解决贫困问题向巩固脱贫成果、解决"边缘户"问题转变；脱贫路径从注重用"救助式"的办法解决贫困问题向更加注重用"开发式"的办法激发内生动力转变；脱贫机制从注重行政组织推动向更加注重政策创新长效化解决方式转变。

摘下贫困帽，奋进正当时。昔日的贫困县"华丽转身"，正如乡亲们所言"我们的好日子才刚刚开始"。

同德县锁定老百姓最为关心的"吃穿、教育、医疗、住房"等民生问题，全方位构建脱贫攻坚"保障网"。

在安全住房方面，坚持群众自愿、积极稳妥的方针，搬迁与脱贫同步，安居与乐业并重，对建档立卡的319户1004名贫困人口进行搬迁安置，人居环境得到全面改善。

在教育保障方面，同德扎实抓好15年免费教育、藏区"9+3"免费职业教育、全县"一村一幼"等义务教育保障工作，严格落实贫困家庭大学生资助政策，九年义务教育巩固率达到95.14%。

24岁的藏族女青年拉军卓玛，从牧校毕业不久，就进入县城一家公司上班。她说，读小学中学都是免费，上大学后每年能拿到3000元的贫困生资助款。

在医疗保障方面，同德完成了5所乡镇卫生院、73所村级卫生室标准化建设任务，全面落实新农合、大病保险等相衔接的医保扶持政策，贫困人口参加新农合的参保率达到100%。

对于尕巴松多镇德什端村的老支书俄百来说，30年的时光匆匆流逝，当年那个意气风发的年轻人，如今两鬓都已有些斑白。可每当看到老乡开着车从他门前经过，每当孩子们的欢笑声从不远处的幼儿园传到他的耳朵，每当外出打工的年轻人带着笑容回家过年，他都会忍不住感慨。

的确，对于俄百来说，家乡的变化承载着他多年的心血与期盼，而对于同德而言，这是在脱贫攻坚路上取得的最实实在在的成果。

尽管"战贫困""斩穷根"的征程不易，但是我们看到、老百姓切身感受到，青海省脱贫攻坚战不断啃下一个个"硬骨头"。

湖北五峰：实施"五个一"
致富先治愚扶贫先扶志

王永红

近年来，湖北省五峰县把解放思想、扶贫扶智贯彻到精准扶贫、精准脱贫工作始终，通过开展"五个一"活动，对脱贫攻坚政事进行广泛宣传，教育贫困群众转变观念，有效激发贫困群众内生动力。

一次大表彰产生好效应

"精准扶贫、精准脱贫关键在于激发群众的内生动力，我们就是要突出典型'带''引'作用，激发贫困户'宁可拼命刨、绝不等靠要'的内生动力。"

湖北省宜昌市五峰土家族自治县牛庄乡牛庄村农户发展贝母中药材产业，技术人员（右）对农户进行技术指导

五峰县委书记陈华表示。

"今年，我将继续靠勤劳的双手，发展中药材和茶叶，用自己的脱贫经历，影响带动更多的村民，相互扶持，一起发展产业，一起勤劳致富，一起奔向小康！"在 2018 年 2 月 24 日五峰县脱贫示范户表彰会上，因自主脱贫受到表彰奖励的脱贫示范户五峰镇楠木河村五组村民胡宗兰在作典型发言时说道。

胡宗兰身有残疾，全家靠务农为生收入微薄，儿子上大学花销大。2017年，全家依靠自身努力实现脱贫。"我们要脱贫致富，不能光靠政策扶持，更多的还是要靠自己勤扒苦挣，拼命发展产业才行！"胡宗兰深有感触地说。

2017 年，丈夫帅启林带着儿子外出务工挣外快，胡宗兰努力在家发展产业，她家当年新发展茶叶 2 亩，贝母 3 亩，能繁母羊 5 只，通过相关部门验收，享受政府产业补贴 1900 元；丈夫年底带回务工收入 2 万元，全年收入近 3万元。当年这一户就主动申请退出贫困户。

五峰县每年隆重召开表彰会，表彰一批脱贫示范户和扶贫干部，通过突出典型"带"和"引"，激发贫困户的内生动力。各乡镇通过开展"我脱贫我光荣"评选活动，挖掘身边典型，讲好"脱贫故事"，用群众的身边人、身边事，影响人、感召人、带动人，取得了良好效果。从 2017 年起，五峰县每年拿出资金 10 万元，表彰"我脱贫我光荣"脱贫先进典型 200 名，每人奖励 500 元。

一次大教育营造好氛围

"精准扶贫政策都只向着贫困户，像我们这种非贫困户，就不能享受相关产业政策吗？"2018 年 3 月 26 日，在长乐坪镇大湾村一组屋场会上，村民张启恒毫不客气地提问，屋场会开场就充满了火药味。

"今年县里出台了一系列针对非贫困户的产业扶持政策，涉及茶叶、中蜂、鲜果、五倍子等产业发展项目……"屋场会上，扶贫分队长陈永轩马上解答了张启恒的提问。

听完这些，贫困户李森站起来，"除了种蔬菜，今年我还要发展中蜂，中蜂每群的补助也蛮高！蜂蜜价格也不低！如今，国家和县里的产业扶持政策这么好，我们不能再'等靠要'了"！

在脱贫攻坚工作中，五峰县把群众思想发动工作贯穿始终，通过"春夏秋冬"四季攻势，压实581名分队长责任，集中开好群众会、屋场会，突出脱贫政策宣传，推动思想观念转变、生产习惯改变。他们进村入户，反复、耐心、细致地宣讲动员，既不降低标准、影响质量，也不调高标准、吊高胃口，全面激发贫困群众主动性，激励和引导他们靠自己的努力改变命运，营造勤劳致富、光荣脱贫氛围。在真诚和谐的氛围中，干群共叙鱼水情，学习政策、解决问题。

截至2018年7月，581名分队长共走访1万多农户，召开屋场会400余场次，收集村民意见建议近1万条。通过与群众面对面沟通交流和宣传政策，有效调和了党群干群关系，有效提升了群众的参与感、获得感和满意度。

一次大宣讲助推脱贫攻坚

"各位乡亲朋友，脱贫攻坚不是光靠'等靠要'，要靠自己利用当地资源横下心来发展产业，勤劳致富……"在采花乡红渔坪村村委会的会议室里，五峰县扶贫攻坚指挥部脱贫攻坚政策宣讲团成员、县扶贫办主任张旭东在为该村的数百名贫困群众作政策宣讲时说道。

为了让扶贫政策家喻户晓，五峰县组建由扶贫办、教育局、卫计局、民政局、住建局等部门为主要成员单位的"五峰县脱贫攻坚政策宣讲团"，开展"扶贫扶志大讲堂"活动，宣讲团分5个宣讲组到8个乡镇以及24个重点出列贫困村进行宣讲。

家住仁和坪镇船山坪村一组的贫困户李克峰在听取政策宣讲后说："现在

县里产业扶持政策这么好，我一定要珍惜机会，在政策扶持下，靠自己的劳动发家致富！"2017年，李克峰夫妇在家养了3头牛、20多只羊、18群中华蜜蜂，每年稳定出栏牛2头、羊12头、蜂蜜近百斤，收入2万多元。儿子媳妇外出务工，年收入近6万元。2017年全家收入8万多元，如今日子过得红红火火。

五峰县针对政策宣讲覆盖面不广的短板，结合县情实际和贫困人口的需求，精心选定宣讲内容，全县编印了扶贫政策汇编3万多册，涉及茶叶、蔬菜、五倍子、中药材产业、干鲜果、花卉苗木、畜牧、蜜蜂养殖、乡村旅游九大特色产业。宣讲团成员围绕五峰县扶持政策清单、农产品电商等政策知识进行宣讲，将脱贫产业政策等送到贫困人群家门口，场场受到贫困群众的欢迎，确保扶贫政策在基层得到传播。据统计，2017年，五峰县乡镇干部、贫困村村组干部、驻村第一书记、工作队长、基层党员、贫困户2万余人现场听宣讲。

"我们就是要通过扶贫政策大宣讲，让群众知晓了解扶贫政策，激励广大贫困户树立自主脱贫意识，充分调动群众主动性脱贫致富！"五峰县委常委、副县长李章庆说。

一场扶贫戏助力"精神扶贫"

"罗老一心一意带领乡亲脱贫，即使失去两根手指也不改初衷的精神，深深感染着我！我作为一名扶贫干部，一定要学习他那种甘于奉献精神，以更大的热情投入工作中去！"2018年3月22日，在县文广中心，五峰全县千余名党员干部集中观看大型民族音乐剧《高山之巅》，该县扶贫办干部徐智深有感触地说道。

民族音乐剧《高山之巅》是由湖北省土家族（五峰）歌舞剧团精心打造的大型民族音乐剧，从创作到编排历时一年半。《高山之巅》讲述了全国优秀共产党员、全国脱贫攻坚先进个人、中国好人罗官章的故事。再现了罗官章退休后毅然回到牛庄乡，带领老百姓历经重重困难，种植高山蔬菜，发展高山烟叶，培育繁殖天麻脱贫致富的事迹。

2018年以来，五峰县歌舞剧团从扶贫工作实践中找素材、抓典型，编排、创作了一批以脱贫攻坚为主要内容的戏曲和小品节目，利用农闲时机，在全县8个乡镇进行巡回演出，用群众喜闻乐见的方式宣传扶贫，教育群众转变观念，勤劳致富，受到乡亲们的欢迎。

一批好典型引领示范激活力

榜样的力量是无穷的。五峰选树表彰一批可看、可学、可信的典型和标兵，起到典型示范引领作用，用身边人教育、感染群众。

2017年5月，五峰出台规定，在全县10616名党员干部中开展"学典型、找差距、促提升""学习罗官章，我们差在哪儿"等活动，号召党员干部要学习罗官章对党忠诚、一心为民、带领群众脱贫致富无私奉献的精神。

同时，五峰充分发挥好中国好人、荆楚楷模、宜昌楷模示范引领作用，如"见义勇为，洪水中先救游客再救家人的中国好人、荆楚楷模采花乡栗子坪村干部唐平；下岗后不畏艰难，多方尝试，用14年时间打磨工艺，实现了一个下岗女工到省级'大师级民间工艺传承人'的中国好人、荆楚楷模李凤英……"用典型模范的拼搏、勤劳精神启发贫困群众，激励贫困群众。同时，组建脱贫攻坚先进事迹宣讲团，在全县范围内巡回宣讲，激发贫困群众自主自发脱贫。

长乐坪镇月山村贫困户刘益华，在听了罗官章等人的先进事迹后，通过自身努力，种植中药材、养殖山羊，2016年，他种植1亩白芨、1亩贝母，仅药材一项收入就达到8000元，山羊出栏50余只，家庭总收入近4万元，满满的收获让刘益华干劲十足。2017年，他又种了3亩白芨、1亩贝母、1亩七叶一枝花，养殖山羊100只，刘益华家总收入超过了5万元。年底一盘算，刘益华不仅还清了外债，还有了2万元的积蓄。"多亏先进典型给我们带了好头，再加上精准扶贫的好政策，才有我今天的幸福生活！"2017年底，村民刘益华找到村委会干部，主动提出退出贫困户。

"我们就是要通过先进典型的引领示范，引导贫困群众树立正确的价值观、人生观，培育自力更生的精神，激发群众主动脱贫意愿和内生动力，消除贫困群众的'等靠要'思想，提振脱贫信心和勇气，让贫困群众真正参与扶贫，推动物质及精神文明'双脱贫'！"五峰县委副书记、县长万红满怀信心地说道。

六安：旅游扶贫破解"美丽贫困"

张志银

"让城市人来我们家转转。"这是当下很多安徽六安农民的心声。

六安市夹在省会合肥和湖北武汉之间，虽然有高速公路和动车相连，但以前很多来往两地的人并不会往大山深处走，落后的交通和较差的食宿条件让游客进不来，留不下。

但近年来，搭上"脱贫攻坚致富快车"的老区人民更清楚"自己家里有啥"和"城里人究竟想玩啥"。在绿色覆盖的大别山区，六安人已经找到了旅游扶贫这一"有效管用"的产业扶贫方式。

红色村寨成为旅游胜地

"大湾村一户不脱贫，我坚决不撤岗"，这是习近平总书记2016年在六安市金寨县大湾村考察时，驻村第一书记余静给总书记的承诺。

两年之后，记者再次来到习近平总书记一直关心的花石乡大湾村大湾组。从金寨县城出发，到大湾村走高速还要1个小时的车程，但路程虽远却挡不住一心想来大湾村参观的游客。这两年，安徽金寨干部学院将大湾村作为学院培训参观考察的重要一站，多家旅游公司和旅行社也开发了"重走总书记考察路线"的旅游产品，大湾村是游客点名必去景点。

村民陈泽申一家的老房是村里为数不多搬入新居却没拆的老房，现在已经是县级文物保护单位，总书记当年就是在他家老房的庭院里坐着小板凳同村民、基层干部开了一个小型的座谈会。现在，庭院中已经按照当时的桌椅摆放顺序恢复成了原状，成为大湾村的一个知名景点。

习近平总书记视察大湾村的时候，曾看望多户贫困户，当时他们都住在老房中，住房安全无法保障。但现在，大湾村村民已经统一搬入新居，其中还有6户村民利用自家空闲的卧室搞起了民宿接待。

村集体民宿将2座新房组合在一起，建成了1个独具皖西特色的民宿接待中心。这个小组每晚可接待20名游客住宿。大湾村的旅游接待，正成为村民们除种养殖、外出打工之外的第三项收入。

最近，大湾村大湾组的民宿正式营业了，这个由政府整合资金投入40多万元建成的民宿共有8个房间，10张床位，住宿、餐饮、娱乐、休闲功能一应俱全。记者到访的前一天，大湾村旅游开发公司的牌子刚刚在民宿门口挂了起来，民宿就迎来了一批游客。挂牌第一天就有1000元的住宿收入进账，这让余静很开心。收银台上不仅有税控发票打印机，还有余静刚刚买的一台崭新的笔记本电脑。"原来我在这个收银台上放了一台很占地方的台式机，后来有游客告诉我如果换个笔记本电脑看起来会更简洁，游客的建议很好，我马上就买了1台。"

捏着刚给客人开出的发票，余静说："我们总算迈出了规范化的第一步。"这两天，她还在忙着申请POS机，让支付手段更多元；忙着设计旅游路线，让游客在吃喝住行方面少费精力；忙着提升村民家的客栈管理水平，让更多的贫困户通过旅游实现增收。

"原来，这些旅游接待设施全部委托给了一家名叫鸿源集团的公司负责装修和日常运营，村里只是按照协议每年拿租金就行，但企业没有精力运营，觉得有点鸡肋，但对于我们来说民宿可是宝贝啊！"今年5月份，村里民宿交接了过来，由村里统一管理，统一提供预订早餐及房间保洁服务。对于这个民宿，余静很上心。每当看到游客在朋友圈发的在村里旅游照片和感受时，她都会截图，她觉得这是游客对大湾村的最直观印象和最真实的感受。

村民汪能保老两口已经搬入新居，记者到的时候老人正在忙着切肉。他家的二楼空出的房间已经准备用于民宿旅游，距离开门迎客只有一步之遥。

"现在村集体的民宿房价是258元/间·晚，村民的是128元/间·晚。目前，所有的民宿都是由村里的旅游公司负责管理，农户只是提供1个房间，其他的家具家电包括房间装修全部由公司来负责。我们按照5∶3∶2的比例分成，老百姓占50%，管理运营成本在30%，企业利润占20%。目前村民房间的价格是128元，扣除管理成本和床单被罩等洗涤费用，老百姓可以分得64元。"余静最操心的就是村民对外接待房间内部的布置，虽然现在家具家电都配齐了，但拖鞋等游客住宿所需的小配件还得需要她张罗着配齐。

接下来，余静想把大湾村打造成3A级景区，吸引更多的游客来这里采茶、挖笋子、体验农事，带动更多百姓致富。

旅游通道助力贫困群众脱贫

在霍山县，"旅游也是扶贫"这一理念已经深入人心。只要需求和供给对接得好，靠旅游为业的贫困群众脱贫是早晚的事。

一条贯穿霍山县6个乡镇的大别山旅游扶贫快速通道，打通了全县乡村旅游的梗阻，让沿线的23个贫困村、1.9万贫困人口受益。

磨子潭镇宋家河村村民程莉开办的农家乐有11个房间，可

霍山县大化坪镇绿色减贫项目茶乡民宿

以容纳 20 名住客。春夏旅游旺季，是当地买茶、卖茶的高峰期。她家里有 4 口人，但忙的时候仍要雇人帮忙。"我家雇人优先找贫困户，每天 100—150 元工钱。"

位于旅游大通道沿线的磨子潭镇 40 余家农家乐生意红火，程莉家的农家乐每月的毛收入有万把块钱，来吃饭住宿的主要是自驾游客人。在快速通道边，宋家河村建设了就业扶贫驿站，现在有油茶加工车间、豆腐坊、碾米坊和依托电商网店设立的扶贫超市。

戴光红是豆腐坊的主人，每天凌晨 3 点起床的她要做出两板豆腐，卖给过往的自驾游客和周边的农家乐餐馆。她的丈夫金平患了肾病，每个星期要透析 3 次，虽然有健康扶贫政策让一家人在看病上花不了多少钱，但频繁的透析让一家人没有多少生活来源。2 元 / 斤的豆腐，就是支撑一家人生活下去的希望。

游客在绿水青山间休闲的消费，不仅带动了当地食宿经济，也拉动了贫困群众农特产品的销售。旅游通道两旁除了扶贫驿站和农家乐外，还有稀奇玩意儿——扶贫货柜。

在旅游通道两侧，每隔不远就有一组货柜放在路边，上面摆满了土特产。这个货柜就是镇里推动的"旅游后备厢"工程。

"这是镇里推出的'脱贫攻坚三十六计'之一，每个客栈配备一组两个货柜，用于代卖贫困户家的农产品，目的就是让贫困户家的农产品直接对接自驾游客的后备厢，帮助他们实现就地增收。"磨子潭镇镇长韩安宏告诉记者，这个简单易行的点子已经帮助 190 余户贫困户实现脱贫。

此外，为了发挥旅游扶贫的规模化优势，霍山县还成立了磨子潭堆谷山、单龙寺长院等乡村旅游扶贫协会，实施"1+3+10"工程（即 1 个会员结对 3 户贫困户带动 10 名贫困人口如期脱贫）。通过"资金帮贷、就业帮介、产品帮卖、发展帮带"等方式，已实现帮带 220 户贫困户年均增收 4000 元以上，带领贫困群众走上长效化的旅游脱贫致富之路。

如今，除了慕名而来的自驾游客外，霍山还依托大别山电商产业园内的电商企业做起了"旅游＋电商"，依托旅游电商服务平台"山旅网"和霍山旅游官方旗舰店进行线上推广，吸

霍山县太阳乡乡村旅游扶贫重点村船仓村的"云顶花海"

引外来游客到贫困村和贫困户家进行农事体验。

"春天采茶游，夏天钓龙虾，冬天挖竹笋，很多江苏游客通过网上预约，来这里旅游。"六安市扶贫办主任、霍山县原常务副县长储诒权告诉记者，电商正在助推霍山旅游扶贫工作，帮助更多贫困户脱贫增收。

干梁峁上的"革命"

——甘肃省会宁县实施"一户一策"产业精准扶贫侧记

王晓霞　张琼文

"我的故乡并不美，低矮的草房苦涩的井水，一条时常干涸的小河，依恋在小村周围……"进入会宁县，记者耳边响起了 20 年前以粗犷、苍凉的西北风唱红的这首歌。

会宁县位于甘肃省中部，年平均降雨量 370 毫米，年蒸发量达到 1800 毫米，在这块面积相当于上海市的土地上，低矮的植被焦灼地诉说着干渴的生存状态。车窗外那不时掠过的沟壑、断崖，直观地暴露出黄土高原的截面，就连路边白杨树的叶子，也缺少 5 月里应有的光泽。每户农家都建有收集雨水的水窖，夏天的雨水顺着院里的斜坡流到地窖里，经过简单过滤和生石灰消毒，就用来淘米做饭。这在城市或雨水充沛的南方，几乎是不可思议的。

采访中，县委书记王科健蹲在地上，一边熟练地用树枝在地上勾勒着会宁地图，一边介绍着会宁的总体情况，"水是生命之源，我们会宁严重缺水。我来会宁工作 9 年了，时间越长，就越深地体会到悲天悯人这个词的含义。我们会宁老百姓的条件太艰苦了"。

2014 年精准识别之初，会宁有贫困人口 16.99 万，贫困发生率高达 31.44%。摆脱贫困，实现全面小康，在这片土地上显得异常沉重。

土话里的智慧

"家有万担粮，不如儿孙在学堂。"在这片干渴的土地上，世世代代的会宁人把对美好生活的期盼，孤注一掷地寄托在儿孙读书成才上，家家户户勒紧腰带苦供学生，近年来每年能有五六名学生考进清华、北大，是赫赫有名的"西北状元县"。

用会宁干部的话来说，会宁群众并不缺脱贫致富的内生动力，关键是，如何让他们"苦供学生"的手头宽裕起来？如何让这片干渴的土地变得地肥水美？"会宁梦"，山长水远，路在何方？

当然在问计于民。

来会宁工作之前，王科健在白银市委政研室工作，随时随地做调查研究已经内化为习惯。来会宁后，一次，王科健到党家岘乡毛坪村入户调研，遇到一位农民，他家的地种得又多又好。"咱农民就得守哈（下）一头子，把地种好，保住咱的底儿。"王科健从这朴实的话语中受到启发，后来，"守住一头子"就成为全县脱贫攻坚的基础工程——发展100万亩全膜玉米，100万亩黑膜马铃薯。会宁县有390多万亩耕地，农村人口人均耕地7亩多，但水浇地只有20万亩。这两个"百万亩"是会宁人应对土地干旱的"道道"，也是会宁县打赢脱贫攻坚战的基础。

截至2018年8月，会宁县保水保墒的覆膜面积已达226万亩。远远望去，黄土高原上，层层梯田美如画，道道地膜闪银光，会宁人以智慧和勤劳交上的这份锦绣答卷，让这片原本贫瘠、可怜的土地倍加精致，令人感动。

"多做几样子"，是王科健向另一位农民取的经。杨崖集镇东阳村一位养殖户养牛、养羊还养猪，"猪牛羊行情不稳定，咱农民说了不算。咱就得多做几样子，一样行情不行，还有另一样弥补，这就能把日子过稳当了"。这位养殖户"多做几样子"的智慧，使王科健陷入深思。

　　因农业上的靠天吃饭，会宁百姓穷则思变，形成了悠久的养羊传统，当地有全省最大的肉羊交易市场，每天清晨4点，一车车会宁人养出来的羊，就在一阵阵"咩——咩"声中被运往省内其他县乃至陕西、宁夏等地。于是，会宁县委、县政府结合立地条件和产业特点，作出了在肉牛、肉羊、大棚蔬菜、中草药种植等方面"多做几样子"的部署。

　　从群众中来，到群众中去。"守住一头子，多做几样子"，这来自农家、带着"土味儿"的智慧，经县委、县政府的精心规划和部署，在脱贫攻坚期的会宁县迅速演化为58万人民齐谋产业"达标"的宏阔脱贫实践。

咬定"达标"不放松

　　"达标"，是一个在会宁县家喻户晓、妇孺皆知的热词。

　　2018年，遵循习近平总书记提出的精准扶贫精准脱贫基本方略，针对全省产业基础薄弱现状，甘肃省委书记林铎提出了在全省制定落实"一户一策"精准脱贫计划的工作策略。会宁县在实施这一策略时，将工作重点放在脱贫致富的富民产业上，具体就是精准到户的"产业达标"。

　　达标的规定为，除个体经营户、有技能外出务工户和整户常年外出有固定收入户这"三类贫困户"，且户均纯收入达到2万元以上外，其余脱贫户或未脱贫户均要实现：饲养基础母牛5头以上、基础母羊20只以上，种植苹果、核桃、中药材5亩以上、瓜类10亩以上。这就意味着所有的达标户，仅凭达标产业这一项，户均纯收入至少可达2万元，加上其他补充产业的收入，完全能够实现稳定脱贫。

　　精准扶贫，贵在精准。一户一策，贵在到户。会宁县对剩余贫困户即13964户63656人的达标产业进行详细摸底，根据群众意愿划分类别：其中，依托肉牛养殖脱贫3337户15483人，依托肉羊养殖脱贫5585户25762人，依托蔬菜种植脱贫2276户10455人，依托其他特色产业脱贫307户1396人，依托个体经营脱贫251户1142人，依托有技能务工脱贫604户2748人，依托整户外出多人固定务工脱贫344户1924人，依托政策性兜底保障脱贫1260户4746人。

会宁县的达标产业，真的能让贫困户实现稳定脱贫这个目标吗？"达标"的依据从何而来？记者发现，不论是职能部门还是乡镇干部、驻村工作队，都能细细道出依据。

以"饲养基础母牛5头以上"为例。县扶贫办主任童琳介绍，2017年省定的脱贫户人均年纯收入要达到3700元以上。一头怀牛犊的基础母牛价格在13000元左右，怀孕10个月后产下牛犊，牛犊养到10个月能卖到1万元。养5头基础母牛，保守地按出栏4头牛犊计算，一年收入最少能有4万元，除去养殖成本，每年纯收入最少能保证2万元。按每户4口人计，人均年纯收入就是5000多元，这就充分保证了一户4口之家的稳定脱贫。

为让群众早达标、早受益、早脱贫，会宁县制定了如下激励政策：对养殖基础母牛达到5头以上的达标户，每年补助2500元，连补4年。同时，会宁县的几家定点帮扶单位——中国投资有限公司、天津和平区也对会宁县产业扶贫倾力支持，贫困户新引进一头基础母牛，两家单位给予补贴3000元，县财政再配套2000元。甘肃省的白银有色集团还投入1000多万元支持会宁县壮大肉羊养殖产业，并帮助土高山乡兴建了肉羊交易市场。这样的激励政策，加上全产业链的周到服务，使会宁县贫困户肉牛养殖户达到9096户。

如同养5头基础母牛可以达标一样，其他达标产业如肉羊养殖、蔬菜大棚种植等规划，也都是会宁县结合市场行情、生产实际，与农民在田间地头掰着指头算出来的脱贫道道，户均年纯收入也都在2万元以上，同样可保证解决一家4口人的脱贫问题。贫困户发展这些产业，同样享受激励政策。

为推进产业达标，会宁县还出台了对贫困村的激励政策：贫困户产业达标率100%的村，视贫困程度，可获得50万—100万元的奖励，用于巩固提升贫困户的产业。这样的激励政策，让乡村干部、驻村工作队热情高涨，同时也加速了全县生态农业的推进力度：种植业产生的秸秆粉碎后发展养殖业，养殖业中产生的有机肥滋养种植业，以农养农，良性循环。

以全面小康为目标，以"产业达标"为任务，会宁县各行各业勠力同心，众志成城，打响了脱贫攻坚这场新时代的"新长征"。

"长征精神"再传承

长征的胜利，离不开伟大的长征精神。如今，会师之地，"长征精神"传承激荡。

1936年10月，中国工农红军第一、二、四方面军历经艰苦卓绝的二万五千里长征于会宁成功会师，标志着长征的结束，是中国革命的新起点。红军离开会宁抗日时，会宁人"最后一碗米，端来做军粮；最后一尺布，用来做军装；最后一床老棉被，盖在担架上；最后一个亲骨肉，也要送到部队上"。会师结束后，会宁人民还热情接纳红军伤病员400余人。会宁人民对中国革命的无私奉献，是中国革命史上的动人篇章，也是长征"会师精神"的重要财富。

在脱贫攻坚这场新时代的"长征"中，长征精神再度传承，成为产业"达标"的珍贵财富和坚强支撑。"要用组织化、市场化的路子，大力培育富民产业、致富家业，让贫困户附着在产业上脱贫奔小康。"这是白银市委书记苏君对产业扶贫的要求。如何实现组织化、市场化？会宁全县一盘棋，劲往一处使，逢山开路遇水搭桥，在产业扶贫上斩关夺隘，为"长征精神"注入了新时代的内涵。

牛军，会宁县发展畜牧产业的"牛司令"。2016年4月，被县委安排到县畜牧局任局长，助力全县迅猛发展的畜牧业。会宁百姓原先有养羊的传统，养牛并不突出。百万亩紫花苜蓿和百万亩全膜玉米的种植，为全县发展养殖业提供了充足的草料保障。为发展牛产业，壮大羊产业，"牛司令"每天奔走于养殖户家、乡村畜牧站、龙头企业、交易市场，从品种改良到牛羊防疫、到饲养培训、到养殖管理、到养殖保险、到市场建设、到情况监控，忙得没有上下班、节假日，每天跟着牛屁股跑，成了名副其实的"牛司令"。

现在，会宁不仅养殖品种丰富，还在每个乡镇建有畜牧站，每个村派有蹲点技术员，每个村成立了养牛协会，每户都加入了微信群；现在，贫困户饲养的每头牛耳朵上都佩戴了能体现身份特征的耳标，"001快下犊了""015再养俩月就该出栏啦"，贫困户说到某头牛时都是直呼耳标代码；现在，经过培训的贫困户们不仅掌握了自己科学配制饲料的能耐，还享受着坐等龙头企业上门收购的服务……在"牛司令"体贴的服务下，养殖户们很是舒心，对新生活的信心洋溢在他们黝黑的脸庞上，截至2018年8月，会宁的养牛达标户已达2912户。

脱贫攻坚期的会宁大地上，肩挑重担、四两拨千斤的"牛司令"们越来越多。

会宁"小群体、大规模"的养殖方式，离不开龙头企业的带动。2014年，经县领导多次做工作，会宁名人——北京西部马华餐饮集团董事长马晓华女士安排其弟弟马晓军，注资千万元在会宁成立了甘肃弘利农牧科技发展有限公司，承担起会宁县肉牛养殖、品种引进、检验防疫、牛羊回收、屠宰加工的重任。据了解，西部马华已在全国开有60余家连锁餐饮店。经弘利公司屠宰、精加工后的牛肉，每3天冷链直运北京、西安等市的分店，供不应求。

为降低贫困户们的养殖风险，弘利公司签订协议承诺"五保"：保品种——引进西门塔尔等优良品种基础母牛；保保险——为所有调出母牛购买保险，出现意外死亡由保险公司赔付5000元；保退换——饲养一个月内出现疾病或常年不具备生育能力的基础母牛保退换；保服务——在饲料配制、疾病防治等多方面提供跟踪化服务；保回购——不低于市场价回购牛犊，确保养殖收益。这两年，会宁牛羊大发展，引得周边省份的牛羊贩子也纷纷赶来收购，导致弘利公司"吃不饱"。对此，马晓军说："牛羊被抢购，对养殖户来说是好事。我们作为龙头公司，就是要把带动作用发挥得更好，把养殖户的利益维护好，让畜牧业发展更顺畅、有序。"脱贫攻坚期的会宁大地上，反哺家乡、返乡创业的马晓军们越来越多。

干旱之地如何发展种植业？会宁县也迈出了大步伐。一是开源。加速引洮一期会宁北部供水工程的投入使用，全面改造人饮工程。县水务局人饮站站长姚新永告诉记者，就全县种植业规划来说，水利支持定会全力跟进，绝不"掉链子"。二是节流。发展覆膜种植、大棚蔬菜、高原夏菜。截至 2018 年 8 月，全县高原夏菜种植户达 6200 户，其中承包经营 4 座塑料大棚以上的"达标户"为 2450 户，这一进展的背后，是乡镇干部"新长征"精神的大发扬。

记者了解到，韩家集镇袁家坪村 850 座塑料大棚的崛起，就是在 2018 年末 2019 年初 3 个多月中抢时间、斗严寒、赶进度拼出来的。从蔬菜育苗到市场销售全过程中，镇村和农牧、扶贫等部门坚持"哪里有需要，哪里就有服务"的原则，统筹推进每个环节，做到服务第一，质量第一，效率第一。在育苗过程中，通过补助资金的方式引进了全自动育苗机，解决了菜苗出苗率不高、育苗成本高的问题。在栽植过程中，通过引进土专家现场指导，解决了农民不会种的问题。在田间管理方面，采用农技人员分片包干方式，解决了田间管理不规范的问题。在蔬菜储藏方面，采取自建气调库，解决了菜品储藏难的问题。如今，2 万座大棚在会宁拔地而起，荷兰豆、西蓝花等塑料大棚高原夏菜以订单方式漂洋过海，远销英美等国家和国内福建、广东、浙江等地。

脱贫攻坚期的会宁大地上，向着胜利、排除万难的乡镇干部越来越多。

会宁县扶贫办主任童琳是位女同志，个头不高，拼劲十足，为把县委、县政府的决策迅速落实到会宁的 128 个贫困村、10 多万贫困人口上，熬夜加班成常态。"有一次深夜加班后下楼，我觉得周围人说话的声音好遥远，走路摇摇晃晃身不由己，那一刻，感到自己肩头的担子好重好重……"童琳说。

春雨润桃红，和风吹柳绿。聚力攻坚中，会宁贫困户们的日子和精神状态大变样了。在丁沟乡沈屲村，记者见识了一位特别的脱贫户——杨克勤。

杨克勤的幸福生活

"山字有撇为屲。"70 岁的杨克勤看到记者不识建档立卡手册上村名中的"屲"字，便用粗糙有力的食指一边比画着，一边解释道。

杨克勤只上过小学三年级，很爱学习，待人热情。记者采访中，无意发现这位自称文盲的农民，竟能把近千字的《会宁县脱贫攻坚领导小组致全县贫困户的一封信》念得一字不差且抑扬顿挫，那铿锵有力的节奏，配上挺拔的肢体语言，倒仿佛是乡镇干部在作报告，以至于入户调研的干部们盯着杨克勤看得目不转睛，眼中满是惊喜、欣慰之情。

有文化，有干劲，又赶上了"一户一策"的好政策，杨克勤的日子过得很是带劲。老杨家 7 口人，和大多数淳朴厚道的会宁农民一样，杨家父子俩也未分家。老杨有 3 个孙子，2 个读大学，1 个读高中，3 个读书娃每年的生活费就得 4 万元。钱咋来？"守住一头子，多做几样子"！

老杨有 40 亩地，种了 15 亩玉米、6 亩马铃薯，全部覆了地膜；还种了 6 亩小麦、5 亩胡麻、8 亩扁豆。15 亩玉米全部用来发展养殖业，老杨自己花 2000 多元买来秸秆粉碎机，这种机械沈屲村家家户户都有，因为家家都需要。种玉米虽效益不高，但玉米和秸秆经牛羊的肚子一转化变成畜产品，可就值钱了。

2015 年起，杨家父子利用 5 万元的精

杨克勤（右一）兴致勃勃地朗读《会宁县脱贫攻坚领导小组致全县贫困户的一封信》

准扶贫专项贷款开始养牛，他们学会了以自家玉米秸秆为主、购买配料为辅科学配制饲料，学会了给基础母牛接生，学会了待牛反刍后再添加饲料让牛上膘……村上有 3 名畜牧技术员，负责上门收牛、防疫、处理一切疑难问题，只需一个电话就能赶来。3 年间，老杨喂的牛犊们都茁壮成长，从未发生过病死现象。老杨家牛羊的存栏量分别为 12 头、80 只，去年纯收入达到了 10 万元。"一头小牛犊一落地，就值 3000 元；以后每养一个月，就多赚 1000 元。"老杨自豪地说。

这三年，老杨的时光就是在种地、产牛、养牛、卖牛的节奏中度过，寒来暑往，牛的"哞哞"声越发响亮，老杨一大家子的日子越过越殷实，这个 7 口之家的小康梦，已然实现。当说起今年那 5 万元 3 年期的贷款已到期，老杨轻松而肯定地说："咱已经发展起来了，还贷款，没问题！"

告别时，杨克勤热情送出院门，我们劝他留步，杨克勤得体地回答道："那就不远送了，欢迎再来。"看到记者的惊愕，一位乡镇干部会意地说："这就是我们的会宁农民，介绍村名时会说山字有撇为屲，告别时会说不远送了，很有文化内涵啊！"

产业达标的老杨一家，2017 年已脱贫，脱贫攻坚期的共和国档案中，少了 7 位贫困人口，但对他家的帮扶政策还要持续到 2020 年。截至 2018 年 8 月，沈屲村的产业覆盖率为 100%，达标率为 89%。让这个村的所有贫困户在 6 月底前实现产业达标，是村"两委"、驻村工作队的明确任务。到今年 6 月底，会宁县 2018 年预脱贫人口全部实现产业达标覆盖；今年底，2019 年预脱贫人口全部实现产业达标覆盖；到 2019 年 6 月底，2020 年预脱贫人口全部实现产业达标覆盖。老区会宁向贫困发起的总攻，密鼓紧锣战正酣……

石门：一个乡镇的脱贫进化史

文炜

引子：国家行动

石门乡，仿若一位俊秀处子，远避红尘喧嚣，静卧于群山宽大深邃的怀抱；又似一位尽职守责的彪悍将军，坐镇贵州毕节西北一隅，把守着滇黔通道。

毕节，一个深藏在乌蒙山层层褶皱里的地区，这里的村庄大都被山岭重重围困，有的悬在山腰，有的躺在谷底，也有的直接裸露在石漠地带。这些乡村被大山深锁，也被贫困深锁，多少年了，人们对美好生活的向往像一个遥远而缥缈的梦，可望而不可即。

1985 年 6 月 4 日，一份新华社《国内动态清样》摆在了时任中央书记处书记习仲勋同志的案头。盯着《赫章县有一万二千多户农民断粮，少数民族十分困难却无一人埋怨国家》的标题，习仲勋眉头深锁，作出重要批示："有这样好的各族人民，又过着这样贫困的生活，不仅不埋怨党和国家，反倒责备自己'不争气'，这是对我们这些官僚主义者一个严重警告！！！请省委对这类地区，规定个时限，有个可行措施，有计划、有步骤地扎扎实实地多做工作，改变这种面貌。"

在接下来的岁月里，习仲勋的批示影响了整个毕节，小小石门的命运也因此迎来了春天，开始了悄悄的改变。

同年 7 月 20 日，胡锦涛同志担任贵州省委书记，到任第三天就深入毕节调研，调研后提出建立毕节"开发扶贫、生态建设"试验区的战略构想。

三年后，这一构想得到国务院批准。

弹指一挥 30 年，在历届中央和国家领导的关怀下，毕节试验区的扶贫事业在蹉跎岁月中历经了五个阶段，走过了 1978 年开始的体制改革推动扶贫时期；走过了 1986 年开始的大规模开发式扶贫；走过了 1994 年开始的"八七"扶贫攻坚；走过了 2001 年开始的新阶段扶贫开发；一直走进 2011 年开始的新一轮扶贫攻坚新时代。特别是党的十八大以来，毕节试验区在开发扶贫基础上进一步全面实施精准扶贫精准脱贫方略。五个时期、五段历程，凝聚着英雄的毕节人民奋发图强，战天斗地的智慧和勇气；饱含着他们对美好生活的热切向往；更彰显出毕节人民永远跟党走的政治选择。

2014 年 5 月 15 日，习近平总书记对毕节试验区作出重要批示，充分肯定了试验区取得的成绩，指出了建设好试验区的重大意义，提出了闯出新路子、探索新经验的殷切希望，为试验区新一轮改革发展指明了方向，推动毕节站在新的历史起点上，展开了"决战贫困、同步小康"的新征程。

2018 年 7 月，毕节试验区成立 30 周年之际，习近平总书记再次对毕节试验区作出重要批示，强调要尽锐出战、务求精准，确保毕节试验区按时打赢脱贫攻坚战，要求着力推动绿色发展、人力资源开发、体制机制创新，努力把毕节试验区建设成为贯彻新发展理念的示范区。7 月 19 日，统一战线参与毕节试验区建设座谈会在毕节召开，中共中央政治局常委、全国政协主席汪洋出席并讲话。

30 年，毕节人民决战贫困的决心坚如磐石，毕节人摆脱贫困的愿望与国家意志同频共振，这场关乎每个毕节人命运的战役，已经上升为意义深远的国家行动。

2018 年 7 月，记者走进毕节市威宁县石门乡。石门地处偏远、资源匮乏、人多地少、气候恶劣、土壤贫瘠、交通闭塞，几乎包揽了所有致贫原因，是贵州省 20 个极贫乡镇中区域自然环境最为恶劣、贫困程度最深、脱贫难度最大的乡镇，成为贵州省贫困现象"代言人"，其变迁极具典型意义。记者遍走石门 14 个村庄，一幅扶贫开发的史诗画卷徐徐展开，多少风流人物，多少感人故事流淌而出。

五星红旗，你是我的骄傲

晨曦初绽，记者一脚踏进年丰村，便被眼前的情景震撼了。

村子中央的小广场上聚集了几乎全村的男女老少，人们神情肃穆，向小广场中央那面正冉冉升起的鲜红的五星红旗行注目礼，雄浑的国歌回荡在小村庄上空，回荡在乌蒙山的层峦叠嶂间。

73 岁的张德荣老人努力挺直瘦小的身板，双唇嚅动，跟着广播唱国歌。

每周一早晨升国旗已成为石门乡群众心目中最神圣的一种仪式

记者分明看到，老人的双眸蕴含着闪闪泪光。

这是一位有故事的老人。年轻时，张德荣多次递交入党申请书，但因出身问题，屡次被拒绝。随着年龄增长，老人的心凉了。党的十八大后，脱贫攻坚战在这个穷乡僻壤打响，驻村工作队来了，县委书记来了，市委书记来了，甚至连省委书记都来了。

新房子盖起来了，柏油路修到家门口了，自来水接进了家，年丰村发生着日新月异的变化。从前的年丰村"荞麦洋芋过日子，想吃苞谷饭，除非老婆坐月子，想吃大米饭，除非投胎下辈子"，2016年的年丰村实现了"产业就在家门口，打工不用往外走，老人不空巢，儿童不留守，婆娘不会跟着别人走"。

张大爷藏在心底几十年的愿望又如熊熊烈火般燃烧起来。"共产党太伟大了，我虽然年纪大了，可还能干事，我要入党！"

记者见到张大爷时，他已被发展为预备党员，他说自己正在全力竞选村里"自管委"小组长，他指着县里给他的一摞"种烟能手"荣誉证书说："我有种烤烟的技术，要带着大伙儿发展种烟产业，脱贫致富。"

"自管委"（全称"村民自我管理委员会"）是石门乡自创乡村"三级自治"中的一个重要环节。随着经济社会发展，"村委会＋村民小组"的乡村治理方式越来越不能适应乡村形势，"老人治村""无人治村"在石门乡14个村庄成为普遍现象。缺乏组织领导的农村好似一盘散沙，通知开个村民大会都应者寥寥，脱贫攻坚战怎么打？

乡党委班子通过调研，广泛征求村民意见，决定撤销村民小组长，以自管委主任代之，构建起村级党支部领导下的"村委会＋自管委＋十户一体"三级村民自治体系。村中事务，村支两委依旧是核心，具体工作就由自管委抓。自管委由村民选举3—5人组成，大事小情商量着来，不再是村民小组长一人说了算。"十户一体"通常是把居住相邻、技能相似、产业发展愿望相同的10户农户捆绑为一个主体，推选出一名中心户长，在村支两委和自管委的领导下，抱团发展，这就突破了包产到户后单兵作战，规模做不大、效益难提高的瓶颈。

自己的事自己能做主了，咋能不乐意？"三级自治"一经实施，效果立竿见影。过去是"支书主任满村跑，大事小事四处找，一年下来老十岁，老少爷们儿放狗咬"，现在是"通知开会全到，村里有事全问，支书主任靠谱，老少爷们儿全信"。

渐渐地，人心齐了，干群关系、党群关系日益好转，张德荣觉得好像又回到了自己年轻时激情燃烧的岁月。

石门乡党委书记马仲华认为，"每周一升国旗、唱国歌对脱贫攻坚至关重要"。2015 年，时任省委书记陈敏尔第一次来石门乡调研时曾启发大家说："脱贫攻坚面临的困难很多很大，需要干部群众拧成一股绳，需要信仰，需要一个精神的核。"

这个核是什么？经过乡党委反复开会讨论，大家终于豁然开朗：这个核就是集体主义、爱国主义，特别是国家传统和中华文化认同。于是就有了"三级自治"的制度创新和升国旗唱国歌的神圣仪式。

培养国家传统和中华文化认同在石门乡显然具有特殊意义，而石门乡扶贫工作也因此蕴含了特殊的认同价值。这一切都与石门乡的历史紧密相关。

石门乡原称石门坎，所在县域是多民族混居区，苗族是石门乡集中居住的少数族群，其族裔分支被称为"大花苗"，由于地域封闭和交通落后，在解放前作为某种文化典型被人类学家和西方传教士所关注。1906 年，英国传教士伯格理和苗汉知识分子曾在石门创制文字，并兴办现代教育，以利于传教和扩展知识，留下了较深的文化印痕。

2015 年 9 月，时任省委书记陈敏尔上任伊始，就对全省 20 个极贫乡展开调研。走进石门乡，他的眉头越皱越紧，村中污水横流，人畜共居，房破人穷，一片凋敝。村民对前来调研的干部表情淡漠，爱搭不理。尤其一个现象引起陈敏尔的注意，当地久居的群众较多因宗教影响，习惯于在精神上依托某些宗教要素，日常生活也安于贫困，基层党组织影响力总体偏弱。

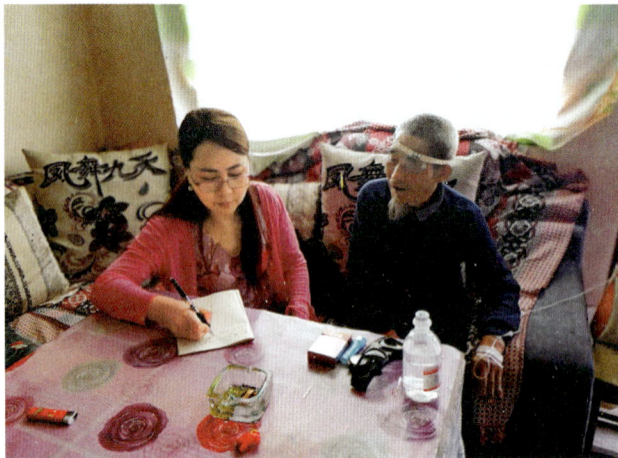

记者倾听韩庆福老人讲述他与老朋友陈敏尔书记的故事

当晚，躺在破旧的石门乡中学学生宿舍的一张硬板床上，陈敏尔彻夜难眠。

调研归来，陈敏尔立刻召开常委会，商量省委常委们定点帮扶贫困乡的事。全省确定由20位副省级以上领导干部挂帅出征，帮扶20个极贫乡镇。他把最难啃的石门乡留给了自己，他说："石门乡脱贫攻坚政治意义重大，我们要以脱贫攻坚为契机，从物质到精神再造新石门。"

两年后，孙志刚接任贵州省委书记，继续选择啃下这块最硬的骨头。站在石门乡纵横交错的田畴间，孙志刚对当地干部说："大家按照陈敏尔书记的要求，扣好了第一粒扣子，现在还有第二粒、第三粒，我们都要扣好。"

陈敏尔在任时，每年都到石门乡调研，跑遍了石门乡14个村庄。孙志刚也在上任后第一时间来石门乡看望大家。荣合村苗族老人韩庆福说陈敏尔是他的老朋友，两次进村都来看望他。"共产党太好了，你看我这房，这电视、沙发，还有碗柜全是政府给置办的。还有外头这路，现在我们这些老人出门都不用拄拐了，地平啊！"

当记者问到收入时，老人更兴奋，"政府给我们老两口每人每月75块钱养老，让我当护林员，每月500块钱工资。扶贫工作队还给我钱（政府贴息扶贫特惠贷）帮我养猪赚钱。我是贫困户，看病政府也管。孙书记也把我们放在心上，让政府拿钱给幼儿园娃娃们搞营养餐。我们这日子过得，老辈人想也不敢想呀"！

记者随着韩大爷参观他敞亮的两层小楼，大爷家堂屋最醒目处悬挂着毛泽东主席和习近平总书记的画像。从韩大爷家窗口望出去，天蓝云白，乌蒙山上郁郁葱葱，五星红旗静静飘扬。任何时间、任何地点，这一抹红色总能让每一个中国人充满骄傲和自豪。

乾坤清朗，岁月静好。生逢盛世，岂止安好？

仓廪实，民心归

2015 年，陈敏尔第一次来石门乡，就拉着大伙儿在田间地头开诸葛会，商量脱贫致富之道。大家七嘴八舌各抒己见，陈敏尔抓一把脚下的泥土说："石门乡地处偏远，交通不便，你们一定要结合实际发展特色产业，千万别想当然地搞那些花里胡哨的项目劳民伤财。"

有人发愁，咱这个穷地方，世世代代种点土豆玉米，刨掉成本，不亏钱就不错，还能干点啥？乡党委一班人不信邪，每一块土地一定都有最适宜它生长的生命。经反复调研，石门乡制定了产业发展"三步走"，一是引进新产业。引进多家龙头企业，规划建设百万蛋鸡集体经济产业、现代畜牧业产业、现代高效蔬菜产业、优质烟草产业、现代脱毒马铃薯基地、现代中药材产业等 6 个新产业基地。二是提升老产业。对马铃薯种植等老产业进行提质升级；通过实施"一村一特一电商"，对土蜂蜜、苦荞饭、酸辣椒、黑蒜泥等土特产品进行包装，并通过网络对外销售。已建成 3 个电商微型工厂，把石门乡地里生产的那些土了吧唧的东西加工成城里人青睐有加的各类有机食品，源源不断送出大山，为村民们换来流水般的真金白银。三是壮大优势产业。"咱石门乡烤烟闻名天下，是各大品牌香烟的首选原材料，那咱就扩大烤烟种植规模，做好烤房建设、烘烤技术指导等保障工作，确保群众快赚钱、多赚钱。"2012年，烤烟种植仅 2300 亩，2018 年已增至 9800 亩。

产业布好局，孙志刚又来支招："一定要围绕产业选择、农民培训、技术服务、资金筹措、组织方式、产销对接、利益联结、基层党建'八要素'工作法，认真谋划，把产业布局砸实落实。"

循着产业革命"八要素"指针，14个村子轰轰烈烈干起来。荣合村引进广西宏华集团发展生猪养殖；泉发村改良了马铃薯品种，试种中药材草乌，还成立了一个养牛合作社、两个养蜂合作社；新民村建成了中国最大的马铃薯种薯扩繁基地；女姑村恒大援建的母牛扩繁场兴旺发达；团结村的烤烟和紫皮大蒜漫山遍野……产业项目到村到户到人，贫困户全覆盖，农民人均可支配收入从2015年的5883元上升到2017年的8470元。

张德荣现在是"十户一体"的中心户长，带领大家种了100多亩烤烟，由于张大爷技术好，别人一亩烤烟的纯收入大概2800元，他们组的能达到3100元。"我们组最少一户也种了5亩，一年净挣1.51万元，脱贫肯定没问题！"

脱贫只是第一步，张大爷的目标是致富，"赶8月底烟叶收完了，我们准备种紫皮蒜。村支书已经联系了市场，种出来就不愁卖。我算了一下，这样一亩又能增收5000元，合下来一亩地一年净挣8000多！那得是啥光景？"

是啊，那得是啥光景？石门乡百姓正迈向他们的祖辈从未曾感受过的美好生活。张德荣种烤烟年收入5万元；团结村罗贤才种地养猪年收入3.5万元；泉发村邵德玉养蜂、养牛、种地年收入3.3万元；营坪村蒋安军仅凭种地年收入10万元……

他们都曾是贫困户，他们原来在祖先留下的土地里日夜劳作，一年的收入还不足2000元，抚今追昔，他们说："共产党真好！习主席真好！"

产业发展为石门乡的脱贫攻坚构建了坚实的经济基础，进而影响到更加复杂的精神领域。宗教源于人对未知世界的蒙昧或依靠心态，因此对信仰往往有着特殊的执着。但是站在今天的石门乡，放眼如火如荼的脱贫攻坚战场，无须太多修饰与渲染，只一句"共产党真好！习主席真好！"的大白话，就足以拉近各民族同胞的情感和对中华民族的高度认同。

仓廪即实，民心可归。

再穷不能穷教育

2015年9月，陈敏尔首进石门乡，当时的石门乡民族中学还在100多年前建校的旧址，教室、宿舍破败，老师们甚至还在危房中备课办公。教职员工人心涣散，流失严重。当陈敏尔得知，长久以来，该中学教育质量低下，在刚结束的中考中，该中学在威宁县57所中学总均分排名倒数第三时，他皱起了眉头，"石门乡拔穷根的治本之策除了交通，就是教育。再穷不能穷教育，你们一定要集结资源把教育搞上去"。

从前，石门曾出过苗族第一位博士，被称为"苗族文化教育高地"，乡党委发誓要奋起直追。他们遍查石门地图，选出最好的一片地盖新学校，石门要在这里重塑教育辉煌。

"仅用半年我们就盖好了新学校。当学生们走进新学校，兴奋得又跳又叫！"这是李正东校长带领记者参观石门乡新中学时，对记者的描述。

新学校坐落在一大片相对平坦的土地上。贵州"地无三尺平"，石门乡尤甚。无论从占地优势还是建筑情况，这所学校都比乡政府强过百倍，应该说，这是记者在石门乡看到的面积最宽敞、建筑最漂亮的单位。

显然，李校长很为自己的学校骄傲，他引领记者一层层楼、一间间房地参观。多功能电教室、音乐室、美术室、图书馆、实验室、心理咨询室、室室齐全，食堂、宿舍、篮球场、足球场、

石门民族中学旧貌

石门民族中学新校区

塑胶跑道，样样具备。

"搞教育，硬件建设是基础，提高师资力量才是关键。"李校长继续向记者介绍，"首先面向社会招了一批年轻、素质好的新老师，然后实行严管重奖，每年学校拿 10 多万对教师进行培训，还为他们提供公租房。学生实行全寄宿，贫困户子女从学费到吃住一概免费，让他们无负担享受威宁县一流教育资源。"

说到"一流教育资源"，李校长的得意骄傲溢于言表。2016 年，该中学成绩从全县倒数第三追至正数第十五名；2017 年一跃升为第二名，100% 通过中考录取线；2018 年保持了上一年的成绩。

2018 年 6 月，孙志刚第二次来到石门，专程到焕然一新的石门民族中学调研。他叮嘱大家："100 多年前，英国传教士在这里帮着办学，现在我们在共产党领导下办教育，我们一定要也一定能办得更好！我们要把这所学校办成现代化学校，办成为贫困地区拔穷根的学校！"

正值暑假，记者没有采访到学生，只采访到一位校工，他的孩子恰巧也在这所学校读书。"咋说咧，我是贫困户，政府让我在这干点杂活，一个月有 2000 块钱收入，孩子在这读书一分钱不用花，家里政府给盖的新房也没让我掏钱，还给我贴息贷款入了村里的合作社，年底能分红。政府对我这么好，我没文化，也没本事，都不知道咋报答，就跟孩子说，你拼命学呀！学好了将来报答国家咧！"

采访期间，李校长接了一个电话，是有人为了把孩子从外省转到这所学校来找他"做工作"。"我们这所山旮旯里的学校现在可是名校了，附近县包括周边省不少家长都千方百计想把孩子送来。可我们资源有限，必须首先保证本地贫困家庭子女入学。我这个校长就难免得罪朋友了。"

全民重教在石门乡已蔚然成风，随着一批批孩子从这里走出大山，走向世界，贫困的阴霾必将散去。

"三鞋干部"迈过发展疲软的坎

习近平总书记多次强调，"空谈误国，实干兴邦"。脱贫攻坚从国家层面的大政策到省、市、县的配套政策，四梁八柱已经搭好，到石门乡这一级只需撸起袖子加油干。

2015年初，一眼望去，石门乡14个村支书平均年龄50岁以上，无一人本科以上学历，基本不会使用电脑办公。年龄老化、学历低下、缺乏干劲、没有想法，这样的干部队伍怎么干？

为解决干部问题，乡党委在上级党委、政府的指导帮助下，连下五步"狠棋"。一是选优配强村支书，做到有人谋事。乡里的年轻干部拉出来排排队，最优秀的都到村里去当支书。14个村，换了9个村的支书，可谓大换血。全乡村支书平均年龄降到34岁。这些年轻支书们均为本科以上学历，其中还有一名研究生。二是改造升级村组织阵地，做到有场所办事。投入建设资金600余万元，建设村级组织活动场所12个，集党务、村务、义务、商务和事务于一体，村干部再也不用夹着文件回家办公了。三是发展壮大村集体经济，让村干部有钱办事。因村施策，通过产业发展型、资源利用型、股份经营型、区域带动型、异地置业型"五种类型"，整合资金980万元，消除所有空壳村。

四是提高待遇，让村干部有激情干事。落实每村 2 万元运转经费。在村干部工资基础上，为每名村干部追加考核资金 500 元。五是强化后进村整改提升工作，做到有机制管事。探索建立"三管机制"，即基层组织"星级管理"、农村党员"积分管理"、村居干部"考评管理"，精准地把村级党组织、农村党员队伍和村干部队伍建强。

五步棋走下来，基层干部精神风貌大变样，老百姓看他们的眼神都不一样了。马仲华有一次到团结村和村民商量种烤烟的事，正说着话，村里大喇叭响了。那村民立刻说："马书记你别说话，我们胡书记说话呢！"作为石门乡"最大的官"，被一个农民如此慢待，马仲华不仅不生气，反而打心眼里高兴。群众看重这位村支书，说明这位支书选对了人。

这位村民口中的"我们胡书记"名叫胡钧博，是下派 9 位村支书中最年轻的一位，时年仅 23 岁。团结村是全乡全县全市乃至全省最偏远的村庄。从前，村里产业单一老化，人穷志短，连出门打工的都少，村民们过着勉强不饿肚子不冻身子的穷日子。2016 年，小胡书记来了，带着大家种烤烟、种大蒜、种药材、养猪、养牛、养蜜蜂，修路引水，还组织大家去遵义、雷山学习种养技术，村民的收入噌噌往上涨，当年底，46 户贫困户 176 人实现脱贫。

团结村村民提到"我们胡书记"时，喜爱骄傲溢于言表。因为胡钧博外出开会，记者没有见到他。只看到漫山遍野葱翠欲滴的烟叶和山花烂漫间成群飞舞的蜜蜂。

采访中，泉发村村支书宋冰格外引人注目。因为她有两个标签：女性、研究生。带着记者看产业、访农户的宋冰完全没有城市知识女性的娇柔矜持，全然一副干练、朴实的基层干部做派。

泉发村也是贫困村，宋冰到任即带领村民发展产业、修路引水。修路时，宋冰草帽都不戴，顶着大太阳和村民一起干，"出工最早收工最晚的总是我们宋书记"。村民喜欢这个女娃，跟乡里领导说："你们领导给我们宋书记介绍个对象呗！她都 27 了，可不敢再拖。"一边的宋冰顿时红了脸。"哪儿有时间，来了快一年了，才进过两次城。"

说起宋冰进城，马仲华心有余悸，"一次她开个两万块钱的小旧车去镇上开会，连车带人翻下 20 多米的山沟，除了胳膊上划了个大口子，居然没大事。她简单包扎了伤口，竟然没事人一样徒步去乡里开会"。

宋冰在向泉发村村民宣传党的扶贫政策

为了脱贫攻坚，不惜力、不要命是石门乡干部的统一行为。自从 2015 年省委书记定点帮扶石门乡以来，这里就有了一支省委办公厅派出的前线工作队。紧接着，毕节市也组建了工作队开赴石门帮助工作。为了方便工作、加快进度，在工作队同志的带动下，全乡干部都有三双鞋：皮鞋、胶鞋和雨鞋。晴天下队穿胶鞋，雨天下队穿雨鞋，进城开会穿皮鞋。在石门，只要看见你脚上穿什么鞋子，就知道你在干什么。他们的时间、精力、智慧与热情就在这三双鞋间循环往复，他们被群众亲切地称为"三鞋干部"。

尾声

石门乡间，牛羊欢歌，田野芬芳，陇上烟叶何田田。这是一片希望的田野，生活在这片土地上的人们在脱贫攻坚的大潮中，不负时代不负梦想，正创造着新时代的石门之梦。

距离中央确定毕节为试验区已经过去了 30 年，以石门为代表的毕节实现了人民生活从普遍贫困到基本小康、生态环境从不断恶化到明显改善的历史性跨越。党的十八大以来，毕节共减少贫困人口 140.47 万，实现 838 个贫困村脱贫，贫困发生率从 2013 年的 23.88% 下降到 2017 年的 8.89%，农村居民人均可支配收入从 2013 年的 5645 元增长到 2017 年的 8473 元。

毕节人民的生活发生了史所未载的巨变！

进入 2018 年，孙志刚书记在贵州全省相继组织实施脱贫攻坚"春风行动"和"夏秋攻势"，号召来一场广泛深刻的农村产业革命，提出脱贫攻坚"五步工作法"，即政策设计、工作部署、干部培训、监督检查、追责问责。石门乡干部群众正踏踏实实循着"五步工作法"，埋头苦干，再战告捷，从胜利走向胜利！

从石门看毕节，从毕节看中国，一个乡镇的脱贫进化史向世界展示了一个国家正在崛起的伟大力量。

春风"抚"东极 战鼓"远"声震
——边境脱贫攻坚的抚远样本

姚卜成　张俊凯

　　寒冬时节，黑龙江省抚远市的气温已经降至 –20℃，但是乌苏镇抓吉赫哲族村民俗技艺农民专业合作社内仍然是一幅热火朝天的景象。39岁的曹丽飞正在带领乡亲们将鱼毛（鱼松）、鱼酱、鱼罐头等农副产品装箱打包。几天后，这些货物将出现在北京、上海等城市的超市货架上。

　　抚远市地处我国最东端，黑龙江和乌苏里江在此交汇，被誉为"华夏东极""太阳升起的地方"。脱贫攻坚战打响以来，抚远市坚持市委市政府的正确领导，依托国家市场监督管理总局的倾情帮扶，充分发挥自身边境优势，探索出一条以民族特色、边境旅游、互市贸易为亮点的脱贫新路子。

从破败渔村到旅游重镇：古老民族的华丽蜕变

　　抓吉，赫哲语意为"金色的鱼滩"。走进乌苏镇抓吉赫哲族村，一栋栋富有民族特色的小洋楼整齐划一，干净靓丽。街道两旁的店铺里人头攒动，鱼皮画、鱼骨工艺品的展台前挤满了购买纪念品的游客，赫哲族民俗展示馆内，嘹亮的"依玛堪"歌声吸引了不少游客驻足聆听。

　　谈到抓吉村的变化，村委会主任曹健辉颇有感触。过去，他们一家8口住在不足50平方米的小草房里，生活异常艰苦。村里基础设施简陋，乡间小路用"晴天一身土，雨天一身泥"来形容毫不过分。

　　全村人主要靠捕鱼维持生活，但是由于鱼类资源逐年减少，村民们的生产生活陷入困境。

怎样改变小渔村的落后面貌？乌苏镇党委抓住国家"兴边富民行动"的历史机遇，主动对接抚远市"乌苏里船歌风光带"规划，积极引导渔民上岸转型，鼓励村民发展旅游、果蔬和赫哲族文化产业，为村民增收创造条件。

2014年，随着"赫哲民族风情村"的建成并投入使用，167户村民告别了居住40年之久的土坯房，搬入了通电、通水、通宽带的新家。17条水泥村路像蛛网一样串联起整个村庄，近1500株杏树、云杉、金叶菊和白桦树等树木俨然将这座北国小镇装点成南国都市。

民族旅游新村建设了22座集旅游、餐饮、住宿于一体的家庭旅馆，7座小别墅式宾馆酒店，12栋商服楼。同时，当地引入哈尔滨康华旅行社，采用"公司+农户"的方式，打造赫哲族特色民宿，以租赁的形式进行合作，仅此一项就使每户增收3000多元。

为鼓励赫哲族村民利用冬闲季节制作民族工艺品，他们吸收32户村民创办了乌苏镇赫哲族民俗技艺农民专业合作社，聘请专家定期授课，讲解制作工艺，并且免费发放鱼皮，鼓励村民参与并搭建了旅游商品交易大棚。如今，

抚远市乌苏镇赫哲族村村民身着民族服饰，正在制作鱼皮工艺品

他们制作的鱼皮画、鱼骨画、鱼皮服饰等手工制品深受游客喜爱。

2017 年，以传承赫哲文化，还原了古老赫哲人生活原型的"乌苏镇赫哲民俗展示馆"及民俗风情园、"莫日根"广场等景点相继投入使用，这里由此成为游客们来东极旅游的必到之地，昔日偏僻荒芜的小渔村如今已蜕变成具有浓郁民族特色的赫哲风情园。

从偏远闭塞到互贸开放：边境城市脱贫攻坚的抚远样本

抚远市距离省会哈尔滨有 800 多公里，但是距离俄罗斯远东第一大城市——哈巴罗夫斯克市仅有 65 公里，独特的区位优势促使这里发展成为中俄贸易的桥头堡，也促进了贫困群众通过边境贸易实现脱贫。

在抚远市边民互市贸易区仓储室内，贫困边民刘长征正在紧张地忙碌着。"我家原本以种植水稻为生，但是儿子在考上大学以后，家里负担加重，听说贸易区待遇不错，我就主动报名来这里打工，这一干就是两年多。"刘长征所在的抚远边民互市贸易区成立于 2015 年 7 月，自成立之初，贸易区便坚持"精准扶贫，脱贫攻坚"的原则，让更多的贫困户参与到边民互市贸易中来。政府把每 20 人编为一个互助组，由组长代表组员参与边民互市贸易活动，让边民充分享受国家给予边境地区开展互市贸易优惠政策（每人每天享受 8000 元免税额），从中获取 1% 的边民佣金。此外，互贸区还提供收银员、销售员、保洁员等岗位供贫困户选择，每月工资在 2000 元以上。截至 2018 年 12 月，贸易区已经实现贫困人口岗位聘任 15 人，年人均稳定增收 24000 元以上，真正达到了"稳边富民兴市"的目的。

扶贫先扶志，扶贫必扶智。抚远市结合省市电子商务培训工作，把贫困户、"两后生"、残疾人等作为重点培训对象，进行专业的电商培训，手把手教村民开网店，销售大马哈鱼、抚远大米等本地特色农产品和俄罗斯商品。依靠"农村淘宝"的强大平台支撑，抚远市已经成功注册网店 123 家，人均年增收 6000 元以上。

程志明：从京华大地到祖国东极的"商标扶贫"模式

"我能有今天的转变，多亏了程市长！"家住抚远市通江乡东辉村的贫困户王金库如今一提到"程市长"，就忍不住竖起大拇指。

王金库口中的"程市长"，就是国家市场监督管理总局选派的挂职干部——程志明。2016 年 12 月，程志明接到组织安排，来到距离北京 1600 多公里外的黑龙江省抚远市，挂职担任副市长职务，兼任抚远市扶贫开发领导小组常务副组长、社会扶贫推进组组长。

国家市场监督管理总局与抚远市的帮扶情谊由来已久：自 1995 年开始，总局就对抚远市开展对口帮扶，总局党组书记、局长张茅，党组成员、副局长马正其，党组成员、副局长唐军先后到抚远市进行实地考察。针对抚远市的致贫因素，有针对性地采取积极支持产业扶贫、尽心尽力开展经济扶贫、坚持选派挂职干部驻点扶贫、加强培训开展智力扶贫等一系列扶贫工作措施，扶贫工作取得了明显成绩。

"我能在抚远挂职，是组织对我的信任，我要对抚远的群众做点实事。"这是程志明常说的一句话。程志明深知，到贫困地区挂职，既是加强基层扶贫力量、促进政策落实的需要，更是发扬党的优良作风、培养锻炼干部的需要。组织交给的这项任务，对自己既是信任，更是考验。于是，他给自己定下了三个目标：

第一，围绕目标作贡献。与以往的挂职干部不同，这次帮扶抚远市脱贫攻坚就是要在规定时限内做到现行标准下的农村贫困人口脱贫、贫困县摘帽，不留锅底。实现这个目标，标志着抚远市同全国一道全面建成小康社会，抚远市绝对贫困问题得到历史性解决，具有里程碑意义。在这个时候，为脱贫攻坚作出贡献，这是组织的信任，是人生之幸。必须用心用情用力开展工作，不辜负组织信任，实现人生的自我价值。

第二，聚焦精准抓落实。抚远位于祖国边陲，改革开放初期县城曾一度是"一条路、一盏灯、一个喇叭全城听"的状况。交通出行也十分不畅，是黑龙江省最难到达的地方之一。加之渔业资源的锐减，工业和商业发展缓慢，形成了长期以农业为主的经济格局。现在，情况发生了很大的变化，扶贫方式由过去的"大水漫灌"转变为"精准滴灌"，必须采取更精准的措施。要推动各项扶贫政策措施落实落地，因人因户因村施策，提高有效性。要防止和纠正形式主义等问题，确保脱贫攻坚质量，实现稳定脱贫。

第三，改革创新添活力。要结合实际，用好用活抚远市的土地、劳动力、资产、自然风光等资源和生产要素，探索建立带贫益贫机制，在特定领域先干起来。要学习借鉴各地探索的好经验好做法，如商标扶贫、电商扶贫、旅游扶贫等产业扶贫新业态，得其方法，在当地发挥作用。

抚远市地理位置偏远，产业发展薄弱，多年来这里一直没有知名品牌支撑地方经济发展。程志明来到抚远后，把商标品牌建设作为支撑抚远市经济发展的重头戏，结合实际做好地理标志商标的运用、管理和保护工作，更好地服务"三农"工作。他利用自身优势，积极协调相关部门，密切与地方政府间的沟通，将地理标志商标发展融入整个抚远市发展大局：

一是深化认识，加强指导。强化对地理标志商标的宣传，引导社会各界增进对地理标志商标的认识；强化对企业使用地理标志商标的指导；争取政府财政资金对权利人的支持。

二是培育典型，推广示范。积极引导权利人完善地理标志商标使用管理制度，提高商标知名度、美誉度，提升市场竞争力；引导权利人通过宣传扩大商标知晓度，增强商标保护意识。

三是强化保护，打击侵权。加强与商标注册人、被许可企业、商标印制企业、经销商、消费者和相关机构的协作与配合，共同打击商标侵权行为，推动商标富农工作取得实效。

经过近两年的努力，商标知识普及讲座已经在全市五乡四镇逐步推开，

"东方礼遇""鸭南稻""福源东龙渔"等品牌成为"一乡一品"工程的推荐品牌，"抚远大马哈鱼""抚远鲟鱼""抚远东极大米"等地理商标成功注册，抚远市从此改变了没有知名商标的历史。

让贫困群众感受到挂职干部的温暖

贫困群体对扶贫工作的满意度，是程志明的工作重点之一。今年56岁的王金库是一位让当地基层干部头疼多年的老上访户，2013年的一场大水使王金库家的1000多亩地全部受灾，损失很大；2017年9月，王金库又被查出患有肾上腺瘤，这让原本就困难的家庭更是雪上加霜。窘迫的生活致使王金库意志消沉，脾气越来越差。

程志明到来后，主动了解王金库家的情况，把王金库送到远在北京的中国人民解放军第309医院治疗。平时只要一有空，程志明就在王金库身旁跑前跑后。

"老王是个实在人，只是生活中遭遇的苦难太多，致使他失去了生活的希望。我认为做好基层工作，不是靠'高压政策'，也不是靠'吹、哄、骗'，而是靠'讲感情'。这里的'讲感情'，并不是无原则的迁就或容忍，而是与群众零距离接触，做知心人，办实事。"33天的治疗期，程志明始终嘘寒问暖，无微不至，10多万元的医疗费用绝大部分得到了报销。最终，王金库顺利康复出院，而程志明所做的一切也被他看在眼里。回到抚远后，王金库主动找到程志明："我虽然遇到一些困难，但不能总是依靠政府，给政府添乱。今后我打算养鸡、种木耳，重新再活一次！"

11月23日下午，王金库和老伴一起来到抚远市委市政府，为程志明送来了"知心关爱为百姓，爱心无限似家人"的锦旗。如今，王金库的木耳基地已经开始规划，程志明的扶贫工作也受到了市委市政府的高度赞扬。

回眸改革开放40载，抚远脱贫攻坚谱新篇。2018年8月7日，抚远市正式通过国家贫困县退出第三方评估，顺利摘掉了"贫困县"的帽子。这一天，程志明百感交集——国家市场监督管理总局和选派的挂职干部历经23年的不懈努力，抚远市党委政府和贫困群众多年来的自力更生、艰苦奋斗，终于换来了这次在接受国家考核验收的三省九县市中排名第一的好成绩！

成绩的背后，在于抚远有着一支特别优良的挂职帮扶干部队伍——黑龙江市场监督管理局办公室主任刘猛、黑龙江省电力公司客服中心副主任丁志辉、黑龙江新闻出版广电局网络视听管理处处长韩建国、哈尔滨体育学院党总支副书记白鹏、抚远市武装部军事科长姚兴刚、佳木斯市住房公积金管理中心抚远办事处主任周慧群、黑龙江三江国家级自然保护区四合管理站站长张立、抚远市发改局干部薛刚、抚远市农开办干部张慧中等人到9个村中担任扶贫帮扶队长、第一书记。他们主动担当作为，更加突出精准聚焦"两不愁三保障"，盯住农民稳定增收、产业扶贫等关键点，精准施策、狠下功夫，并重点指导加强村党组织和党员队伍建设，履行好"帮扶工作队长"的职责，在做好帮扶村脱贫攻坚的基础上，带好帮扶工作队一班人，为抚远市的脱贫攻坚作出了重要贡献。

黑龙江省扶贫办政策法规处处长裴延尧说，抚远市脱贫攻坚所取得的成绩，得益于抚远市委市政府紧紧围绕脱贫攻坚工作大局，认真贯彻习近平总书记关于扶贫工作重要论述和黑龙江省委省政府对抚远经济社会发展的重要部署，始终把脱贫攻坚作为最大的政治责任和第一民生工程，全力打好脱贫攻坚战，收获了脱贫硕果。

坚持精准：十八洞村产业脱贫计

侯朝和

5年前的11月3日，一个写进中国历史的日子，一个走进湘西人民心坎的日子，一个十八洞村苗族百姓枕着幸福入眠的日子。

那个冬日的下午，随着一个魁梧身影的深入，湖南湘西这个叫十八洞村的苗寨沸腾了！习近平总书记沿着苗寨狭窄的泥巴小路拾级而上，边走边对苗家父老乡亲说："我这次到湘西来，主要是看望乡亲们，同大家一起商量脱贫致富奔小康之策。"随后在村民施成富的庭院里，习近平总书记召开了群众代表座谈会，提出"实事求是，因地制宜，分类指导，精准扶贫"的十六字

方针。

这十六字方针既是对我国扶贫开发工作的总结，更清晰指明了我国扶贫开发的方向，特别是"精准扶贫"如同一声惊天动地的霹雳，瞬间劈开了贫困的拦路石。党的温暖携带着改革开放的春风，浩浩荡荡涌进了这个最不起眼而又最具有中国贫穷落后地区本质属性的深山苗寨。十八洞村作为"精准扶贫"的首倡地，从此登上了中国全面建成小康社会的大舞台。

十八洞村，这个名不见经传的小山村，正在朝着开创脱贫致富后如何更健康更幸福的新农村方面迈进。它真正的亮点是什么？我想，是党始终不渝关心支持贫困地区和广大农村的一系列方针政策，是改革开放 40 年来提供的强大物质基础和精神动力。

"三沟两岔山旮旯，红薯洋芋苞谷粑；要想吃顿大米饭，除非生病有娃娃。"这是以前十八洞村的真实写照。

实施精准扶贫，帮助群众找到产业依托，打造一条长期致富之路，成为考验驻村工作队的难题。每人 3000 元政策扶持资金，怎样才能达到利益最大化？直接发给贫困户，可能很快就被花光。漫山遍野的野生猕猴桃给了队员们一个启示：可以人工种植猕猴桃。工作队决定将这笔钱集中入股，种植适宜生长的猕猴桃，为贫困户培植一批摇钱树。

天天牵挂着十八洞村脱贫致富进展的县委书记罗明听到这个信息后，特意来到十八洞村调研，并请来林果专家考察，得出的结论是：花垣县的土壤很适合种植猕猴桃。

种猕猴桃能赚钱、能脱贫、能致富，老百姓当然很愿意。可是，由于十八洞村根本就没有可以大面积种植猕猴桃的土地，老百姓听说后，马上打起了退堂鼓。

这么好的项目，怎能打退堂鼓呢？每个月不知跑多少趟的罗明书记，又带着县扶贫办的同志来到了十八洞村，再一次召集村支两委干部和群众代表

昔日的十八洞村，户户是破旧房屋，出门是泥巴路，照明靠蜡烛，如今的十八洞村，到处是春光，欢歌笑语不断

开会，商量猕猴桃种植事宜。

村民对"飞地"种植猕猴桃的反感和费解、质疑和反对当然也在情理之中。这些长期被贫穷困住的人，本来每个人都能得到3000元的现金，却被扶贫工作队放到了谁也看不见的"高高的云空中"，去搞很多人从未听说过的股份合作制，而且还是到离他们几十里远的地方"飞地"种植猕猴桃，能不质疑能不费解能不反对吗？虽然他们也渴望拥有更多的果树，渴望赚钱长久受益，渴望早点脱贫致富，可维护眼前利益已成为他们的迫切愿望，一下子又怎能相信那么遥远的蓝图和憧憬？

说起来也凑巧，就在村民对种植猕猴桃闹情绪说风凉话的时候，第八届国际猕猴桃研讨会在四川都江堰举行。县委书记罗明心里一亮：派十八洞村群众代表去参观！让他们到别人的猕猴桃基地去感同身受，不比县委、县政府和扶贫工作队的人更有说服力吗？于是，县里组织了8个强烈反对种植猕猴桃的当家女人去都江堰现场考察，这其中就有思想一直转不过弯的石湘凤。

不看不知道，一看吓一跳。石湘凤亲眼看到别人种植猕猴桃发了家致了富，家家户户门前都停着小汽车，惊讶得不得了。从都江堰回来后，观念已经彻底转变过来的她，不仅将自己一家6口人的申请表主动交了上去，还劝其他村民："在我们村种猕猴桃确实不行，地太散，一亩地10个人都忙不过来。放在土地成片的道二乡，能机械化操作。我看人家都江堰那个新技术真的好，一个人管50亩都不成问题。"

石湘凤所说的道二乡，离十八洞村有20多公里，是花垣县国家农业科技示范园所在地。因为十八洞村可利用的成片土地实在太少，所以只能在村里流转100亩土地，创建精品猕猴桃示范基地。然后跳出十八洞村，在花垣县现在农业科技示范园流转900亩土地，创办十八洞村最大的产业项目——1000亩猕猴桃产业园，并与花垣县苗汉子果业有限公司达成合作，对猕猴桃产业实行公司化运营。

猕猴桃三年挂果。十八洞村的"金梅"猕猴桃自2017年迎来了收获。2017年初，入股村民每人得到了5000元的分红。那一天，不少从来没有一次性拿过这么多钱的村民，接过一沓沓刚从银行取回来的崭新百元钞票，脸上笑开了花。2018年更是一个丰收年，入股村民每人得到了2017年翻倍的分红。

施成富夫妇喜摘精准扶贫第一果——猕猴桃

十八洞村猕猴桃树的"寿命"是30—40年。这意味着，猕猴桃产业能让十八洞村增收持续三四十年。十八洞村村民将有一段漫长的幸福时光，在这条产业的长河里打捞属于他们的财富。

十八洞村的猕猴桃好吃，水更好喝。尝到甜头的十八洞村村民，对驻村工作队帮助他们规划建设致富产业再也不怀疑阻止了。"十八洞村山泉水厂终于建成投产了，它不仅能提高村里的收入，更将改善村里人的精神面貌。"十八洞村第一支部书记石登高的喜悦溢于言表，"没想到这山泉水变成了村民增收的路子，如今村里有了集体经济，村民们也有了更多的就业岗位。"

石登高口中的十八洞山泉水厂，是步步高集团与十八洞村共同打造的村级第一个现代化产业项目。水厂2016年4月开始筹建，2017年10月投入生产，总投资3000万元，一期占地2600平方米，以生产瓶装水为主；二期占地4000平方米，生产家庭日常所需的大桶饮用水。项目建成后，不仅为十八洞村集体经济带来了丰厚收入，还为十八洞村提供30多个就业岗位，成了十八洞村脱贫致富又一个重要产业平台。

是习近平总书记关于扶贫工作重要论述，打开了十八洞村的道道山门，使之迎来了改革开放的阵阵春风，吹醒了沉睡的山里人，唤起了他们自力更生、改天换地的巨大动力。

山上有了果实，山下有了山泉水，引来了凤凰，召唤回了游子。十八洞村的村民高兴了，用他们质朴而又诗意的话说就是："鱼儿回来了，鸟儿回来了，虫儿回来了，打工的人回来了，外面的人也来了。"

100年前湘江边上青年毛泽东发出了"世界什么问题最大？吃饭的问题最大"的惊天呐喊，强大声呐的频率一直在华夏上空震荡。斗转星移，2013年习近平总书记亲临湘西，在十八洞村作出了那个同频率的响亮回应。

较真务实：奉节"1486"战贫困

杨树海

奉节县地处秦巴山集中连片特困地区，是重庆市 14 个国家扶贫开发工作重点县之一。一直以来，奉节县始终坚持把脱贫攻坚作为头等大事和第一民生工程来抓，截至 2018 年 12 月，全县共有 128 个贫困村退出、贫困人口减少123373 人。

紧紧围绕"一个目标"

坚持把脱贫攻坚作为贯彻中央决策部署的重大政治任务。奉节县深入学

习贯彻习近平总书记关于扶贫工作的重要论述，牢固树立"四个意识"，不断增强脱贫攻坚思想和行动自觉。把打好打赢脱贫攻坚战作为坚决维护习近平总书记党中央的核心、全党的核心地位，坚决维护党中央权威和集中统一领导的实际行动，确保与中央统一意志，统一行动、步调。

坚持把脱贫攻坚作为巩固党的执政基础的重大历史使命。奉节县坚持以人民为中心的发展思想，推动人力物力财力向脱贫攻坚集中，干部主要精力向脱贫攻坚转移，每年投入20亿元以上用于脱贫攻坚，全面落实108个部门、31个乡镇、376个行政村攻坚体系，确保小康路上不落下一个贫困地区、一个贫困群众。

坚持把脱贫攻坚作为奉节摆脱贫困落后的重大发展机遇。奉节县坚持以脱贫攻坚统揽经济社会发展全局，把脱贫攻坚同实施乡村振兴战略有机结合起来，注重贫困户与非贫困户的统筹，贫困村与非贫困村的统筹，把脱贫攻坚的过程变成乡村振兴的过程，推动全县跨越式发展。

坚持把脱贫攻坚作为推动奉节社会治理的重大工作举措。奉节县坚持党建促脱贫，推动群众自我教育、自我管理、自我服务，让群众明白、让群众知晓、让群众参与、让群众监督，充分激活群众内生动力，真正做到"为党代言、为民请命"，实现党心民心空前同心。

高效运行"四大体系"

指挥体系突出包干和包尽。实行县委书记、县长双组长责任制，全面贯彻落实中央、市委市政府决策部署。每个乡镇成立指挥部，每个村成立指挥所，全面开展扶贫业务分级培训、分类轮训、闭卷测试，督促各级干部熟练掌握运用扶贫政策。实行日调度工作制度，打通问题反馈、交办、答复渠道，确保业务和政策口径统一。

帮扶体系突出到户和到人。按照"干部共赴一线、机关只留一人"的要求，坚持因乡、因村派人，分类选派第一书记、驻乡驻村工作队员，不留任何死角。

责任体系突出主体和主管。坚持"分线运行、各负其责、共建其功"，31个乡镇履行扶贫主体责任，分块作战，32个行业扶贫部门履行行业主管责任，分线作战，以社为单位落实网格员，实行一网覆盖、责任到人、任务明确、一包到底、分户作战。实行工作倒逼、时间倒排、责任倒查，一月一督察，两月一排名。

监督体系突出执纪和问责。聚焦扶贫领域"四风"问题，深入开展脱贫攻坚作风建设年活动。立案查处扶贫领域案件 57 件 152 人，公开曝光扶贫领域违纪违法典型案件 30 起 122 人。严肃脱贫摘帽工作纪律，通报批评 32 人、9个单位，诫勉谈话 11 人，调整驻乡工作队员 1 人，逆向调动 1 人。

精准落实"八个到户到人"

奉节县有针对性地提出脱贫攻坚"八个到户到人"，切实做到"走访八遍""效果九成""满意十分"。

干部到户，见面到人。坚持干部进村入户、户户必见干部，全面落实"四访四议"，有效解决 1.1 万户群众个性化事项。

宣传到户，引导到人。全面推行"三位一体"宣传引导，做到户户知晓、人人明白。开办新时代脱贫攻坚讲习所，开展"两回两讲两解"活动，推行公示公开"六个一"。

政策到户，落实到人。全面落实贫困户到户到人政策和非贫困户普惠性政策，建立户情档案 24.5 万份，做到户户落实、人人明白。精准落实"1+18"系列扶贫政策，全口径发放 102 条普惠性政策口袋书，让所有群众看得懂、说得清。

产业到户，收入到人。打造"三带"特色农业，低山带发展 33 万亩脐橙、中山带发展 13 万亩油橄榄、高山带发展 10 万亩中药材。深入推进"三变"改革，推动村级集体经济全覆盖，切实增加群众收入，全县贫困群众人均年纯收入达到7409元。

问题到户，解决到人。坚持家家到、户户清，因户因人、排查问题，因贫因困、分类解决。探索集中供养模式，创新金融扶贫，实施网络扶贫，建成240个村级电商服务站，农特产品年度上行15亿元。

帮扶到户，志智到人。坚持志智双扶，全面激发群众内生动力。全面开展抓示范、抓典型、树榜样、树模范"两抓两树"，树立自愿脱贫典型贫困户35户。

环境到户，文明到人。广泛开展"清洁家园·和谐邻里"活动，培养群众健康卫生习惯，鼓励贫困户争当"清洁家园示范户、和谐邻里先进户、尊老爱幼光荣户"。全面推行《村规民约》，依法惩治逃避赡养责任典型，引导群众弘扬好风气、养成好习惯、创造好环境、过上好日子。

效果到户，满意到人。坚持挨家挨户、循环往复，实现走访"常态化"。截至2018年12月，全县贫困发生率控制在3%以下、错退率2%以下、漏评率2%以下，满意度达到90%以上。

全力攻克"六个重点"

在精准识别上做到"精益求精"。全县组建521人的专业队伍，常态化开展精准识别、精准帮扶排查整改，确保精准识别一个不漏、精准帮扶一个不少。坚持县乡联动逐户把关，累计开展精准识别动态调整7次，扶贫对象更加精准。

在住房安全上确保"不漏一户"。优化住房保障政策，设置住房安全"六条保障线"，防止建房负债。截至2018年12月，完成"三类户"危房改造3182户、易地扶贫搬迁1771户6515人、非贫困户土坯房改造8751户，实现应改尽改、应搬尽搬。

在饮水安全上实现"户户通水"。按照"维修改善一批、搬迁一批、管护一批、新建一批"的原则，分类解决饮水安全问题，确保自来水家家通、户户净。累计新建集中式供水工程 2182 处、分散式供水 3316 处，累计解决群众安全饮水 15.14 万户。

在人居环境上突出"整洁干净"。全面建设小康路、小康房、小康水、小康电、小康讯，全面开展农村人居环境"综合整治"，打造美景、美味、美德、美好"四美乡村"，变"脏乱差"为"洁净美"。

在干部作风上深化"敢抓严管"。深入开展"兴调研转作风促落实"行动，大力弘扬"案无积卷、事不过夜"工作作风。深入开展干部作风巡察、脱贫攻坚督察、项目落地稽察"三察"，组织企业代表、群众代表对相关部门、科室的工作作风开展"两评"，坚决纠正官僚主义、形式主义等问题。

在群众认可上用尽"全心全力"。深入开展社会治安、城市管理、行业行风、美丽乡村、便民为民服务、提升党委政府形象"六项专项治理"，全面开展"干群心连心"十大惠民行动，推动干部到贫困户家中开一次家庭会、吃一顿家常饭、住一晚农家屋、干一天农家活、做一件贴心事，作出干群好感情、干高群众满意度。

2019

广西上思：搬掉瑶族女孩求学路上的"大山"

王磊

广西壮族自治区上思县地处群山之中，峰峦叠嶂，延绵不绝，当地人将这片大山统称为"十万大山"。千百年来，苍茫的大山造就了"荡胸生层云，决眦入归鸟"的美景，却也阻隔了交通，孕育了贫困，锁住了大山深处瑶族同胞发展的脚步。

"培养一个孩子，改变一个家庭。"近年来，上思县把教育扶贫作为"治穷病，拔穷根"的根本，搬掉瑶族女孩求学路上的大山。10年间，"知识改变命运"的故事在莽莽大山中不断上演，瑶族、壮族等少数民族教育历史不断被改写。

读书改变命运

"院子里的榆树上有一个鸟窝，小鸟每天飞下树来，跟小花、小草一起玩……"清晨，上思县民族中学二年级（1）班的课堂上，十几名小学生正在认真朗读课文，语文教师李志丽站在讲台前注视着他们。

这所有着200多名瑶族学生的学校，是李志丽工作的地方。"正确、流利、有感情地朗读课文，有利于孩子们培养形象思维意识。"李志丽扎着齐腰的长辫，说话轻言细语。

因为贫困，加之教育观念的落后，像李志丽这样的瑶族女孩，大多数会在小学毕业后辍学，15岁嫁人，18岁之前有了孩子……原本李志丽的命运会和其他瑶族女孩一样，但在她小学毕业那年"瑶族女生班"开班，使她的命运发生了彻底的改变。

2008年9月，由民进广东省委、民进广西区委、中共上思县委统战部牵线搭桥的"瑶族女生班"在上思县民族中学开班，李志丽成为首届"瑶族女生班"的"幸运儿"。2011年9月，她又在资助下就读了第一届"少数民族女子高中班"，家庭困难的她免费完成了初中、高中学业进入大学。

和李志丽一样，来自首届"瑶族女生班"的李超利在中学6年期间的各种费用均得到免除。她的两个妹妹同样从"瑶族女生班"走了出来，大妹妹去年考上了大学，小妹妹刚刚考入高中。

教育改变了这些大山里贫困女孩的命运，也体现出上思县为每一个大山里的女孩都能通过教育走出大山付出的努力。值得欣慰的是，这些努力，不仅改变了山里女娃的生活，更在改变着千百年来瑶乡的传统观念。

"瑶族历来就有'女娃不读书'的教育观念，第一届女生班计划招56人，我们深入大山反复劝说，即便不收取任何费用，主动报名的也没有多少。有的家长把孩子送来没几天，又拉回去务农了。"上思县教育局副局长、时任上思县民族中学校长的廖辉说。经过10多年的发展，"瑶族女生班"改变了瑶族同胞落后的思想观念。"如今，每到开学季，家长们都会抢着把女孩送去读书，读书改变命运的观念，已深入人心。"

从"女娃不读书"到"女娃要读书"，从失学的恐慌、没有未来的恐惧，到如今的琅琅书声，一个又一个少数民族女孩的命运正在改变着。教育扶贫让瑶族大山里的孩子们看到了希望，也让淳朴的瑶族大山焕发着勃勃生机。

"同心·彩虹"让梦不遥远

走进上思中学"少数民族女子高中班"，随处可以见到这样的画面：整齐的课桌摆放在充满着瑶族风情的教室里，崭新的图书立于书架，各式多媒体教学功能设施一应俱全……这一切的改变，都得益于民进中央组织的"同心·彩虹行动"。

"同心·彩虹行动"是民进中央发挥民进教育资源优势，发动民进全国各级组织及会员参与，帮助贫困地区加强教师队伍建设、提高教师教育素质和学校管理水平为主要内容的一项工程，"瑶族女生班"正是两广民进针对上思县具体情况而采取的支教助学活动。为了能让瑶族女孩继续完成高中学业，2011年9月，两广民进和中共上思县委统战部在继"瑶族女生班"之后，又联系香港福慧教育基金在上思中学开办了首届"少数民族女子高中班"，深化瑶乡教育扶贫"同心·彩虹"品牌内涵，一路护航少数民族女孩升学筑梦之路。

大山腹地少数民族贫困女学生在这里可以享受到免费的教育机会和现代化的优质教育资源。上思中学教师、少数民族女子高中班班主任王海燕说，"少数民族女子高中班"招收对象为该县农村户口且家庭经济困难、品学兼优的少数民族女生，重点面向刚毕业于民族中学"瑶族女生班"的学生。

针对"瑶族女生班""少数民族女子高中班"学生基础差的问题，上思县在打造师资领路人上下功夫，精心挑选出责任心强、工作细心且有多年教学或班级管理经验的骨干教师，实行"一对五"的教育方式，加强对学生的服务和管理。通过两广民进牵线搭桥，选派优秀教师参加西部教师培训班，接受最先进的教学理念和生活理念，不断为当地教育注入新活力；多次邀请广州市、南宁市的优秀教师到上思县开展支教活动，培训当地教师1000多人次，有效提升了当地教师的教育教学水平和能力。

解决了瑶乡女孩有书读、读好书的问题，更要让她们和城市孩子一样可以全面发展。上思县教育局以推进教育均衡化为契机，积极打造民族特色校园文化，促进孩子们德智体美均衡发展。

上思县民族中学副校长陆雄光介绍，该校根据壮瑶学生多的特点，专门在课余时间开设了文化传承课程，请来当地民间艺人，教授孩子们民族音乐、舞蹈和体育项目，孩子们创作的《迎客歌》《瑶妹情》等传统节目，在全县、全市举办的文化活动中多次获奖。

"同心·彩虹行动"的实施，对提高上思县农村教师的业务素质、教学水平和农村基础教育教学质量，提升学校管理水平，促进城乡教育均衡发展具有重要意义。2017年7月，在"同心·彩虹"品牌的基础上，上思县民族中学又衍生出了"民族励志班"，进一步推进少数民族教育扶贫的发展。现在，越来越多的瑶族、壮族孩子从深山中走出来，尽情享受思维的碰撞、知识的滋养，以及对未来的无限向往，民族教育扶贫赢得了当地政府和群众的广泛赞誉。

教育扶贫在瑶山生根发芽

打开上思县婆凡小学语文老师周佳佳的微信朋友圈，一段她的舞蹈视频收获了48个赞。视频中她随着音乐，灵巧地转动手腕，轻轻击掌，舞步轻盈，脸上露出自信的笑容。

周佳佳是一名瑶族女孩，毕业于钦州学院小学教育专业。她的家乡是上思县南屏瑶族乡米强村百何屯，那是一个贫困的小山村。她的父母都是农民，经济收入微薄。从小就喜欢跳舞的周佳佳，特别喜欢电视里那些精彩的舞蹈节目，可贫苦的生活和闭塞的环境让她只能孤单地成长在自己的世界里。小学毕业后，周佳佳来到"瑶族女生班"，初中毕业后又在资助下就读"少数民族女子高中班"，在6年的学习、生活期间，她得到的不仅仅是物质上的帮助，更多的是收获了真情，懂得了感恩和坚持。

2018年6月，大学毕业后的周佳佳，选择回到养育她的家乡，当了一名小学教师。尽管又回到大山，但她的心里却是暖暖的："如果没有'瑶族女生班'，我可能去了某个地方打工或者早早结了婚，成了几个孩子的妈妈。现在回到家乡教书，我希望把爱心传递下去，让更多的孩子走出大山。"

民族教育扶贫的种子在偏远的瑶山生根发芽、开花结果，离不开社会各界的鼎力资助。10年来，两广民进、中共上思县委统战部充分发挥统一战线优势，多次组织民主党派、非公经济人士、爱心企业家积极参与"瑶族女生班"和"少数民族女子高中班"创建行动。不仅在物质上输血，更在精神上造血，激励大山孩子奋发向上。

"每一个学期开学时，我们都会来看望孩子，收集她们的身高，确认我们捐赠的衣服是否合适。学期中我们还会来探访，观察她们的生活行为和习惯，鼓励她们自立自强，勇敢追梦。"香港福慧教育基金会会长谢国雄说。

读书可以让这些瑶乡女孩的命运发生转机，但身心全面健康成长才能让她们走得更远。两广民进、中共上思县委统战部、香港福慧教育基金会等慈善团体采取多种形式的助学活动，开展心理卫生、科普知识、人生规划等讲座，筹划了一系列丰富多彩的社会实践活动，组织她们到南宁、广州、无锡等地参观。开阔她们的眼界，帮助了解现代社会，助力与信息社会快速接轨。

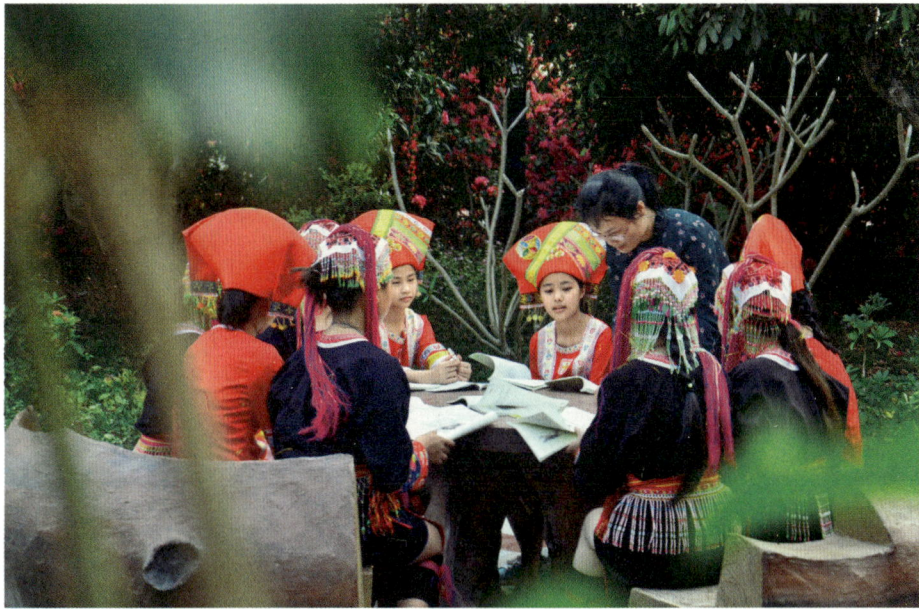

瑶乡女孩在老师的指导下正在进行课外阅读

10 年来，两广民进、中共上思县委统战部联系社会各界共投入资金和物资 1000 多万元，开办了 10 届"瑶族女生班"、8 届"少数民族女子高中班"和两届"民族励志班"，资助家庭困难的壮、瑶族学生 1072 人次。截至 2018 年 9 月，共有 8 届 448 名学生完成初中学业，5 届 250 名学生完成高中学业并全部考上大学，其中有 149 人考上本科。约有 200 名学生从中职或大学毕业并走上了工作岗位。她们中有的回到家乡当上光荣的人民教师，有的成为白衣天使，还有的在公司任职……

10 年不是结束，而是更好的开始。未来，中共上思县委、县政府将继续发挥统一战线联系广泛的优势，整合社会各界力量广泛参与教育扶贫，为 10 万大山瑶族女孩倾力筑梦，让更多的贫困学子通过教育扶贫实现人生梦想。教育扶贫像一把熊熊燃烧的火炬，通过无数人的双手在大山里传递，永不停息……

幸福万年长

——来自井冈山的脱贫报告

文炜

> 夜半三更哟　盼天明
>
> 寒冬腊月哟　盼春风
>
> 若要盼得哟　红军来
>
> 岭上开遍哟　映山红
>
> ……

这首《映山红》是彭夏英最喜爱的歌。上山挖笋的时候唱，下地耕种的时候唱，在自家开的农家乐厨房里给客人炒菜的时候唱，看着堂屋里自己跟习近平总书记的合影时更爱唱。

50岁的彭夏英是江西省井冈山市茅坪乡神山村居民，她家世代在这片大山里讨生活。和同龄人一样，她是听着井冈山"闹红"故事长大的，也是唱着《映山红》长大的。这首风靡于70年代的歌曲，生动反映了20世纪30年代井冈山人对幸福生活的渴望，而共产党领导的红军是彼时井冈山人追求幸福生活的唯一指望。

出生于1968年的彭夏英是今日井冈山幸福生活的亲历者，更是践行者。2016年，靠着国家的好政策，也靠着自己的勤劳双手，彭夏英挣了12万元，2017年、2018年也都挣了10多万，这日子过得呀，好似蜜里调油。熬了半辈子苦日子穷日子的彭夏英心里那个美哟，这几年，她觉得井冈山上的映山红开得格外红格外艳。

彭夏英曾经是一名建档立卡贫困户，2015 年以来，和中国 7000 多万贫困农民一样，她的命运在一场伟大的历史洪流中发生了大逆袭。

悍将出征
——"此一战只许赢不许输，只许赢得漂亮不许赢得勉强"

2015 年 11 月，党中央吹响了脱贫攻坚战的冲锋号，带领全党上下、全国上下拉开了人类历史上亘古未有的对决贫困的伟大战役的序幕。

江西省委、吉安市委积极响应党中央的号召，立刻着手布局大战，目光不约而同聚焦井冈山。

井冈山，普普通通的三个字，却总能在每一名共产党人的心底激荡起深深的情愫，因为那里深埋着中国布尔什维克的根。1927 年 10 月，毛泽东、朱德等老一辈无产阶级革命家率领中国工农红军来到井冈山，创建了中国第一个农村革命根据地，开辟了"以农村包围城市、武装夺取政权"的具有中国特色的革命道路。从此，鲜为人知的井冈山被载入中国革命历史的光荣史册，被誉为"中国革命的摇篮"和"中华人民共和国的奠基石"。

井冈山养育了中国革命，养育了中国共产党人，但是作为革命老区、边远山区、贫困地区三区叠加的井冈山，2014 年初，贫困发生率仍然高达13.8%，不能不说这是每一名共产党人心中的痛。

作为江西的一扇窗口，中国的一扇窗口，井冈山能否脱贫万众瞩目。井冈山脱贫要抓紧，要扎实，要高质量，要"360 度无死角"经得起推敲和考验，成为江西省委省政府、吉安市委市政府的共识。

这是一场硬仗，更是一根硬骨头。打硬仗要悍将，啃硬骨头要好牙口，井冈山脱贫攻坚战的帅印交给谁呢？经过一番过筛子般的精挑细选，省委、市委领导们的目光最后落在了一个扶贫老兵身上。

刘洪，时任吉安县委书记，1965 年 2 月出生，江西省安福县人，多年在基层摸爬滚打，曾任两个贫困乡镇的党委书记和永新、吉安两个贫困县的县委书记。此人工作作风扎实，富有开拓创新精神，所到之处，颇受干部群众好评。因为干起工作来不要命，刘洪身边的干部们戏称："跟着刘洪干，没有夜与昼。陪着刘洪干，不知休息为何物。"

省委、市委领导发话了：井冈山脱贫攻坚，要派就派这样的悍将去！

一纸调令，刘洪出发了。

2016 年 1 月 14 日，一辆黑色公务用车畅行在通向井冈山的高速公路上，刘洪坐在车后座。正值中年的刘洪，浓眉、宽额、阔唇，气质中蕴含着中年男子特有的成熟稳重。一路上，刘洪始终陷在深深的思考中。车子到达一个收费站，坐在副驾的工作人员回头提醒道："刘书记，到井冈山地界了。"

刘洪摇下车窗。清新的空气一股脑冲进来，结结实实抱住了他。刘洪精神为之一振，向外望去。

虽然正值隆冬季节，窗外的赣鄱大地却一片浓郁苍翠。山外有山，山山相连，井冈翠竹密密匝匝地铺陈在层峦叠嶂间，薄薄的云雾轻柔地缠绕在山间，仿佛神女之衣袂翩然。

美则美矣，穷是真穷。井冈山市域面积 1297.5 平方公里，其中耕地仅15.26 万亩，林地 168 万亩。这里是"郴衡湘赣之交，千里罗霄之腹"，山高路陡、交通不便、资源匮乏、信息闭塞……从前保存革命火种的一些优势，今天却成为脱贫的拦路虎。

当年，在这片红褐色的土地上，有 18 万人参加红军，4.8 万人壮烈牺牲。在两年零四个月的井冈山革命斗争中，平均每天牺牲的革命烈士多达 56 人。井冈山为中国革命作出了巨大贡献、巨大牺牲，可是，新中国成立 60 多年了，井冈山仍难堪地顶着贫困县的穷帽子！

想到这里，刘洪深深叹了口气。临行前，市委领导的叮嘱犹在耳畔："井冈山是革命的山，井冈山脱贫政治意义非同寻常，组织上把这副担子交给你，是对你的信任，更是对你的期望。此一战只许赢不许输，只许赢得漂亮不许赢得勉强！"

肩头沉甸甸的，心里却热乎乎的，一股干劲儿在刘洪的血管中横冲直撞，他知道，自己已经进入临战状态。

听说来了位新市委书记，井冈山市的干部们都翘首盼望着召开干部大会。可是，连续10天，别说开大会，机关干部连刘书记的影子也没看见。

那一周，在井冈山一个个贫困乡镇、贫困村，倒有一位干部模样的中年男子常常辗转在田间地头，流连在农家小院。他身着半旧夹克衫，裤腿挽上脚踝，脚踩一双沾满泥巴的解放鞋，问田里收成，问打工收入，问看病情况，问伢子上学，一边问还一边在小本上写呀记呀。和老百姓聊起天来，两道浓重的眉毛时而纠结时而飞扬，生动又亲切，村民说："这人好亲切，好像伢子亲叔叔一样。"

此人正是刘洪。一半时间用来下乡是刘洪一贯的工作作风。10天后，第一轮调研结束，刘洪召开了干部大会。大会议题好几个，重中之重是脱贫攻坚。刘洪说："井冈山斗争为中国开辟了一条成功之路，尤其为后人留下宝贵的井冈山精神。井冈山精神是我们的生命之根、力量之源。我们一定要以井冈山精神为指引，坚定信念，开拓创新，打赢脱贫攻坚战！"刘洪还说："怎么把井冈山精神用到脱贫攻坚中呢？这就需要我们深入贯彻习近平总书记关于扶贫工作的重要论述，让井冈山精神和精准扶贫无缝对接，推动脱贫攻坚。"

大家听得聚精会神，"让井冈山精神和精准扶贫无缝对接"，这个说法挺新鲜，可具体怎么做呢？

刘洪没有揭晓答案，而是话锋一转，说道："脱贫攻坚是总书记亲自挂帅、亲自出征、亲自督战的关系国运的伟大战役。开弓没有回头箭，我们共产党从来言必信，行必果，从今天起，所有人必须聚精会神，上紧发条，有多大劲儿使多大劲儿，坚决打赢井冈山脱贫摘帽战！我刘洪要干不好，自然到市委去请罪，组织要怎么处理就怎么处理，我绝不喊半个冤字！你们谁要不好好干，也别怪我不客气！"

刘洪上任后仅半个月，一个魁梧的身影出现在井冈山。2016年2月1日至2日，习近平总书记登上井冈山。这是总书记10年间第三次视察井冈山。他对干部们说，井冈山时期留给我们最为宝贵的财富，就是跨越时空的井冈山精神。今天，我们要结合新的时代条件，坚定执着追理想、实事求是闯新路、艰苦奋斗攻难关、依靠群众求胜利，让井冈山精神放射出新的时代光芒。

刘洪全程陪同了总书记一行，总书记说的每一句话每一个字都深深烙进了他的心。

总书记走后，一个又一个不眠之夜，刘洪和大家反复讨论。习近平总书记关于扶贫工作的重要论述与跨越时空的井冈山精神是一脉相承的，怎么找到一个最佳结合点呢？经反复研讨，井冈山"红蓝黄"三卡精准识别办法应运而生。

从前，井冈山对贫困程度的认识，只是停留在面上掌握、大概印象，没有精确到户、到人。现在，他们把贫困户分三种颜色予以区分：把贫困程度较重的，作为红卡户；把贫困程度一般的，作为蓝卡户；把已经脱贫的，也就是贫困程度相对较轻的，作为黄卡户。识别原则是"村内最穷、乡镇平衡、市级把关、群众公认"，识别方法为"一访、二榜、三会、四议、五核"，对所有的贫困人口进行精确"扫描"，确保贫困户一个不漏、非贫困户一个不进。

精准识别是第一粒纽扣，找准了，扣对了，后面的事情便可依次进行。接下来，更有一盘大棋局在井冈山1297.5平方公里的大地上铿锵排布。

总体棋局五大步：

第一步，"有能力"的"扶起来"，实现家家有产业。根据贫困户各自实际，或帮助其发展茶业、竹业、果业等产业，或帮助其到景区、园区、城区务工就业，实施"一户一块茶园、一户一块竹林、一户一块果园、一户一人务工"的"四个一"产业扶贫模式。确保你家适合啥就干啥，总之户户都有一份稳定的产业收入。

第二步，"扶不了"的"带起来"，实现个个有收益。有些贫困户素质较低，自我发展实在困难，怎么办？在每个乡镇都建起产业示范基地和产业合作社，这部分贫困户可选择以资金或以土地入股，也能搭上产业增收的便车。

第三步，"带不了"的"保起来"，实现人人有保障。那些年老体衰或身有残疾的怎么办呢？坚决落实国家对这部分人的普惠政策自不必说，井冈山市本级财政再自掏腰包，叠加实施一系列差异化保障政策，确保这部分人都能实现"两不愁三保障"。

第四步，"住不了"的"建起来"，实现户户有其屋。井冈山在此轮脱贫攻坚战中，确立了"决不让一个贫困群众住在危旧土坯房里奔小康"的工作目标，他们实行差异化奖补政策，坚决消灭危旧土坯房，确保每一栋土坯房都拆得动、建得起、住得进，全面解决包括非贫困户在内的所有群众的住房难题。

第五步，"建好了"的"靓起来"，实现村村有变化。通过消灭撂荒土地，发展致富产业；消灭危旧土坯房，建设美丽乡村的"两个消灭"专项行动，全面完成563个自然村的美丽乡村建设，所有村庄都实现走平坦路、喝干净水、上卫生厕、住安全房的美好愿景。

一个个文件、一项项计划走出市委大楼，走进村村户户，成千上万的井冈山农民在脱贫攻坚的伟大洪流中开始大规模改写人生轨迹。

有志者事竟成
——"党和政府是扶持我们，不是抚养我们"

初到井冈山，刘洪在某村村头碰上两位在太阳地里闲聊的中年汉子。说起扶贫，两个汉子表示家里都很穷，全村都很穷。一个说："都说是我们井冈山人养育了中国革命，那现在国家也该养我们了吧？"另一个连连点头附和：

"我爷爷就是烈士，国家也没给多少钱。书记你给多要些钱呗！"

刘洪的眉头拧成了死疙瘩。"等靠要"是扶贫工作要攻克的第一座堡垒，不从思想上斩断"穷"根，脱贫将成为无源之水。扶贫扶志是井冈山的首选题。

就地取材的井冈山精神当然是最好的教材。井冈山打出一套组合拳，先是在各村安装广播，小喇叭通到各家各户，然后办起乡村大讲堂。喇叭里、课堂上讲的是井冈山精神的时代内涵，讲的是井冈山精神和扶贫政策的有机结合。在刘洪的带领下，3000名井冈山干部们卷起裤腿、撸起袖子，走进田间地头，走进农家小院。他们见缝插针地夜访贫困户，在田间地头上党课，讲红色故事，讲扶贫政策，给贫困群众脱贫打气鼓劲儿。再配合上"五好家庭""好媳妇"评选，和"乡村道德榜"积分排名，一场声势浩大的头脑风暴涤荡着千千万万井冈山人的大脑。

说到扶贫扶志就不得不说到一位白发老人，他就是"全国道德模范""井冈山精神第一宣讲人"毛秉华。曾任井冈山革命历史博物馆馆长的毛老五十年如一日，义务宣讲井冈山精神，累计达2万多场，听众200多万人。2018年7月23日，毛老去世，享年90岁。去世前，毛老把一辈子省吃俭用积攒下的20万元全部捐了出来用于脱贫攻坚工作。他曾说："井冈山精神主要包括坚定不移的革命信念、坚持党的绝对领导、密切联系人民群众的思想作风、一切从实际出发的思想路线和艰苦奋斗的作风。我要用有生之年宣讲、传播井冈山精神，号召大家在脱贫攻坚中发扬井冈山精神。"

井冈山精神宣讲第一人毛秉华在演讲现场

有这样几个人，让我们难以忘怀。

排头村第一书记罗军元，三年来吃

住在村，走遍了排头村的每一寸土地，唯独城里的家门，很少踏进。在3岁女儿的眼里，他是一个"不回家的爸爸"，但在村民眼里，他是"新时代上级派来的党代表"；龙市镇扶贫干部刘学成连续工作117天不休假，就连父亲、母亲先后被查出肾萎缩和尿毒症之后，他还是一边坚持工作，一边兼顾家庭，被称为"最美扶贫干部"；拿山镇胜利村村主任黄立峰，为完成空心村整治任务，不顾母亲哭晕在地，带头拆除自家老屋、牛栏，终使胜利村率先完成整治，变脏乱差村为魅力乡村。这样的干部还有很多很多，老百姓都说，真像是当年的红军又回来了！当初的好作风也回来了！

干部的好作风唤起群众攻坚克难的决心和信心，一股"我要脱贫"的心劲儿在井冈山蔚然成风。

有这样几个人，让我们印象深刻。

2018年10月底的一天，秋雨绵绵，跟着神山村村干部，顺着平整的水泥路，记者向彭夏英家走去。村支书告诉记者："现在水泥路通到了家家户户，村民们也过上了脚不沾泥的城里生活。"

彭家新旧两处房坐落在山坡上的一小块平地上。两处房内外都收拾得干净利落，墙根盛开着一溜火红的花朵，连门口的柴火都码放得有模有样。新房粉墙黛瓦，房檐悬挂的几串红灯笼煞是惹眼，这是彭家2016年办起的农家乐，当年就给彭家带来5万元收入。老房虽旧了些，但经政府危旧房改造后，也坚固舒适。彭夏英说："我们还是愿意住老房子，这里更有家的气息。"彭夏英恋恋不舍的语气应该就是乡愁吧。老房子最吸睛的是门口一副对联：翻身不忘共产党；脱贫感恩习主席。因为下雨，农家乐没有客人，不过彭夏英并没有闲着，正和丈夫在制作竹器。这些竹筷竹篓质朴可爱，据说颇受游客追捧，也能给彭夏英带来些收入。

"我是家里独生女，老公是入赘女婿，我们有3个孩子。1990年，丈夫干活时受了重伤，从此不能干重活，家里过生活基本都靠我一个人。我这个人好强，不肯把日子过塌了，1993年建起新房，第二年却被暴雨泡塌，1995年我又咬牙重建房，到了第二年腰坏了，做了手术，下地干活就不如从前，家里的日子越来越差，一年到头能糊住嘴巴就不错，没办法，3个孩子一个个都不上学了。说起这个，我就觉得一辈子对不起孩子，脱贫成了我最渴望的梦想。"

2014年，彭夏英家被评定为蓝卡户。2015年脱贫攻坚战打响，一串好政策落实到彭夏英家。2016年2月2日，习近平总书记走进了彭夏英家。坐在堂屋里，拉着彭夏英的手，总书记告诉她，全面小康一个都不落下。总书记还鼓励她要坚定信心、勇于脱贫。彭夏英使劲冲着总书记点头。

"总书记走后，我觉得身上的劲儿使不完，连腰似乎也不那么疼了。我在政府的帮助下开起了农家乐，卖竹制品，养羊，还以资金、土地入股，参加我们村新成立的茶叶合作社和黄桃合作社，当年收入就达到12万元。我家主动申请退出了低保户和贫困户，还当上了村里的致富带头人呢！"

彭夏英家堂屋最显眼处，除了摆放着和习近平总书记的珍贵合影，还有国务院扶贫办颁发给她的"全国脱贫攻坚奖奋进奖"奖章和证书。

彭夏英在家办农家乐

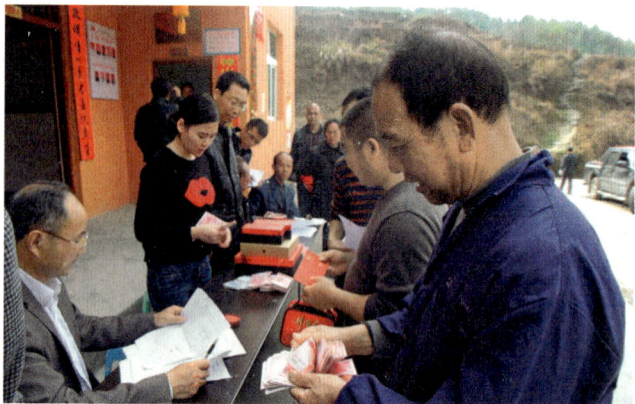
神山村村民产业入股分红现场

彭夏英对我们说："那是我这辈子最大的骄傲。好日子是干出来的，党和政府是扶持我们，不是抚养我们。"这句话彭夏英当初对总书记也说过，还上了中央电视台的《新闻联播》，井冈山贫困群众强烈的感恩之心、奋进之志，深深感动了很多人。神山村人确实干出了好日子，2015年，村民年人均收入还不到3000元，如今已达到1.24万元，是原来的4倍还多。

有志者事竟成！

在长富桥村采访时，第一书记江志强向我们讲述了贫困户江远范的故事。53岁的江远范自幼丧父，母亲离家出走。成年后，他结婚生养了4个孩子，靠着种几亩薄地，养几只鸡鸭，一年不到3000元的收入让江远范的日子捉襟见肘，在村里总也抬不起头。穷日子过久了，江远范的心气也淡了，只想着得过且过，对好日子几乎不再抱什么奢望。

2015年底，村里来了扶贫工作队。工作队员一趟趟往江远范家跑，苦口婆心给他打气鼓劲，说服他把土地流转给一家搞虾稻共养的公司和另一家搞旅游采摘的公司，然后帮助他联系到县城一家工厂打工。在外长了见识的江远范把妻子也带到城里打工，夫妻二人每月工资收入上万元，比过去一年挣的3倍还多。2016年初，离家出走多年的母亲回来了，在工作队员的劝说下，江远范谅解接纳了母亲。为帮助江远范家增收，工作队又用产业扶贫资金动员他养了70多条娃娃鱼，从鱼苗到技术到销售，工作队一条龙帮扶，一年下来又净落3000多元。如今，江远范家三代同堂，门楣上挂着"五好家庭"的红牌牌，在村里他的人缘越来越好，再不是当年那个见人就躲着走的穷汉了。

很遗憾，记者并没有见到江远范夫妻二人。在县城务工的江远范夫妇晚上才回家，连他的老母亲也去山上池塘里侍弄娃娃鱼了，他家门上是铁将军把门。事实上，整个长富桥村都没什么人，村支书告诉我们："白天都干活挣钱去了，没什么人。不像过去，总有几个闲汉窝在家里打麻将、晒太阳。"

在村部，江志强给我们看了村里2016年初制定的《三年帮扶规划》，总共12个项目，总投资300多万元。流转集体土地和湖面、招商引资、修路、建合作社、建光伏电站、建停车场……大部分项目已经产生效益，村集体经济每年收入可达18万元，早已告别空壳村历史。江志强告诉我们，2019年村里计划种植富硒香菇、养富硒鸡，还要开发红色旅游。他从田间抓起一把红色的泥土，深嗅一口，脸上荡漾起层层笑纹："你闻，这土多香啊，现在扶贫政策这么好，只要肯砸汗珠子，还愁长不出好日子？"

在井冈山采访期间，放眼望去，茶园里、竹林间、鱼塘畔到处闪动着人们劳作的身影，合作社、农家乐、农产品加工厂更是一片忙碌兴旺的景象。彭夏英说："人就活一股子心气儿，只要心气不散，日子就塌不了。"

村主任说："这心气儿是井冈山人对美好生活的向往，是井冈山人誓要脱贫的志向。"也许有人会问：井冈山是一座特殊的政治之山，有党中央的特殊关爱，有各级各界的特殊支持，这座山率先实现脱贫摘帽，是不是上面给的？是不是外面送的？刘洪书记的回答是："感恩，是井冈山人民脱贫的魂；奋进，是井冈山人民脱贫的根。脱贫奔小康，靠扶不靠养。"

梦想家园圆梦人
——"只要用心用力，办法总比困难多"

邓民生家住井冈山市梦想家园。一套三居室南北通透，从客厅的大窗户一眼望去，远处青山如黛，近处车水马龙。邓民生摸着崭新的家具，乐呵呵地跟记者说："变了，变了，生活完全变了。"邓民生认识刘洪。"我们小区的名字就是刘书记起的。我们都认得他。"

邓民生所说的"我们"是原来居住在深山老林里的西坪村 17 户 58 名村民。

刘洪第一次到西坪村搞得很狼狈。首先是迷路，位于大山深处的西坪村好像在跟刘洪捉迷藏，导航都无法确定其位置。最后，实在没路了，刘洪只得下车，爬坡下沟走了两个多小时，途中摔了两跤，才一身泥水地站在了西坪村村口。

这里原是长古岭林场最偏远的一个村，后来被定为国家级自然保护区，特殊的性质遏制了发展，水电路等基础设施很差。原来生活在这里的林场工人除了国家给的一点生活补助外，就靠砍点毛竹、林下种点生姜、养几只羊维持生计。经济拮据还不是西坪村人最大的困难，最让他们头疼的是交通问题。

"儿子上学先走山路，再搭车、转车，到学校有 50 公里。七八岁的娃娃就得住校，碰上天气不好，一个月才能回趟家，几可怜（当地方言，意为'很可怜'）呢！"说起过去，邓民生直摇头。关于西坪村的交通之痛，我们还听到这样一些伤心往事。

村民聂树英弟媳临盆难产，村里选出 10 个棒小伙，连夜往山外抬，等抬到医院，已经胎死腹中。

村民黄金妹的公公突发急症，也因山高路远，在送往医院的路上咽了气。

村民刘翠星有一年为给孩子挣学费，起早贪黑挖了一春天的竹笋、野蘑菇，却一直卖不出去，好容易来了个收山货的，只肯出 200 块钱，刘翠星不肯卖，气得回家喝了农药，差点丢了性命……

刘洪绕着西坪村转了一圈，跟随行干部说："搬，快搬！'易地搬迁脱贫一批'指的就是这种地方的老百姓。"

搬，还要快搬，说来容易做来难。往哪儿搬？怎么搬？老百姓愿不愿意搬？搬出去靠什么生活？一连串的拦路虎挡在面前。

开会！市委市政府各职能部门的头头脑脑都被召集到了市委大楼会议室。一听说要启动西坪村整体搬迁工程，大家议论纷纷，有说选址困难，有说资金困难，有说配套设施困难……刘洪一拍桌子："困难我都知道，不用你们提。找你们来就是解决困难的。只要用心用力，办法总比困难多！我们要想办法整合各行各业政策。今天不解决完困难，不散会！"

那天的会开到凌晨 2 点多，直到所有困难都有了对策，刘洪才宣布散会。

西坪村移民新村建设期间，刘洪多次到工地督促工期，检查施工质量，反复叮嘱："这可是良心工程，一定要把质量搞好。"

2017 年 12 月 8 日，注定将在西坪村历史上留下浓墨重彩的一笔。17 户58 名村民全部告别故园，奔向新生活。那一天，帮扶干部们都来了，抬的抬，扛的扛，搬的搬，比主家干得还起劲儿，只用了一天工夫，17 家全部搬完！

西坪村村民的新生活美丽如梦，小区故曰"梦想家园"。小区门口有三块大展板，一块是用工信息，一块是针对移民就医、入学、水电补贴等各类优惠政策，还有一块是扶贫政策专项宣传。

邓民生在政府的协调下，在一家事业单位当上了保安，一个月工资 3000元，扶贫干部帮他儿子申请到了教育补贴。现在孩子上学，乘公交车不到半小时就能坐到教室里。每天晚上，一家子围坐在餐桌前共进晚餐，邓民生说这就是他梦想中的生活。

黄金妹在政府组织的扶贫专项招聘会上，找到了一份宾馆保洁员的工作，月薪 2600 元，儿子儿媳也找到了工作，都能挣 3000 多元。政府还为她提供了一个林区养路工公益岗位，每月又有 700 元收入。黄金妹家门口的明白卡上各年份收入显示：2015 年 4543 元 / 人，2016 年 13844 元 / 人，2017 年 39601 元 / 人。提到看病，黄金妹说："那更不用说了，小区门口就是社区医院，就是去市里最好的人民医院，坐车也不过半个小时。我公公那病要是搁现在，肯定死不了。"

刘翠星接受记者采访时，正逗弄着怀里 1 岁左右的小孙女。这是刘翠星的第二个孙女了，她说这孩子有福，生在梦想家园，3 岁就能进附近的幼儿园，跟前的小学中学都是好学校，将来肯定能有个好前程。不像过去村小学六个年级就一个老师教，一般上到初中就回家了，把多少聪明孩子都可惜了。当记者夸她满头黑发看着真年轻时，她红了脸，乐呵呵地说："染的！日子好了心情就好，也愿意收拾自己了。"

当初，西坪村也有不少人担心搬进城后生活成本高，政府就在梦想家园不远处为每家划出一块菜地、一亩井冈蜜柚，还置办下一个鸡窝。这些七七八八的，只要你人不懒，还愁生活吗？

安居才可乐业。2015 年，在井冈山还有不少贫困群众虽然不像西坪村村民那样住在深山老林里，但破败不堪的土坯房同样让市委市政府领导寝食难安。6208 栋土坯房就像一块难看的伤疤贴在井冈山脱贫攻坚清单上。

因地制宜、因户施策的拆、建、修三轮驱动彻底消灭土坯房的政策很快出台。

一是拆。把空心村整治作为重要突破口，充分发挥村民理事会、乡贤能人的作用，拆除农村所有危旧土坯房，特别是"无主房""空心房"。

二是建。推广实施移民搬迁、就地拆旧建新、改造加固、政府代建等多种模式，统一每户宅基地面积为 50—90 平方米、公寓联建每户不超过 140 平方米的建设标准。

三是修。积极探索新技术，运用钢筋网砂浆面层加固墙体，重点保护有文化价值的土坯房，按照"修旧如旧"的原则改造提升，实现"旧居"与文化的对接，风光与记忆的融合。

贫困群众又说了，搬出土坯房乔迁新居当然是好事，但是花钱多了我们可承受不起。这一点政府早就想到了，多措并举整合各类资金，市财政一次性拿出 5000 万元统一用于补助，并出台了一系列叠加式政策。对烈属子女、贫困户、五保户等不同对象，根据实情给予 1.25 万元至 5 万元不等的资金补助，对于纯土坯房拆建户和微修户，在原基础上每户再配套 5000 元。除了补助，还帮助危房改造对象贷款和就业。对于筹资有困难的家庭，可向农商银行申请 5 万元以下的危旧土坯房改造贷款，市财政局给予贴息；大力引导改造户加入合作社、进企业务工，让群众拆得起、建得起、富得起。

在梦想家园、在每一处移民新居、在井冈山的大街小巷，都有各种尺寸的红五星装饰，与其说是装饰毋宁说是标志。1937 年 10 月，埃德加·斯诺的《红星照耀中国》问世，向世界介绍了真实的中国共产党，向人们宣示了中国未来之所在。80 多年过去了，井冈山作证，漫长岁月不仅不曾锈蚀这颗红星，反将它磨砺擦拭得愈发光彩夺目。

映山红红遍井冈山
——"脱贫攻坚就是井冈山新时代的'历史丰碑'"

2017 年底中国年度十大新闻公布，其中"2017 年 2 月 26 日井冈山通过考核验收，在 832 个国家扶贫开发工作重点县率先脱贫摘帽"吸引了中国乃至世界的目光。

在共和国的扶贫开发史上，井冈山脱贫无疑具有里程碑意义，是对十八大以来习近平总书记提出"不忘初心"的最佳诠释，其政治意义深远重大。

2018 年 10 月 17 日，中国第五个国家"扶贫日"，北京会议中心东会议厅济济一堂，刘洪操着鲜明的赣地口音，在主席台上侃侃而谈，一双深目中燃烧着火热的激情。会议厅内座无虚席，中央政治局委员、国务院副总理胡春华带领国务院扶贫开发领导小组成员单位的几十位负责人全神贯注地听着。中央电视台摄像机也聚焦在刘洪身上，把他的讲述传送到 960 多万平方公里千家万户的电视屏幕上。

这是 2018 年全国脱贫攻坚奖首场报告会。刘洪报告的题目是《脱贫奔

小康　靠扶不靠养》。他骄傲地告诉听众："……经过几年的强力攻坚，到2016年底，我们的贫困发生率下降为1.6%，第三方评估显示，群众满意度达99.08%！"台下掌声雷动。刘洪抬起头，观众分明看到，他的眼睛湿润了。那是骄傲的泪水，更是幸福的泪水。

井冈山率先脱贫"摘帽"之后，下一步的工作重心在哪里？奋斗目标又在何方？

井冈山人民并没有沉浸在率先脱贫的喜悦之中，在"摘帽"那一刻，他们就开启了巩固脱贫成果的新征程。

采访期间，井冈山市扶贫办主任刘新带记者到拿山镇厦坪村观看了一场实景演出《井冈山》。这台戏中600多名演员无一例外都是本地农民，他们白天在家做农事，晚上登台演绎祖辈的故事，一年下来每人演出收入超过7000元。刘新说像这样在家门口就能致富增收的项目，井冈山有很多。刘新又带记者走进茅坪乡坝上村。小村子青山环绕，绿水悠悠，田畴错落，村民的房

游客在坝上村体验"红军的一天"

子看上去都很新，且高大敞亮。走在干净整洁的村中小路，不时碰到成群结队身着红军服装的游客，这些都是来参加"红军的一天"体验教学的。

记者随刘新走进建档立卡红卡户肖富民家时，他正和老伴在灶间忙活，几个身着红军服的年轻人在那里帮厨。老肖是个苦命人，家中一儿一女，女儿2014年身患尿毒症，花了十几万元，病没看好，人没了。老肖勤快，肯做事，2012年就开始在家办农家乐，但生意冷清，赚不上啥钱。2016年，团中央的全国青少年井冈山革命传统教育基地在坝上村开发"红军的一天"体验教学项目，肖富民家当年就挣了1万多元钱，这几年的生意更是芝麻开花节节高。

坝上村总计64户人家，其中有58户都在政府帮助下，经营着像肖富民家这样的农家乐。因为管理有序，家家都能赚上钱。

肖富民指着家门口一片正在热闹挂果的猕猴桃树告诉记者："这是政府帮我发展的扶贫产业，贫困户每亩补3000元，非贫困户补2000元。这是红心猕猴桃，市场价格高，生产期可达20年，丰产期一亩能挣6万元。"肖富民遥指山坡说："我在山上还有10多亩茶园，也是政府帮扶的产业。"

一边的刘新主任补充说："我们先后出台'普惠＋重点'的产业差异化奖补政策。每年从门票收入和土地出让金中拿出5000万—6000万元作为奖补资金，对一般农户和贫困户实施差异化奖补。以茶叶奖补为例，贫困户1亩以上开始奖补，非贫困户是50亩以上；贫困户每亩奖补1200元，非贫困户每亩奖补800元。让贫困户和非贫困户都受益、都满意，这也许就是我们井冈山脱贫满意度高的原因。"

肖富民没告诉记者油茶的收入，但他眉宇间荡漾的笑纹已经透露出他当下的生活状态。苦尽甘来的肖富民正尽情享受着他用双手奋斗来的幸福。

旅游业是井冈山的支柱产业。但在过去，井冈山旅游发展并不平衡。山上茨坪景区因为有诸多革命旧址、旧居和纪念馆很热闹，山下其他乡镇却很冷清。为解决这一问题，井冈山结合各地实际加快特色旅游小镇建设：罗浮镇的"华润希望小镇"项目、大陇镇的陇上行民宿项目、茅坪乡"红军的一天"体验项目，成为游客住宿休闲新宠，既丰富了井冈山旅游内容，更刷新了人们对井冈山红色旅游的认知。

用双手谋幸福的还有拿山镇江边村的老吴夫妇。老吴夫妇大字识不了几个，年轻时在外打工挣俩辛苦钱，常被人欺负。岁数大了，回到村子在几亩薄地里刨食，日子过得紧紧巴巴，被评定为建档立卡黄卡户。2015 年，镇上引进了鹏浩农业发展有限公司，带着农民种草莓，提供免费技术指导，承诺保底收购，且对贫困户还有特别优惠待遇：头一年不仅大棚租金减半，还垫付 1000 元生活费。

公司负责人甘忠明告诉记者，这个基地带动了周边 5 个村子 361 户农户增收，其中 81 户为贫困户，截至 2019 年 3 月，这些贫困户基本全部脱贫。这些贫困户根据自身条件要么把土地流转给基地，要么租种大棚，要么来务工，"总有一款适合你"。公司享受政府的产业奖补政策，条件是必须兼顾村集体经济和所有贫困户的收入，确保村集体经济占 10% 以上的股份，确保所有贫困户都有股份收入。甘忠明说："那我们也愿意干，一则政府各项服务措施到位，选址、土地流转、周边基础设施建设都不用我们操心，平时有点啥事，村里、镇上、市里干部都积极协调解决，光刘洪书记就来了不下七八次。二则政府扶持力度大，我们企业也有发展前途。既帮了农民，又能发展自己，我们何乐不为？"

离开基地时，记者碰到了驾着三轮车忙着采摘运输草莓的老吴夫妻。甘忠明大声冲着他们打招呼："老吴，今天赚了多少呀？"老吴咧嘴一笑，露出一口白牙："不到 1000 吧！""昨天呢？""昨天差不多，900 多！甘总，收完了这茬草莓，到家吃饭去呀……"

记者目送老吴夫妇离去。只见老吴脊背挺直，那是一个中国农民过上有尊严生活的骄傲背影；老吴还哼起了曲子，那是一个中国农民通过双手获得幸福生活后的快乐吟唱。

脱了贫还要致富奔小康，收入是核心、产业是关键。过去，井冈山市委市政府最关心的问题有三个：一是 GDP 增加多少；二是财政总收入实现多少；三是固定资产投资有多少。现如今，市委市政府领导下乡问得最多的是："村组集体经济收入有多少？""农民人均纯收入有多少？""贫困发生率是多少？"新"三问"，"问"出了一条条脱贫致富奔小康的好路子。

井冈山不少乡镇都有废旧砖瓦厂、荒山荒坡荒滩地，政府筹措资金 7000万元，在这些闲置土地上建起 10.1 兆瓦的光伏基地，实现空中发电、地面种植、水塘养殖，土地资源综合利用，每年总收入可达到 850 万元。实现了一张光伏网，把井冈山 126 个行政村的村级集体收入和 3700 户贫困户的入股分红"两个全覆盖"。

对这"两个全覆盖"，刘新主任掐指给我们算了一笔账："我们全山红卡户产业入股资金是 1400 万元左右，蓝卡户产业入股资金是 1200 万元左右，总共是 2600 万元，每年如按照 10% 的比例入股分红，也仅需要 260 万元。那么除去这笔钱，大约还剩 600 万元再平均分给全山 126 个行政村，平均每个村可以得到 5 万元左右的收益分配，这对于壮大村集体经济是非常有力的补充。"

一个个项目，一笔笔收益金，是一颗颗共产党人不忘初衷的心。井冈山斗争时期，中国共产党带领贫困农民，进行了轰轰烈烈的土地革命，农民第一次获得了土地，第一次喊出了"共产党万岁"。新时代，中国共产党再次带领农民群众，进行脱贫攻坚的伟大决战，井冈山老区农民告别了贫穷，再次发自内心地喊出："共产党万岁！"

采访结束时，已是黄昏时，忙碌了一天的村民们吃罢晚饭，三三两两走进村部活动室，那里的农民夜校正在讲授孝老爱亲的传统文化；走进文化室，那里有农民们喜欢的各类图书杂志；走上小广场，那里有成群的舞者。

嘿呀　水呀水荡漾

前浪推后浪哎

嘿呀　心呀心向往

幸福万年长

……

　　刘新说："毛秉华老人家生前最后的愿望，就是要把看到的、听到的井冈山脱贫攻坚故事写下来，取名《井冈丰碑》。他说，脱贫攻坚就是井冈山新时代的'历史丰碑'。"刘新又指着远处山上浓密的绿色说："那就是井冈山映山红，明年春天，你们一定要再来，看映山红红遍井冈山……"

彝乡遍地诵读声

张志银

我有两只手，左手和右手

手儿举起真干净

轻轻拍手一、二、三

干净的小手都喜欢

……

雷波县马湖乡大杉坪村幼教点的 67 个孩子在辅导员吉么阿儿的教导下专心致志地用普通话唱起了儿歌，琅琅的童音在山间回荡。

幼教点为教育扶贫铺路

大杉坪村位于"三区三州"之一的四川省凉山彝族自治州，全村 193 户 944 人，贫困发生率 33.8%。厚葬薄养积习难改，集体经济空白一片……多种原因叠加导致了较高的贫困发生率。

大杉坪村是个纯彝族村。过去全村人基本不会说普通话，2017 年村里干部的最高学历仅为初中。而现在，普通话已经成为村民习惯用语了，很多家长都重视娃娃教育。2018 年村里一下子出了 7 名大学生。

"叔叔阿姨好！"

"小朋友，你们好啊，在干什么呢？"

"我们在挖笋子啊！"

4月12日，大杉坪村里的路上，孩子们可以用普通话和记者顺畅地交流。为了拔掉穷根，摘下穷帽子，国家将教育扶贫作为凉山脱贫攻坚的重点工作。

2018年5月，国务院扶贫办、教育部、四川省人民政府在凉山州启动"学前学会普通话"行动试点工作。依托当地"一村一幼"幼教点，帮助凉山州民族地区儿童在学前学会普通话，实现听懂、会说、敢说、会用普通话，养成好习惯的目标。

每当听到孩子们的儿歌声，刘传星都会感到欣慰。

刘传星，四川省教育厅教科院德育心理所副所长。2017年他主动申请到凉山州雷波县大杉坪村驻村。

走村入户，了解村上娃娃的学习普通话的情况，是刘传星的日常工作；寻找机会为村上娃娃学好用好普通话想点子，是他每天都在琢磨的事情；站在村委会的门口，听到大杉坪村幼教点普通话教学声，刘传星心中充满了希望。

现在的大杉坪村，孩子的生活和教育环境有了很大改善，学好说好普通话在大杉坪村越来越重要。

2017年以来，大杉坪村先后开展了5期"彝区孩子走出大山看世界"公益活动，有87名大凉山孩子先后到成都、杭州、北京等地进行为期一周的公益游学。"大杉坪村的孩子不仅有机会走出大山，还能感受外面世界的文明程度，学习外面世界的知识，娃娃们的普通话水平有了明显提高。"刘传星说。

驻村时间越久，刘传星心里越清楚，深度贫困地区最缺乏的是能"干得起事"的人。在他看来，彝族地区教育扶贫工作的重点应该放在培养能干事的人上。如何让老师留得住，是大杉坪村教育发展的关键，更是提升民族地区教育的基础。

徐显群、杨代芳、陈全玉和吉么阿儿是大杉坪村幼教点的四位幼教点辅导员。

"日常教学很简单，都是从一些基础性的内容开始教。看到孩子们每天认真学习普通话的样子，我很开心。"吉么阿儿说。

凉山彝族自治州是全国最大的彝族聚居区，11个民族聚居县均为深度贫困县。雷波县作为深度贫困县之一，学前推普工作责任大、任务重。大杉坪村幼教点的教学成果是雷波县

5月29日，雷波县大杉坪村幼教点辅导员吉么阿儿（右）、徐显群（左）在教孩子们唱儿歌

5月30日大杉坪村幼教点的孩子们六一儿童节彩排节目后合影

推普取得成效的一个缩影。在今年的六一儿童节，大杉坪村幼教点还排练了活动，娃娃们用普通话的形式给自己过了一个难忘的节日。

今年4岁的苏英，是大杉坪村幼教点的一名幼儿。她是学习普通话的直接受益者。

"上学期来的时候我们老师问她什么她都不说话，性格也很内向，上课内容根本就听不懂。从这学期到现在，老师问她一些简单的问题她都可以回答了，而且还会唱一些我们'学普'上的儿歌。现在她很爱说话，性格开朗了许多。"吉么阿儿接受记者采访时说。

苏英（前一）在教室里上幼儿防溺水教育课

雷波县"学前学会普通话"办公室提供的一份材料显示，截至 2019 年 5 月 14 日，雷波全县"一村一幼"共开办幼教点 317 个，教学班 431 个，幼儿 13167 个人，辅导员在岗 864 名，通过"一村一幼"计划的实施，实现了学前教育资源全覆盖。"学前学会普通话"行动试点推行一周年后，雷波县 13167 名幼儿的普通话水平有了显著的提高。

"说普、学普"带来新希望

扶贫先扶智，扶智先通语。学好普通话给彝族孩子带来了走出大山的希望；说好普通话给彝族孩子送去光明的明天。

教育扶贫在大杉坪村"开花结果"，越来越多的家长希望自己的孩子通过知识改变命运，吉根批尔就是其中的代表。

记者在大杉坪村的生态农场见到了吉根批尔，黝黑的肤色，干练的身影，此时的他正在养鸡场帮忙，一个活泼可爱的小姑娘在他的身边玩耍。

"阿姨好！"

"小朋友好！你叫什么名字啊？今年几岁了啊？"

"我叫吉根常芳，今年 4 岁了！"

记者了解到，吉根批尔有 5 个孩子，吉根常芳是他最小的孩子，会说简单的普通话，今年 9 月要去大杉坪村的幼教点上学。

"现在国家的政策好了，孩子都能去上学了，还学会说普通话了，有机会接受到更好的教育，真希望他们将来能留在大城市工作，过上城里人的生活。"吉根批尔指着身边的小女儿对记者表示。

初夏,盛开在大杉坪村幼教点旁的索玛花清新艳丽、香气沁人。现在,大杉坪村的普通话像盛开的索玛花一样,开遍在大杉坪村的家家户户、角角落落,花香沁人心脾。

中共四川省委教育工委委员,四川省教育厅党组成员、副厅长张澜涛表示,脱贫攻坚以来,凉山州重点建立教育扶贫工作机制,狠抓"控辍保学""学前学普",确保人人有学上、人人上好学;另一方面,国家、省、州精准发力,综合施策,凉山呈现出"党以兴教为先、政以重教为本"的良好氛围,凉山州的民族教育事业持续、快速、健康发展。以凉山州雷波县马湖乡大杉坪村为代表的广大彝族贫困村正在通过大力推进教育扶贫,逐步摆脱贫困帽子,走出了贫困户大学生,学前娃娃们都讲起了标准的普通话,彝族同胞们也更加明显地切身体会到了教育的重要性,越来越多的奇迹正在大凉山逐步显现。

创新实干　奏响脱贫攻坚"内乡之歌"

张敏

"咱县委号召全县，撸起袖子加油干，咱政府带领大伙奋勇向前肩并肩，贫困户和政府心心相连，争脱贫要致富信心满满。"在河南省南阳市内乡县曲艺茶馆舞台上，这几句高亢激昂的"传统宛梆新唱词"生动展示了内乡县脱贫攻坚干群心连心共同致富的美好愿景。

内乡县位于河南省西南部，属秦巴山片区特困县，全县 73 万人，农业人口占 63.5 万人，是河南省 2018 年脱贫摘帽的 33 个贫困县之一。脱贫攻坚战打响以来，内乡举全县之力聚焦精准扶贫，挪穷窝、布局产业、激发贫困群众内生动力，让一曲脱贫之歌唱响在每个人的心里。

黑旗换红旗　脱贫生动力

扶贫先扶志，脱贫先脱旧。为使一些贫困户摆脱"靠着墙根晒太阳，等着别人送小康"的"等靠要"思想，内乡县的广大干部们用"心药"扭转群众的固有观念，激发群众的内生动力。

在内乡县余关镇子育村，贫困户王书敏过去"躺在党的怀抱里等小康"，还嘲笑别人"脱贫累出一身汗"。现在，王书敏从心态到行动都发生了质的改变。"原先破罐子破摔，好打个小牌，自从成立'三带五联'联户组，俺组长王健林没事就来讲政策，唠家常，鼓起俺的脱贫信心。年前，光俺那 8 只羊就卖了万把块。俺现在可是黑旗变红旗，成了光荣户！"记者走进该村最美脱贫户王书敏家中，王书敏笑得合不拢嘴。

谁能想到，让王书敏产生巨大改变的竟是一面小小的旗帜。此旗正是"三带五联"工作法开出的药方。"'三带'就是党员干部带、社会能人带、致富能手带；'五联'就是联学、联帮、联保、联争、联创。"内乡县扶贫办主任罗雄告诉记者。

据了解，内乡在全县范围内搭建以五户为一组的联户组25493个，覆盖12.8万户51.4万名群众。联户组长通过与贫困户拉家常等方式讲政策、传技术、鼓干劲。每月5日，由联户组组织贫困户围绕"勤俭爱家、助人为乐、孝老爱亲"等主题登台演讲，公布劳动和收支情况，由群众代表进行评议，开展"讲评晒"活动。对奋发图强的授予红旗，树为榜样；对安于现状的给个黄旗，促其进步；对好吃懒做的授予黑旗，重点帮扶。得了红旗的还能在爱心超市换回生活用品。

"农村人爱面子，无论得了什么旗都要上台说一说，荣辱意识增强了，贫困户的内生动力激发出来了。"谈到王书敏的转变，联建组长王健林话语间有藏不住的喜悦与欣慰。

子育村的做法在全县推广，2.5万个"三带五联"小组遍地开花，各村普遍出现"三多三少"的喜人局面：以贫为耻的多了，争当贫困户的少了；勤劳致富的多了，安于现状的少了；支持乡村工作的多了，唱对台戏的少了。

扶贫小车间 脱贫大舞台

"三带五联"鼓舞了志气，群众脱贫奔康的干劲儿更足了。

"产业带动就业 务工助推致富"在仙鹤纸业扶贫车间门口，一排鲜红的标语仿佛出征的号角般催人奋进。车间内，机器轰鸣，各个岗位上的工人井然有序地进行着手头工作，其中就有张定林、李占生的身影。

张定林的爱人患病多年，因需要照顾病人，不能外出务工。李占生腿有

内乡县仙鹤纸业扶贫车间

残疾，行动不便，家庭经济困难。他们都有着相似的困难，虽然有劳动能力，也有就业意愿，但受自身或家人身体条件所限，无法外出务工，急需在家门口找到挣钱门路。

为解决这部分贫困户的实际困难，内乡县委找准"发力点"，经过调研论证，联合河南仙鹤特种浆纸有限公司在贫困村和易地搬迁点建起"扶贫车间"，吸纳贫困群众就业。

"仙鹤纸业的主要产品热敏纸加工需要大量劳动力，生产技术要求不高，具有劳动力的贫困户均可胜任。我们对有劳动能力的贫困户年龄不设限，只要想来就有活干、有钱挣。"仙鹤纸业有限公司副总经理张家明向记者介绍了扶贫车间的岗位设置。

截至 2019 年 6 月，像这样的扶贫车间在内乡共有 35 个，拉动就业累计 2678 人，其中贫困户 400 余人。其中，张定林在仙鹤纸业切纸车间所提供的公益岗位打扫卫生，每月工资 1200 元；李占生被安置在手工包装岗位，月收入 1000 元以上……随着穷帽子被一顶顶摘去，好日子正一天天到来。

搬出幸福新生活

当张定林住进易地搬迁新房时，专门找小学校长写了一副对联"天高山高难超党恩高；爹亲娘亲怎比习总亲"，火红的对联贴在门口，心中的感激之情溢于言表。这副对联也写出了广大"挪出穷窝""拔掉穷根"的群众心声。

内乡县位于伏牛山南麓，南阳盆地西沿，县域内有湍河、默河、刁河、黄水4条河流穿境而过，森林覆盖率超过60%。山水相依赋予了内乡秀丽的风景，却也带来了"七山二水一分田"的地理地貌。住土坯房、用旱茅厕、走泥巴路是深山贫困户生活的真实写照。

近年来，内乡县按照"搬得出、稳得住、能致富"的要求，加大工作力度，建设集中安置区44个（安置点62个），圆满完成易地搬迁任务。

记者来到易地扶贫搬迁后的幸福社区，站在广场上向四周望去，收入眼底的是一排排灰瓦白墙、整齐划一的院落。沿着广场一侧修葺一新的水泥路向内走去，渐次呈现的社区面貌更是令人眼前一亮，家家户户大门宽敞，道路上笔直的电线杆和人们的笑脸，构成一幅幸福生活的美丽画卷。

为让居住在"一方水土养不活一方人"地区的贫困群众实现住有所居，不必为上学、就医、基础设施等问题发愁，内乡县结合实际，全力出击，出台教育、医疗等一系列政策，让易地扶贫搬迁贫困户免费享受到优质教育资源，解决入学难、上学远等问题。

久困于穷，冀以小康。内乡县以脱贫为引领，用攻坚做路标，一步一个脚印为百姓闯出幸福新天地。2019年5月9日，河南省政府新闻办召开新闻发布会，正式公布了内乡县等33县脱贫摘帽。胜利的前奏响起，一项项政策犹如一个个温暖的音符，在湍河河畔合力奏响一曲雄壮的脱贫攻坚"内乡之歌"。

牡丹花开幸福来

文炜

黄河母亲由西向东浩浩汤汤，经河南到山东，入鲁第一市便是菏泽市。

菏泽，中国牡丹之都，牡丹种植面积世界第一。牡丹，花朵肥硕，花色艳丽夺目，乃花中之王。寓意着繁荣昌盛，富贵吉祥。然而长久以来，这花中贵族并未给菏泽人带来期盼中的幸福生活，提起菏泽，人们总是说："哦，那个穷地方……"

这是一片曾经充满苦难的土地，自公元1855年（清咸丰五年）黄河改道，这里便成为苦难深重的黄泛区。年年发水，岁岁遭灾。百姓流离失所，甚至卖儿卖女几是常态。

新中国成立后，中国政府一直致力于治理黄河，为民谋福。2001年底，小浪底水库主体工程全部竣工，从此，肆虐了146年的黄河如同被捆住了手脚的猛兽，终于驯顺下来。但是，因为基础差、底子薄、历史欠账多，菏泽市依旧是山东省贫困人口最多的脱贫攻坚主战场。2015年底，该市尚有省定标准下的建档立卡贫困人口91.4万人，占全省贫困人口总数的37.7%。在此之前的2013年11月26日，习近平总书记走进这片苦难深重的土地，对当地干部群众提出了"坚决打好扶贫开发攻坚战"的明确要求。

5年来，菏泽人牢记领袖嘱托，在脱贫攻坚战场上冲锋陷阵，攻城拔寨，成绩斐然，2014年至2018年减贫170.15万人，基本完成了脱贫攻坚任务。

2019年5月的一天，记者走进菏泽，用心感受山乡巨变。

告别"四个三"，许你一个家

安居是人类从蒙昧走向文明的一个重要标志，往往也是人们追求美好生活的第一步。黄河改道的 100 多年间，菏泽人为安居世代打拼而不得的辛酸，堪称悲壮。

菏泽市鄄城县旧城镇毛洼村的村貌让走南闯北的记者也颇感意外。村子里的通户路没有硬化，车子过处，扬尘暴土，司机半开玩笑说："这能见度，也就 1 米吧！"村里的房子大半是砖土结构，屋顶、院落、树叶、庄稼都蒙着一层土，显得陈旧而沧桑。这和时下到处都在兴建的美丽乡村比，的确有些不合时宜。陪同记者调研的菏泽市扶贫开发办主任蔡维超似乎看出记者的疑惑，告诉记者："脱贫攻坚战之初，也想过给黄河滩区的村庄修路，但考虑到这里的实际情况，感到那是治标不治本的白忙活，所以就改为就地就近筑村台造新村的创新思路，计划为全市 14.6 万黄河滩区老百姓打一个坚实的脱贫基础。"

这里的实际情况确实有些与众不同。每处房院都建在高高的土台子上，"那些年黄河年年发水，年年淹，不筑台子不行。碰上下大雨或发水，这一家家就成了孤岛，村路成了小河，出来进去那个难呦！"蔡维超皱起眉头，连连摇头。

这一个个看上去粗陋不堪的房台却耗尽了一户户农家的人力财力和物力。"三年攒钱、三年垫台、三年盖房、三年还账"，一个农民人生的 12 年就这样过去了，更可怕的是也许黄河发一次大水，就可能让这 12 年的艰辛付之东流。

记者随机敲开一户门口挂有贫困户标识卡的农家门。户主孟进喜和妻子正在家中拾掇干豆角，说起房子，孟进喜感慨万千："我们家这房住四代人了。四代人都在垫这个房台。我爷爷当年娶我奶奶盖的房，那时房台有 1 米高。我爹 8 岁那年发水，房子冲塌一半，爷爷修房时把房台垫到 1.5 米，我娶媳妇时房台加高到 3 米，娶儿媳妇时又垫高到 3.5 米。"

当地人年年垫房台，有空就拉土，可是碰上大水照样遭殃。58 岁的孟进喜回忆自己 15 岁那年的大水："大水灌进村道，漫上房台，有炕那么高。家里住不成了，外面有亲朋好友的都拉家带口去投奔，逃荒讨口一样可怜。像我家这样没处投奔的更惨，只得把门板架到大树上，大人孩子就挤在上面等水退。渴了舀一瓢树下的黄泥汤喝，饿了只要能下肚的都得往下咽。有些人家夜里孩子掉下树，摔死淹死也不稀奇。小孩哭大人喊，别提多惨了。"

据蔡维超介绍，黄河滩区这种情况是脱贫攻坚的重中之重、难中之难。2014 年，菏泽市就黄河滩区扶贫开发进行专题调研，形成《关于黄河下游滩区扶贫开发的调研报告》，李克强总理、时任政协主席俞正声同志分别作出重要批示。省委省政府、市委市政府明确提出，绝不能让滩区群众在全面建成小康社会进程中掉队。彻底解决滩区群众安居问题提上议事日程。2017 年，《山东省黄河滩区居民迁建规划》，经国务院同意正式印发。从此，菏泽几代人盼望的安居工程进入快车道。根据规划，菏泽市黄河滩区脱贫迁建涉及东明县、鄄城县、牡丹区 3 个县（区），8 个乡镇、182 个自然村，40925 户 146925 人（其中贫困户 7830 户 25667 人），规划淤筑建设 28 个村台（新建 27 个、扩建 1 个）、外迁社区 6 个。

孟进喜家四代人耗尽财力在房台上建起的房子即将被拆除，一家人将搬进村台新家

孟进喜指着远处一大片平整的村台告诉记者："就是那个大台子，占地

1000多亩呢！附近的三合村、王庄、西周楼、武西庄，加上我们毛洼村到时候都搬上去。公家给我们一个人补助3.5万，像我家这样的贫困户还有其他的政策。我算过了，搬家花不了几个钱。比自己堆房台造屋不知好多少倍！"

说着话，孟进喜夫妇送记者一行出来，院里大树上挂着两个鸟笼，4只品相普通但活泼伶俐的鸟儿欢快地啾鸣着，煞是喜兴。蔡维超打趣道："老孟你过得蛮快活呀！"孟进喜呵呵直笑。一边的妻子插话道："那是，想着明年就能在新房过年了，全村人哪个不快活！"

告别毛洼村，记者又走进竹林新村。这个村台占地3000多亩，集中居住着附近5个村子7000多村民。一排排两层小楼整齐划一，学校、幼儿园、警务室、医务室、文化室、图书馆、村史馆、文化广场一应俱全，和城市社区并无二致，只有家家户户门口堆放的小山般的麦草显示这里是农村。

正值午后阳光最暴烈的时间。村民们三三两两躲在树荫下、石桌边或打牌下棋，或含饴弄孙，颇是闲适。

蔡维超告诉记者，"这个村台是菏泽市最早建成的，2011年竣工，村民们已经入住5年了。目前，菏泽市'就地就近筑村台'项目已筹集资金95亿元，基本完成28个村台的淤筑"。听记者啧啧赞叹，蔡维超又说，"这还是老村台，新村台会更好更漂亮，群众生活、致富也将更方便。5月30日，东明县焦园乡8号试点村台安置社区正式开工，标志着菏泽市黄河滩区居民迁建工程全面启动"。

在村民翟青枝家墙上，贴着一张2006年拍摄的旧照片。照片上一间茅草屋一间防震棚比肩而立，一位老婆婆面容愁苦地站在前面。翟青枝指着照片告诉记者："这是我婆婆，这茅草房是我结婚时婆家给盖的，防震棚是2006年发大水，麦子冲走了，人上树了，公家给的。那些年，有空就拉土垫房台。人家条件好点的指着牲口拉，我家穷，都是人拉，日子要多恼火有多恼火。2011年，领导给盖了这楼房，让搬进来住，自来水、暖气、煤气啥都有，我们简直过到天堂了！我公公搬进来住了两天老了（老人去世），闭眼前说能死

昔日，村民为抵御洪涝灾害，倾其一生精力和财富加高房台建房

东明县焦园乡竹林新村贫困户翟青枝（左）抱着孙子向记者介绍新家的生活

在这样的房里，知足了。我婆婆可怜，一辈子没住过像样的房子。我就把她的照片贴在墙上，也算她住进来了。"

黄河改道 164 年了，今天，在中国共产党领导的伟大的扶贫工作进程中，菏泽人终于告别了世代"水深"的日子，告别了危、旧、平、小房，住进了好、新、楼、大房。为了确保搬得出、稳得住、逐步能致富，菏泽市还结合黄河文化和乡村旅游业发展，充分考虑群众基本生活需求，统筹做好社区工程外观和平面概念设计与实施方案编制，不搞一刀切，做到错落有致、特色各异、一台一韵，彰显黄河滩区文化内涵。坚持"边迁建、边脱贫"，引导滩区群众发展特色养殖、乡村旅游、农产品加工等富民产业。孟进喜、翟青枝的子女们都活跃在这些产业中，以新时代新农民的形象登上农村新舞台。

扶贫车间，乐业保脱贫

菏泽是扶贫车间的首创地。"扶贫车间"的做法被纳入 2017 年 2 月 21 日中央政治局第三十九次集体学习参阅的精准扶贫案例，获得 2017 年度全国脱

鄄城县左营乡左南社区扶贫车间内，一位老人正在进行发制品加工

贫攻坚奖。菏泽市参与编写了《全国扶贫车间工作指南》和《山东省扶贫车间标准》，获评第四届国家治理高峰论坛"2017精准扶贫10佳典型"。这一智慧创新破解了多年来农民在家无工可打，进城打工导致农村空心化、留守儿童成为社会问题等一系列难题，实现了贫困群众"挣钱顾家两不误"。

在鄄城县左营乡左南社区的假发加工车间，记者看到有五六十个妇女正在宽敞明亮的厂房忙活着手头活计。记者和干活特别麻利的郭巧燕大姐攀谈起来。

"我三个孩子，大的在市里上护士学校，两个小的在家上学，需要人照顾，我走不出去，只有老公一人在外打工赚钱。赚钱的人少，花钱的人多，日子一直过得紧巴。2014年我家被认定为贫困户，享受了易地扶贫搬迁房，又优先照顾进了这扶贫车间，一个月干下来挣个2000块钱不是问题。虽说没我老公挣得多，可我守着家门口挣钱，挣一个落一个，还能管上孩子，我们村支书说我这个钱性价比高。我也不知道性价比是个啥，反正就是好呗！"

记者夸郭巧燕的手镯漂亮，她更高兴了："原来想买个啥都得张口跟老公要，他就说你省着点吧，三个孩子呢！现在我自己挣的钱，买个女人家喜欢的啥，也不用跟他说，他也不管了，哈哈……"

让贫困群众通过双手挣到钱，实现社会价值，实现自我价值的肯定，进而有尊严地脱贫，是这一轮脱贫攻坚的坚定目标，扶贫车间是实现这一目标的有效途径。菏泽市的扶贫车间不仅开始得早，而且发展得平稳健康。他们持续加强规范服务，推动扶贫车间从最初的"小窝棚"到试点扶贫车间建设再到全市推开统一标准建设，再到配套设施齐全的扶贫车间，已经由1.0版升级到了4.0版（1.0版本："小窝棚"。2.0版本：试点建设的扶贫车间。3.0版本：统一规划建设的扶贫车间。4.0版本：配套设施齐全的扶贫车间），确保了贫困群众进得去、干得好，有持续收入，能稳定脱贫。

20多里地外的东明县电子元件车间是另一番热闹景象。车间里，正播放着豫剧，一群农村妇女围坐在几十张工桌旁边，一边干活一边唱戏，还有几个四五岁的孩子在一边嬉戏，好不热闹。

这是一个负责给几家电器厂缠线卷的扶贫车间。村支书告诉记者，村里幼儿园不提供午饭，妇女们可以把孩子接回家吃了饭，下午再送去幼儿园。

68岁的李爱景指着身边玩耍的小女孩说："这是我孙女。儿子媳妇都在城里打工，我帮着看孙子。家里的地不出钱，干脆租出去了，我和老伴有养老金，老伴有种花手艺，常有活干。政府想得周到，还给我们买了好几种保险，加上我在这里一个月1500元左右的工钱，一年闹下来日子蛮好过。"

"我们办扶贫车间和在城里办厂不一样，考虑到她们照顾家里方便，上班不打卡，都是按件结算，拿回家干也行。不过大家还是愿意来车间干活。人多，图个乐呵。"车间负责人说。李爱景笑吟吟地插了一嘴："就是，我这个岁数要打工可没人要，这里要我，还能和老姐妹做伴，咋不乐呵？"

说到扶贫车间，全程参与谋划实施的蔡维超打开了话匣子："我们菏泽扶贫车间搞了快3年了，效果不错。我总结有五大好：一是转变了群众观念。

贫困群众在扶贫车间就业，每天收入 20—100 元不等，增强了自立自强、靠辛勤劳动创造美好生活的信心和志气。二是增加了村集体收入。2134 个村通过收取扶贫车间租金及光伏发电年总收益 7732 万元，提高了村'两委'带动脱贫和救助贫困户的能力。三是提升了企业效益。企业布局乡村、入驻扶贫车间，根本上解决了企业劳动力不足、成本偏高问题，提升了企业市场竞争力。2015 年以来，全市发制品、服装加工、农副产品加工上缴税金分别增长了 51.2%、24% 和 14%。四是激活了农村经济。扶贫车间发展了农村二产三产，带动了一产和农业结构调整，加快了农村一二三产融合步伐，推动了农村经济发展。同时，培养了一批农业生产、劳动密集型产业'小老板'和致富带头人，为今后农村经济发展注入新活力。五是促进了农村稳定和谐。贫困群众在扶贫车间打工，减少了农村闲散人员，也使留守儿童有了照顾，空巢老人有了依靠，留守妇女有了工作，增加了群众的幸福感。"

记者了解到，截至 2019 年 7 月，菏泽市建成运营扶贫车间 3563 个，累计安置和带动 30.5 万名群众在家门口就业，9.7 万名群众实现稳定脱贫。

兜底弱势老人，铲除最后锅底

这一轮脱贫攻坚，一个也不能少，一点锅底也不能留。菏泽市 72.8 万脱贫享受政策人口中，60 岁及以上老年人 36.7 万人，80 岁及以上老年人 7 万人。这个群体收入渠道少、自理能力差、脱贫解困难，无疑是巩固提升的重点和难点。为了破解"未富先老"难题，菏泽市多管齐下，按照"子女尽孝、政府尽职、市场尽能、社会尽责、邻里尽情、个人尽力"的总体思路，灵活运用"资产收益、民政低保、实物供给、邻里互助"等方式把这些人兜底保障起来。

在单县高韦庄镇马寨村，贫困户马凤远夫妇向记者讲述他们的幸福夕阳红。"我 70 岁，老伴 68 岁，没有政府，我们这样的都没法活，人得说良心话，谁要说政府孬，我就跟他急。"

马凤远妻子年轻时患子宫癌，子宫切除后无法生育，两人相依为命。祸不单行，2014 年妻子又因乳腺癌切除乳房。两个大手术做下来，妻子完全丧失劳动能力，做点家务都头晕目眩，家里借的债更不用说不知啥时候才能还上。2016 年，村里实施贫困村提升工程，专门为缺劳力的贫困老人设计了安居房。一室一厅，厨卫两全，桌椅床铺等家具一应俱全，连大彩电也给挂在了墙上。贫困老人只需置办简单日常用品，便可拎包入住。

马凤远掰着指头跟记者算账："每月两口子的低保 800 元、养老保险 220 元，村里照顾我一个搞卫生的公益岗位 450 元，年底村里扶贫车间、蔬菜大棚和光伏发电还能分红 3000 元，这些加起来有 2 万，还有点地种着，虽卖不了几个钱，自己吃的省下了。"马凤远家餐桌上摆着一大盘炖好的黄河鲤鱼。

他热情地张罗记者"吃两口"。记者问道："黄河鲤鱼是名菜，挺贵吧？"他仰头大笑说："前年账就还完了，贵也吃得起。政府就是让我过好日子咧！"

村支书拍着老马的肩膀说："老马，我都给你算过账了，到今年底，没啥意外的话，你的存款起码能到 2 万多！"

马凤远绷住笑，正色说："今年村里的扶贫车间赚钱，我多干点，争取把存款弄到 3 万！"

没有政府简直活不下去的还有单县安韩庄村 76 岁的王秀兰。

王秀兰身世凄惨，5 年前，老伴儿子相继离世，2016 年女儿女婿又因车祸去世，原本热闹红火的一家子就剩下王秀兰一人，白天黑夜对着四面墙抹眼泪。

"我眼睛都快哭瞎了，吃不下睡不着，人都快不行了。2017 年，政府修了幸福院，把我接来住。干部安排人给做饭、洗洗涮涮收拾卫生，还给我看好了眼睛。这些不仅没收过我一分钱，还给我发低保钱、养老钱、保险钱，还有分红啥的。我这一条老命就是政府给的呀！"

马凤远住的周转房和王秀兰住的幸福院是菏泽市综合运用农村危房改造、土地增减挂钩等政策，根据群众意愿，推广建设的一批集生活居住、日间照料、休闲娱乐等功能于一体的农村养老周转房。以实现让贫困老人就近就地集中居住上安全住房，互相帮扶照顾或由护理员集中照料，改善贫困老年人的生活状况。

养老尤其是未富先老者的养老是人类自进入文明社会后一直困扰政府、社会和家庭的难题，脱贫攻坚以来，各地各级政府下大决心、用大智慧、花大力气探索这部分人养老模式，菏泽市的养老周转房和幸福院不失为有效之举，那些原本孤苦无依的农村贫困老人再不用担心晚景凄凉，更不会发生死后多日无人知的惨象。

浇灌枯萎花朵　爱是永恒主题

2018 年 5—7 月，单县人大常委会副主任朱艳霞被晒得脱了皮。整整 3 个月，她带领菏泽市单县教科文卫联合调研小组跑遍了单县 502 个村，走访了近 600 户，找出了 119 个孩子。

这是一些怎样的孩子？朱艳霞为什么要不辞劳苦地寻找他们？话题还要回到一年前。

2017 年 8 月 3 日，山东省委书记刘家义在单县高韦庄镇马寨村调研扶贫工作时，邂逅了被贫困户收养的弃婴冯春雨。小春雨时年 10 岁，因脑瘫瘫痪在床，生活不能自理，更不能上学，收养家庭虽然善良但自己本就是贫困户，根本没有医治她的条件。

在刘家义书记的关怀下，小春雨得到有效医治，小春雨的情况引起县委书记穆杰的思考。春雨这样特别困难的孩子可能是个案，但全县农村特困家庭子女又有多少呢？这些孩子的教育问题不解决，贫困必然将以代际传递的方式顽固存在。于是，穆杰提出了一个创新模式：成立一所公立学校，专门招收困难儿童，尤其是农村那些缺爹少娘的深度贫困儿童，为单县控辍保学和教育扶贫兜底保驾护航。

为建设这所命名为博爱的特殊学校，单县政府先期投资160余万元对教学楼、食堂、宿舍等基础设施进行集中翻新改建，并配备了现代化的教学设备、生活设施和功能室。作为一所公益学校，学校为每一名深度贫困儿童免费提供一切日常生活和学习用品，并对节假日无人照管的孩子实行专人照看。为保障学校正常运转，主要采取政府主办和社会参与的方式强化资金保障。在教育专项资金投入和社会捐助资金不足的情况下，由政府实施兜底，全力确保学校日常运营。

那119个孩子正是朱艳霞他们找出来的符合博爱学校入学条件的孩子。其中建档立卡贫困户孩子110人，占比高达92.4%。2018年8月，博爱学校迎来了首批一至四年级孤儿、亚孤儿119人，其中孤儿8人，父母一方去世或下落不明的67人，父母患有重大疾病或残疾的44人。冯春雨当然是首批入学的孩子。学校为她量身定制了课程，除了正常学习，生活老师每周还要带她做3次康复治疗。"这孩子变化太大了，简直重新活了一次。"说到小春雨，朱艳霞兴奋得眼睛放光，"不到两年，已经能走路了！人人都说是奇迹！而且从刚来时一句话不说变成了小话痨，跟谁都能聊，都亲。"

下课了，小春雨向记者走来。虽然她走路姿势还不太好看，但速度力量明显不亚于常人。她比正常同龄孩子矮半头，毕竟前10年她是在床上度过的。"阿姨好，我叫冯春雨。"果然落落大方。记者握住小姑娘主动伸过来的手，没承想竟被她用力一握，捏疼了。听记者"哎哟"一声，朱艳霞假意嗔怪小姑娘："春雨，你又调皮了！"小姑娘得意地笑了。"这孩子手劲大，看这手指，弹钢琴也不错，可惜错过了最佳学琴年龄。这孩子不爱学习，我们想培养她做理疗按摩师，将来可以自食其力。"朱艳霞边说边慈爱地抚摸着小春雨的手给记者看。"春雨，你愿意当按摩师吗？""愿意，当上按摩师，我就能帮助像我一样的病人站起来走路。"

上课时间快到了，教导主任在学校招呼春雨，春雨高兴地喊着："教导爸爸，我来了！"一拐一拐地向教室跑去。她的背影好像一只刚会走路的小鸭子，动作笨拙但无比欣喜。看着她的背影，记者感慨万分：春雨啊春雨，党的扶贫政策才是你生命中的春雨，滋润你抚育你，让你萌芽让你开花。

站起来的冯春雨参加博爱学校文艺演出

博爱学校启动全员育人制度，不仅是对春雨这样的特殊儿童，而是对每一个孩子都尽心尽力。采取"1+N"的全员育人方式，让每个老师都重点帮扶几个学生，为孩子排忧解惑，及时与家长沟通，共同引导其健康成长。

学校在确保开齐开足各类课程的基础上，还开设了舞蹈、武术、篮球操、戏曲、手工、朗诵等6个兴趣班，促进学生全面发展。另外，结合孩子们的心理健康状况和容易出现的心理问题，着重强化了心理辅导，县教体局专门委派心理专家每周到校为孩子们进行心理疏导和心理健康教育，让这些曾经生活艰辛的孩子也能拥有健康的心态和人生的自信。

记者在学校干净明亮的食堂里看到了搭配合理的食谱。一天一个鸡蛋，中晚餐一荤一素，一周内饭菜不重样，每天下午4点还给学生加配营养餐。

离开学校时，记者在校门口看到一面贴满孩子们纯真笑脸的照片墙。一段文字吸引了记者：

这是一所爱的学校。党和政府的爱像阳光照耀着孩子们的小脸，爱是我们永恒的主题：爱党、爱国、爱家、爱校、爱老师、爱同学、爱自己、爱生命、爱自然、爱生活……感受爱的幸福，学习爱的能力。博爱，爱心永在！

校园门口是一大片牡丹种植基地，想来，牡丹年年花开动菏泽，然而，今日花开才算幸福来。

扶贫"农创体" 为产业脱贫赋能

周艳

2016 年起，对每个省定贫困村，山东青岛市连续 3 年每年给予 40 万元资金；对市经济薄弱村，连续 3 年每年给予 30 万元。如此大规模的投入，如何保障贫困户的收益？如何保证扶贫资金、资产和收益安全？如何保持扶贫的长效性？

青岛平度市崔家集镇前洼村 57 岁的贫困户杨丰昌，患有抑郁症，整天不下床。一家 3 口，儿子上初中，妻子打些零工，日子一直过得不宽裕。2016 年，镇里帮助安排其妻在扶贫产业园务工，年收入大约 1.5 万元，实现了脱贫。

见到妻子务工的产业园效益好，杨丰昌激动得在家待不住了。2018 年，夫妻俩在新建的三创扶贫产业园内承包了一个大棚，自己种起了樱桃西红柿。当年便喜获丰收，亩产量达到 1.5 万斤左右，年纯收入 8 万元。2019 年行情更是持续走高，截至 2019 年 8 月，大棚毛收入已达 16 万元。杨丰昌的抑郁症，有了明显好转。

这正是平度市依托农业优势资源，利用专项扶贫资金打造农民创业创新园区（以下简称农创体）的效果。

完善利益联结机制

在前洼村，记者被一望无际的大棚惊呆了。那是镇里统筹使用 6 个经济薄弱村扶贫资金 540 万元，建设的联村扶贫产业园。2016 年 10 月初，占地 260

余亩的 36 个冬暖式樱桃西红柿大棚带着群众的希望拔地而起，同步建设的还有庄户学院、高标准育苗温室、新品种推广示范棚、产品交易市场等。仅仅 4 个月后，园区所种植的首批樱桃西红柿上市，2017 年共产出 112 万斤，实现销售收入 560 余万元，棚均纯收入 14 万元以上。

"园区这几年发展势头良好，好多村民要求承包大棚，可以说是供不应求，其中不乏贫困户。收益是真可观。2017 年、2018 年我们又新建了一些。"前洼果蔬专业合作社理事长、前洼村支书鞠炳锦介绍。

整个园区樱桃西红柿大棚达 189 个，2018 年产出 570 万斤，实现销售收入 3400 余万元，带动周边就业超过 600 余人次。这些收益如何作用于贫困户？总结起来为"四金"：

通过政府引导，贫困户将承包土地流转给"农创体"经营，以此获得租金。前洼村 69 岁的贫困户王百三，流转了 12 亩土地给村里建设大棚，每亩每年租金 800 元，仅租金一项年收入 9600 元。贫困户进入农创园打工获得薪金。大棚常常需要人手，王百三流转土地后，每年能有 3 个多月的务工时间，每天收入 80 元。

贫（弱）村与"农创体"合作获得集体收益金。遵从"负赢不负亏"原则，"农创体"与农民合作社合作共建，保证每个经济薄弱村每年不低于 5 万元的集体收入，2016 年、2017 年和 2018 年总共 3 年的大棚租赁收入已按照每村每年 5 万元的标准拨付，6 个经济薄弱村于 2017 年全部实现脱贫摘帽。

各镇街通过"农创体"获得收益建立贫困帮扶基金，用于老、弱、病、残等特困群体的定向帮扶。"农创体"拿出中央资金建设的 15 个大棚收益，全部用于帮扶贫困户，已帮扶 90 余户贫困户进行房屋修缮。

截至 2019 年 8 月，平度市已建成 27 个"农创体"，包括特色种植、旅游、体验、智慧、生态等各类优质经营实体，惠及并助力全市大部分贫困人口和贫（弱）村稳定脱贫。

为村民"双创"护航

在仁兆镇沙北头村村尾一座大棚里，贫困户王桂仁忙着剪下饱满的葡萄，因为收购商下午就要过来了。占地约 1.5 亩的大棚内，一行行藤蔓整齐而立，一串串紫色如水晶甚是喜人的葡萄牢牢挂在枝上，好一个硕果累累！

"儿子患白血病，治病花了几十万，这也是我被评为贫困户的原因。2016 年，在国家政策支持和'农创体'的帮助下，我建了这个葡萄大棚，2017 年收入 6 万多元，2018 年收入 7 万多元，今年行情好，最低 8 元 / 斤，欠债一定会还清的！"乐观的王桂仁一直在努力。

创业，一个离农民似乎很遥远的词，"农创体"让一切成为现实，依托葡萄良好的市场前景，吸引贫困户承包大棚，实现自主创业。

走进大棚之前，记者就听说了王桂仁的"大名"。他不仅靠勤劳经营葡萄大棚脱了贫，更是庄户学院的"大姜师傅"。勤劳，在 65 岁的他脸上刻下了烙印，种地、大棚，不仅全部一个人干，还在传授大姜技术的同时学习葡萄种植技术，干得非常出色。

这还得借助"农创体"提供的培训平台。在院长王桂欣的带领下，仁兆镇扶贫产业园内的庄户学院，3 年来先后举办 20 余期农技培训班，不仅邀请青岛市级以上农技专家现场授课，更是吸纳"土专家""田秀才"建立师资库，"芋头师傅""圆葱师傅""大蒜师

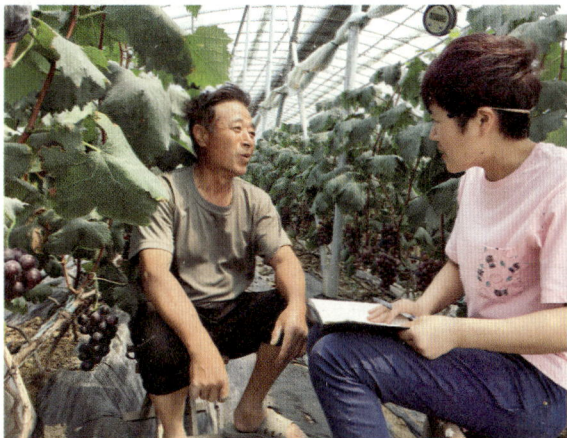

记者采访"农创体"达人王桂仁

傅"等应有尽有，王桂仁便是其中的"大姜师傅"。接地气的培训方式，也受到了贫困户、周边村庄大棚种植户和合作社会员的热烈欢迎。2016年以来，学院累计培训1万多人次，其中贫困户2000多人次，取得了良好效果。

"不学技术不成啊！我这个大姜师傅，对种植葡萄可是一窍不通。所以每堂课都去听一听，还真有用，现在基本能解决种植中遇到的问题了，实在不会的我们都有师傅电话，打个电话问问也方便得很。人只要肯学，啥都能慢慢会的。"王桂仁朴实的话引得村民一片点赞声。

"农创体"的探索，同时也为广大贫困群众提供了近距离的科技平台，提升了农业发展水平。作为全市9家国家级"星创天地"之一，明村镇漾花湖科技公司通过对当地番茄、西瓜、甜瓜、草莓、樱桃、油桃等高附加值果蔬土壤传播病害进行科技攻关，对致病菌的种类进行基因测序，采用生物脱毒技术，研发出可使农产品大幅增产的新型生物防治产品，为贫困户免费开展土壤检测，提供种植技术及病虫害防治等咨询服务。

针对无能力自主创业的贫困户，"农创体"还提供就业平台。杨家顶子扶贫创业园设立"倾情关爱一家亲"残疾人就业扶贫农场，为周边村庄15名残疾人提供爱心就业岗位。

牵住了产业扶贫这个"牛鼻子"，平度市将贫困人口和贫（弱）村吸纳到优势产业链上，带动实现脱贫致富。以此形成的"扶贫农创体"脱贫模式，成为全市探索脱贫新路径的亮点之一。

河北尚义：下好"公益性岗位"这盘棋

张凤天

7月15日，天刚蒙蒙亮，尚义县下马圈乡上马圈村村民张有便习惯性地推起小车，拿起扫帚，认真清理着村里公路边的垃圾和杂草。"自从当上村里的保洁员，我在家门口就能月月领到700多块的工资，今年脱贫不成问题了。"

在尚义县像张有这样依靠参加村里公益性岗位实现稳定增收的贫困户还有很多。实践表明，在农村设置公益性岗位是扶贫扶志的一项重要举措，是

尚义县下马圈乡下马圈村设置扶贫公益性岗位，安排贫困人员张有清理路面垃圾，以增加收入、摆脱贫困

为贫困群众提供就业岗位、促农增收的一条有效途径。然而，各地贫困程度不同、致贫原因各异，在推广公益性岗位时遇到的问题也不尽相同。

尚义县地处河北省张家口坝上，农村集体经济基础薄弱，在村人口"老龄化"严重。在此形势下，公益性岗位的工资如何得到可持续保障？年老体弱者在公益性岗位中如何发挥作用？面对困境，尚义县在脱贫攻坚征程中进行了积极探索。

壮大集体经济 让公益岗位有支撑

尚义县是国家扶贫开发工作重点县，截至 2018 年底全县仍有建档立卡贫困户 6482 户 11278 人，贫困发生率为 8.4%。

"扶贫路上一户不能落、一人不能少，我们推行公益性岗位扶贫，就是通过搭建平台，让那些有劳动能力和就业意愿，自身无力脱贫的建档立卡贫困户有活干、有钱挣、早脱贫。同时通过公益性岗位平台，引导部分等靠要'思想贫困'依赖户靠自己的辛勤劳动增加收入，实现自我脱贫。"尚义县委书记王占理说。

公益性岗位扶贫不仅涉及岗位如何设置、人员怎么配置等问题，更主要、更为难的是公益性岗位就业人员的工资怎么解决。钱从哪里来？尚义县的做法是发展扶贫产业，开发创收项目，通过实现村集体资产性收益发展村级经济，增强扶贫"造血"功能。

三工地镇王二来村将全村 580 万元财政扶贫资金和相关农业项目资金有效整合，开发利用闲置滩地 400 亩，经统一规划，以村集体名义建起了拥有 260 个蔬菜大棚的蔬菜种植园区，村"两委"将园区大棚出租给种植大户生产经营。"产权归公、出租经营、收入归己、兑付租金"，园区为王二来村集体创收提供了有力支撑。满井镇集中捆绑贫困村扶贫资金 960 万元，注入河北芳草地牧业股份有限公司，实行企地合作，建起了白羽肉鸡养殖基地。据满井镇党

河北省尚义县七甲乡发展现代化蔬菜种植园区，为增加村集体经济收入、设置扶贫公益岗提供了资金保障

委书记谢晋江介绍，养鸡基地不论企业经营亏盈，每年都为本镇提取注入资金总额8%的合作收入，仅此一项全镇贫困村每年稳定增收70多万元。套里庄乡小井洼村充分发挥传统农业种养优势，积极发展新型农业经营主体，村集体通过把搁荒土地流转、闲置房屋出租等途径，每年获得资产性收益11万元。据了解，截至2019年8月，尚义县建档立卡贫困村实现了村村都有资产性收益项目，为公益性岗位扶贫提供了有效运作保障和有力资金支撑。

精准就业对象让"三无人员"有活干

如何把公益性岗位扶贫作用发挥到极致？

日复一日，在套里庄乡元卜洞村，人们总会看到一个手拿铁锹修整村里街道路面的忙碌身影，他是村里的贫困户闫荣。

"自己年龄大了，干重活、累活不中用了。"66岁的闫荣说。如今他是村里的街道护路员，负责村里600多米主街道的路面管护维修，自己不但每月都能领到工资，增加家庭收入，还能力所能及地帮村里干点事，闫荣感到很欣慰。

"通过推行公益性岗位扶贫，既要解决村公共项目、社会事业无人管理问题，又要实现建档立卡贫困户劳动力在本村就业增收。"尚义县主管扶贫工作的副县长张应红说。

结合有利于乡村发展、有利于贫困户就业增收的双重需求，尚义县出台了村级公益性岗位设置方案，并相应配套了一系列相关制度，明确岗位类型、开发数量。各乡村坚持因地制宜、按需设岗，截至2019年8月，尚义县村级公益性扶贫岗位发展到5600个，涉及村级道路维护、卫生保洁、拦河护坝、造绿防火、公共设施维护、治安巡逻等各个方面。在全面推行一般性公益性扶贫岗位的同时，为进一步拓展惠及贫困群众的空间，各村还为年龄较大、体质较弱、有就业意愿的弱劳动力贫困户，量身定制了政策宣传员、民事调解员、五保服务员、信息联络员等劳动强度较小、工作易办易管的特殊公益性岗位。

为精准配置岗位人员，尚义县将65岁以上的建档立卡贫困户优先纳入公益性扶贫就业岗位范畴，重点解决无法离乡、无业可扶、无力脱贫的"三无"贫困户。各村在岗位竞聘中，严格履行贫困户自我申报、村"两委"审核、乡镇认定、村民评议、张榜公示等程序，做到全程透明、公开、公平、公正，确保公益性扶贫岗位扶到最需要的人。截至2019年8月，全县共有5000多名建档立卡贫困群众在村公益性扶贫岗位就业。

激发内生动力　让贫困群众有钱挣

"有钱好办事，有钱能办事，今年我镇将拿出80多万元村集体累积资金专门解决公益性岗位人员工资待遇，确保让就业贫困群众实现稳定增收。"谢晋江底气十足地说。

尚义县将村级资产性收益作为村公益性岗位人员工资主要来源，为规范村级资产性收益资金的使用管理，把钱用在刀刃上，县里制定了分配方案，明确规定每村每年将70%的资产性收益资金用于公益性岗位人员工资，将30%留给村集体，主要用于村扶贫临时救助、爱心养老基金积累、以奖代补扶贫资金及村公益性事业建设。

"扶贫不养懒汉"，尚义县推行的公益性岗位扶贫不仅仅只是为贫困群众提供就业增收平台，更主要的是通过引导贫困群众靠自己的勤劳双手获得劳动收入，实现自我脱贫。

下马圈乡下马圈村赵英是村里的建档立卡贫困户，前些年因家庭生活贫困导致"精神贫困"，曾情绪低落，消极悲观，自身脱贫动力不足。今年赵英在被选为村护林员的同时，村里又为他推送了护河员公益岗位，一人双岗，点燃了赵英生活新希望，现在他在自己的工作岗位上，工作兢兢业业，尽职尽责。随之，其家庭收入大幅提升，家庭生活明显改善。

为充分发挥村公益性岗位人员作用，进一步激发贫困群众自我脱贫内生动力，尚义县结合工作实际，制定了《村级公益性岗位人员考核管理办法》，对各岗位人员分别制定工作职责，明确工作目标，实行台账式管理。坚持做到公益岗位有岗、有人、有事，确保事事有人管、件件有人抓。公益性岗位全面推行以岗定人、以人定量、以量取酬、能者多劳、绩酬挂钩的利益驱动机制。

方法对了头，脱贫有劲头。尚义县发展村级公益性岗位扶贫的做法，激活了农村，实现了"事有人做，人有事做"的双赢，丰富了脱贫途径，不失为一盘妙棋。

普定：韭黄"生金" 富农兴村

张琼文

从贵州省安顺市区沿安普高速往西，行驶 40 多分钟到达普定县。虽然毗邻安顺市区，但普定山高地少，曾是国家扶贫开发工作重点县，2019 年 4 月脱贫摘帽。

傍山而居，"靠山吃山"；普定人世代固守这样的生活。可他们现在脑筋转过弯来了。这几年，普定县将韭黄作为重点发展的农产品，由点及面在全县

焦家村韭黄种植基地

推广种植，种植规模已达 10 万多亩。

8 月的普定，山坡上遍地是村民收韭黄的身影。"靠山吃山"在这里有了新吃法。

从韭黄村到韭黄县

普定过去"因山而困"。大山中居住的村民多是散落杂居，每家守着几亩山地，种些玉米、水稻等传统农作物维持生活，常常是一家人忙活大半年，收成不过两三千元，经济效益很低。

一味地"靠山吃山"不是办法，只有找到出路，靠山致富才是硬道理。可在这山高坡陡之地，如何选择一项合适的产业，作为发展的"当头炮"？

县里最先想到了韭黄。

韭黄产业是普定县的传统产业，在当地有 160 多年的种植历史，且当地气候适宜，土壤有机质含量高，特别适合韭黄生长。

白岩镇白旗村便是个典型的"韭黄村"。村里家家户户种韭黄。在韭菜收割完后，农户把茎秆埋进土里培育，新生出来的韭黄茎长肥壮，光滑鲜嫩，上市后很受市场青睐。

种韭黄时间久了，村民们也有了种植心得。以前是用笋壳包裹、泥土掩埋，后来改为用塑料套子捂韭黄。经过这一改良，韭黄亩产量增加，品质也提升了。这样一来，"白旗韭黄"有了名头，2012 年获得国家地理标志。原本批发价 2 元 / 斤的韭黄，价格立马翻了一番。

产业虽有前景，但当时大多是农户零散种植，发展规模不大。到 2017 年，普定县韭黄种植面积仅 8000 亩左右。

2017 年 10 月，普定县委、县政府作出了一项重要决策——不种玉米种韭黄，将韭黄作为全县的主导产业，在全县 12 个乡镇（街道）全面推广种植，规划种植面积 10 万亩。

穿洞街道新中田坝坝区是最早开建的种植区之一。从农户手中流转7000多亩土地，犁地翻土后进行育苗、种植。到2018年8月，一片片脆嫩的韭菜就已经铺展在了山坡上。

"我们从河南引进的'富韭黄二号'，种苗长到'五叶一芯'的程度进行移栽，移栽后半年即可割韭菜捂韭黄，夏季捂8至10天，冬季捂10至20天，就可收韭黄了。"穿洞街道办人大工委主任丁鹏说。

从种植地开工起，丁鹏就琢磨着如何保证产量和质量。普定当地沿用多年的韭黄种植方法，叫作"割青"——割掉韭菜重新长出韭黄，这一独特做法，完全不同于其他地方的韭黄种植方式。相比而言，普定韭黄茎秆细腻，吃起来香甜脆嫩。"我们村民都是种韭黄的好手，从小在韭黄地里长大，熟悉韭黄习性，可以说是'土专家'。"仔细对比之后，丁鹏对当地韭黄的收益充满信心。

2019年2月，这片新韭黄地首次迎来了丰收，在由农户分头收割完后，一批批韭黄连夜装车运往浙江、上海、广东等地，供应当地市场。"光是杭州每天就有30吨以上的需求量，每月产值超过百万元。"看到韭黄销售火爆，丁鹏感到兴奋不已。

从种地到"种"产业

如今，种韭黄的丁鹏，又多了个新身份——穿洞街道办镇级公司法人代表。身份的转变让他从街道干部变成懂市场、会经营的企业经理人和生产管理者。

2016年，普定县探索建立县乡村三级公司运营机制，成立县普润实业有限公司，在每个乡镇设立乡镇公司，村里设立分公司。县乡村三级公司独立核算，县级统一管理，筹集资金，镇级公司协调落实，村级公司除了统一流转土地用于集中打造产业外，最重要的是引领和带动农户参与产业发展，让农户跟上农业产业调整的步伐。

丁鹏介绍，穿洞街道办镇级公司引进贵州民投集团合股，镇、村公司以土地入股，民投集团投入启动资金，发展资金由村级公司和民投集团共同贷款2240余万元。在"村企合一"发展模式下，实行统一种植、统一实施、统一管理、统一发放工资、统一产销对接。

这还只是第一步。在丁鹏看来，以前农户零散种植、自行销售，满足不了市场日益增长的需求，很多大宗订单无法签订，要想解决这一问题，就要扩大生产规模，统一销售。

在县里的组织下，丁鹏曾到白旗村取经，并带回来一套标准化的韭黄种植技术。"一定要挖深一点，间距要在15厘米以上才行。"他蹲在地上指着田垄向围在身边的村民小组长说。小组长学透后，再回去指导组员们种植，确保韭黄生产质量稳定、达标。

"现在，县里对韭黄统一销售，农户不必自己再到批发市场议价格了。经

普定县白岩镇白旗村改用塑料套子捂韭黄，亩产量增加，品质也得到提升

过精细化培育、采收，韭黄将统一印上'白旗韭黄'LOGO 走向市场。"丁鹏说，相比以前的零种零卖，统一销售议价空间大、能力强，"这还得益于'白旗韭黄'的这张招牌"。

6月，今年第二茬韭黄陆续收割后，首发市场是广东清远、惠州和佛山等地。记者了解到，在这之前，各个种植基地已获取到相关的市场需求。"我们了解到，南方这些地区虽然也产韭黄，但受气候因素影响大，夏季是韭黄低产期，可以在这几个月打个时间差，加大些供应量。"丁鹏表示。

为了给全县韭黄找到稳定的销路，县级公司对各乡镇公司销售情况进行登记统筹，同时还通过与浙江、广东、重庆等地的市场联系，争取更多的市场订单。县级公司已与浙江兴隆集团、广东万达丰、粤旺集团等企业签署销售协议，合同供货总量已达 150 吨 / 日，而实际产出量仅为 10 吨 / 日，各村韭黄错峰上市，尽力保障外地市场韭黄需求。

韭黄香里说振兴

从摸着石头过河到步上正轨，韭黄产业让百姓富了起来，让一个个山村发生了巨变。

成立村级公司之初，很多村民心理上不愿流转土地、参与务工，丁鹏硬着头皮到村民家里做工作，却常常无奈而归。"老百姓思想上扭不过弯来，只能多从思想引导上做工作，多去几次、多说几遍，总会做通的。"丁鹏表示，韭黄产业见到效益后，自己村里村外都不用跑腿，只需在各村微信群里发布用工信息，便会"一呼百应"，老百姓参与度很高。

丁鹏认为，变化来自壮大韭黄产业发展，关键则是让农民尝到甜头，赚到"票子"。

"既然设立村级公司，那就一定要做好和村民的利益联结，产业才能发挥扶贫实效。"化处镇党委委员熊元薪有感而发地说，在对农户土地进行流转并集中化种植后，土地流转农户能得到每年800元/亩的流转费，在园区务工能得到每天80元的打工费，在产业产生利润后，还能拿到一定数量的分红收入。针对自发种植韭黄的农户，合作社还对其进行一对一的技术指导，按照市场价格进行回收，为农户发展韭黄产业添底气。

化新村则采取符合本村特色的"五股"分红模式："30%的管理股作为运营成本，25%的发展股用于扩大发展，20%的公益股用于公共服务，20%的人头股实现产业全覆盖，5%的土地股用于土地分红。"通过"五股"分红利益联结机制，增加了农民收益，让所有参与的村民都能分享产业发展红利。

"现在我们在村公司上班，一个月的收入比去年一年赚的都多哩。"在化新村韭黄种植基地，村民金燕边割韭菜边说。她将家中的6亩地流转给公司，每年流转费就有4000多元，再加上每天70元的工钱，一年下来，赚个万把块没问题。

"看到韭黄产业发展得好，我们精神头就足了。"张塞妹在基地工作一年多，对韭黄产业的发展赞不绝口。韭黄生金，富农兴村。如今，在推动韭黄产业的发展中，普定县以村级公司和示范园区为载体，抓牢抓好抓实，构建"利益联结"共同体，让农民实打实地获得产业发展的效益，实现产业带动，共同富裕。

右玉：天不佑之人自佑

文炜　张津津

穷人苦，走西口
满肚子辛酸泪蛋蛋流
几块洋钱把儿女卖
背井离乡走西口
有心想回咱口里
两手空空没有盘缠
黄沙飞，吃人命
做牛做马受不完的罪
……

80多年前，在毛乌素沙漠边缘一个风沙大作的午后，一群衣着褴褛的男人，一步三回头地向关外走去，有人爬上旁边的沙丘，对着家的方向，仰天唱出了这首"信天游"。悲凉的调子像小刀割在人们的心上。

这是山西老辈人记忆中的走西口。

为什么走西口？因为穷，因为活命难，因为想活命。

大风下的雁门关外，全年封冻期在150天以上，绝对无霜期只有80多天，高寒本就不适于作物生长，可这还不算什么，更要命的是那吃人的风沙。风沙吹断了树木，吹走了庄稼，吹塌了房屋……山山秃顶，丘丘厚沙。在这个风沙裹挟四季的地方，人们活不了，出去讨生活是他们活下去的唯一希望。

拥有上下3000年历史的右玉县就坐落在雁门关外的大风口。

走西口的"口"，指的是"杀虎口"，位于右玉老县城城北，是历朝重要关隘，出了"杀虎口"一直向西，到内蒙古就能活命。今天，走西口的往事仍然是很多右玉老人难以忘却的悲苦记忆。

《右玉县志》载，此地曾经"万物葳蕤，水草丰美。设驿站，商贾云集，引车卖浆者络绎不绝"。今天，延绵在县城周边古长城的残垣断壁，依旧默默讲述着一代又一代英雄的右玉人捍卫疆域、捍卫美好生活的伟大史诗。

然而，多年的战乱、烽火一度让这里的森林资源毁损殆尽，接踵而来的风沙把这座丰美名城变成了不毛之地。曾几何时，"一年一场风，从春刮到冬；白天点油灯，黑夜土堵门"成了右玉百姓悲怆的哀歌。地越开越多，粮却越打越少，婆姨娃娃饿得直哭，这日子没法过了，只得背井离乡走西口。在走西口的浩荡大军身后，曾经威震胡虏的"杀虎口"如垂垂老者，尽显苍凉。

右玉风沙之祸，不只中国人知道。曾经满腔热情来帮助中国改善环境的德国专家踏进右玉，放眼一望，绝望地咕噜了一句"这里不适合人类居住，建议举县迁徙"，便打道回国了。

1949年6月，一位刚刚30出头的汉子脱下征尘未洗的军装，踏上这片贫瘠的土地，没有人知道，他，将成为右玉历史的改写者……

求绿

这个男人叫张荣怀，是新中国成立后首任右玉县委书记。张荣怀深知，过去为人民服务是厮杀战场，今天为人民服务就是要让老百姓吃饱肚子！

为了摸清右玉的家底儿，张荣怀和县长江永济一道，背上军用水壶，揣着军用地图，开始用双脚丈量右玉的坡坡岗岗。那荒山秃岭、那满目疮痍深深刺痛着两个男人的心。

摆在两位主官面前的问题严峻乃至严酷：右玉百姓何以为生？何以活命？

这一天，几近绝望的两个男人爬上一处荒坡，突然，远处星星点点的绿色，死死粘住了两人的目光。他们疯狂地飞奔过去。在一排树后面，竟"站着"一片长势喜人的庄稼。那片庄稼的主人看着这两个激动得红了眼的年轻人，笑着说："俺没啥文化，但俺知道，有了这些树，风沙就过不来，俺的庄稼就能活。所以俺年年种树、护着这些树。这些树就是俺的命根子。"

风沙过不来，庄稼就能活！一句话点醒了两个人。

对！要想富，风沙住，风沙住就要先种树！

1949 年 10 月 23 日，这个日子注定将写进右玉历史。张荣怀召开了全县"三千人"大会。大会上，他扯着嗓子喊："右玉要想富，就得风沙住！要想风沙住，就要多栽树！！要想家家富，每人 10 棵树！！！"那声

几十年来，右玉的干部带领群众奋战在种树治沙的第一线，他们不惧条件艰辛，吃喝在种树现场，如今上了年纪的老人们还一直守护着这些为他们挡住"吃人的黄沙"的参天大树

音被风沙挟裹着吹遍右玉的坡坡岗岗，扎进每一个右玉人的心中。会后，张荣怀和江永济扛着铁锹，带领全体机关干部来到仓河头畔，率先完成了每人10棵树的任务。

从此，右玉县开始了植树造林、与天地死磕的创业史。

可是，与老天爷斗法何其艰难。1952年3月18日，右玉县委、县政府正在召开老根据地代表会议，突然，一场大风携带滚滚黄沙铺天盖地而来，瞬间，昏天暗地，会场点起了煤油灯。一声巨响从院中传来，县委大院一棵碗口粗的大树竟被大风拦腰刮断。第二任县委书记王矩坤噌地一下站起来，指着外面说："看，右玉的黄风真是要吃人哪！我们种树三年了，老天爷还在跟我们发威，大家说怎么办？""接着种！跟这吃人的黄风斗到底！"代表们群情激奋。

在那次会议上，代表们制定了全县植树造林计划，把黄沙洼、老虎坪列入治风治沙重点区域，先行治理。就这样，右玉第一场植树防风沙堵风口的战役打响了。每到植树季节，县委书记、县长肩扛铁锹，手拎水桶，带领大家奔赴荒山，同吃同住同劳动。

所有人拼了命地干，树苗种了死，死了接着种。就凭着这股子死磕劲，王矩坤在任3年，右玉终于有了一片12.7亩的小杨树林。那片小小的绿色在右玉人眼中就是一片希望的绿洲——在这个风沙吃人的地方，树也能活！

1956年，马禄元走马上任，成为右玉第四任县委书记。接过前任的铁锹、水桶，他与县长解润把主战场摆在了右玉最大的风口——黄沙洼。

黄沙洼位于右玉老县城东

右玉第四任县委书记马禄元（前排右一）带领全县的干部们走向治沙第一线

北，是右玉县城周边最大的风蚀地带，长 40 里、宽 8 里的流动沙丘把县城团团围住，且每年还在以 1.5—2 米的速度向前推进，直接威胁右玉的生死存亡。干部们誓要在这里与风沙决一死战。

然而，让树在这移动的沙丘上活下来简直比登天还难。黄沙洼风沙太大，缺水缺得厉害，尽是些干流沙，头一天挖的坑，第二天就被风沙埋了。好容易把树栽下去，第二天一看，全被风连根拔起。黄沙洼坡度大，拉水车上不去，干部们就用洗脸盆一盆一盆往坡上端。鞋磨穿了，手磨破了，可是辛辛苦苦挑来的水，却像倒进了个无底洞，浇多少，渗多少。全县 2000 人，没黑没白地干了两年，最后只活了 8 棵树。就是这勉强活下来的 8 棵，不是被风沙埋得只露树梢，就是迎风处被刮出了根。

右玉人不放弃，动脑筋想办法，日复一日年复一年，一桶一桶河泥、一棵一棵树苗、一片一片绿色，整整 8 年，右玉人终于锁住了沙丘的脚步，黄沙洼变成了绿山岗！

治住了最大的风沙，可右玉的县委书记们却从来没有在求绿的路上止步。正如第十任县委书记常禄挂在嘴边的那句名言："飞鸽牌的干部要做永久牌的事。"干部们经常调动，就像飞鸽，但"求绿"是右玉为老百姓求活路的永久牌大业。

时光荏苒，右玉县委书记办公室已经换了 20 位主人，不换的是办公室里雷打不动的一把铁锹。这铁锹不仅是种树的必备工具，更是一种精神的象征。

有一位县委书记的故事，被写进了《右玉县志》。1991 年 10 月，第十三任县委书记姚焕斗调任怀仁县委书记，临上车时，他突然跑回办公室，再出来时，怀里抱着他那把磨掉了半寸的铁锹。"我啥也不要，就要它。"然后他又走到一棵大树旁，摘下几片杨树叶，小心翼翼地放进公文包里，这才恋恋不舍地离去。

在右玉，求绿是一张蓝图绘到底。县委书记一茬接着一茬干，种树的办法也一换再换，但目标始终如一。植树再苦再难他们不觉得苦，在他们看来，几代老百姓都愿意跟着干是县委书记们最大的福分，老百姓能过上好日子是他们最大的政绩。

在右玉这场旷日持久的绿化接力赛中，如果说一任任书记是短跑选手，那右玉人民就是真正的马拉松英雄。

为了种活树，为了能活命，右玉百姓肯舍家，能舍命。

1983年，年仅30岁的欧家村公社老墙框村民王占峰积极响应县委号召，放弃大同口泉旅店经理职位的优厚待遇，毅然回到村里，承包了坡陡沟深、乱石林立、黄沙遍地、连牛羊也很少去的鬼地方——石炮沟。

这个举动可不寻常。父母亲极力反对，妻子还和他大吵了一架。王占峰无视人们的冷嘲热讽，独自一人扎进了荒山沟，办苗圃，建果园。他在山坡上劈开一片山崖，盖起一间简陋的房子安了家，一条小黄狗是他唯一的伙伴。每日早出晚归，饿了啃口干粮，渴了就饮口山泉，手上的老茧退了一层又一层，但他乐此不疲。

年复一年日复一日，石炮沟在王占峰的手里变了模样。苗圃从最初的150亩扩展到2000多亩，10万多株多种树木亭亭玉立；大菜园里，豆角、西红柿、辣椒、马铃薯、倭瓜水嫩诱人；养鸡场里，200多只鸡追逐嬉戏；养牛场、养羊场里，牛羊欢歌。

20多年过去了，王占峰究竟在石炮沟投入了多少资金，连他自己也算不清了。为了治理荒山，他花光了积蓄，还欠下了债。可他却说："我现在虽然生活清贫，但内心很充实。我攒下了满山沟的树，就

如今，在王占峰的经营下，昔日乱石林立、黄沙遍地的"鬼地方"石炮沟变成了瓜果飘香的"世外桃源"

是造福后代的'绿色银行'啊！我一点儿也不后悔。我要继续干下去，凭我现在的身体状况，再干15年也没问题。"

威远村党支部书记毛水宽，带领群众把风沙肆虐的威远堡建成了整齐的农田林网，在寸草不生的沙丘上筑起了层层防风林带。1979年的一个夜晚，气温骤降，他披了一件外衣就往村里的苗圃跑，忙了大半夜才把苗子苫住。第二天早上醒来，他发着高烧坚持下工地，昏倒后再也没醒来。那一年，他年仅31岁。

2000年夏天，一场暴雨冲倒村后的水泥电线杆，压断了3棵松树，李达窑乡乔家堡村护林员刘政不顾一切扑上去搬树。电线杆滚砸在他的胸前，大口的鲜血喷溅在和他倒在一起的松树上。刘政留下一句"把我葬在这树根下"，就永远地闭上了眼睛。

……

在右玉，有太多太多这样的故事。故事的主人公都有一个共同的心愿：人不能白活，总得活出点价值，活出点精神。

这是怎样的价值？又是怎样的精神？

这就是20任县委书记一茬接一茬的久久为功；就是右玉人大战黄沙洼时屡战屡败、屡败屡战的那股艰苦奋斗的韧劲；就是2011年3月1日，习近平总书记在中央党校春季学期开学典礼上说的那句话：右玉的可贵之处，就在于始终发扬自力更生、艰苦创业、功在长远的实干精神，在于始终坚持为人民谋利益的政绩观。

这，就是右玉精神！

寻富

2015年，轰轰烈烈的脱贫攻坚战在全国打响，右玉人再次冲向高地。此时的右玉虽然已经风停沙住，绿野千里，但因长期受地理区位条件和自然环境条件的影响，农民增收缓慢，农村基础设施滞后，农村贫困面比较大，全县贫困人口 8035 户 16337 人，是朔州市唯一的国家扶贫开发工作重点县，脱贫攻坚的任务依旧艰巨而繁重。

可是，有了右玉精神这个传家宝，右玉人无往而不胜。他们变压力为动力，咬紧牙关，艰苦奋斗，让右玉在 2017 年实现脱贫摘帽，成为山西省首批摘帽的三个县之一，让右玉精神再一次与时代同频共振！

傍晚，落日熔金。穿过一条美若仙境的林荫公路，记者走进马营河村。郝建国正在大门口装饰自己饭店的招牌。

郝建国说，他们的好日子是老辈人用性命留下的树换来的。他指着远处说：“看，那一片一片的树都到天边边了。这些树为我们挡住了黄风，让我们这个苦了多少年的村子吃上了旅游饭。”

夕阳照在郝建国脸上，将他黝黑的皮肤染成金铜色，他看向远方，想起了他第一次看见绿色那天。

在他十七八岁的时候，突然有一天，他抬头看见了远处山坡上星星点点的绿色，太阳光照在脸上，他看到了蓝天白云。从那时起，黄风日渐稀薄，直至现在漫山遍野都是绿，黄风彻底消失。庄稼终于能活泼泼地活了，玉米亩产从 300 斤飙升到 1400 斤。他知道这是祖祖辈辈种树的结果。

郝建国一家的生活渐渐有了起色，吃饱穿暖是没有问题了，可是家里三个娃娃上大学，郝建国腿脚又有些毛病，日子在村里总也过不到人前去。

2014 年，国家开始搞精准扶贫，郝建国家被识别为建档立卡贫困户。2018 年，村里搞起了旅游，郝建国也想吃一把“旅游饭”。在村干部帮扶下，2018 年 5 月，他将自家堂屋收拾干净，一个小小的农家饭馆开张了。他给饭馆起名好运来饭店。他觉得环境好了，政策好了，这就是他的好运气。

“菜是自家地里种的，鸡是自家院子里跑的，有 100 元一桌的，也有 50 元一桌的。饭是我婆娘做，都是些家常饭，游客们都愿来吃上一口。”靠着这间小饭馆，郝建国 2018 年增收 1 万多元。“政策再好，不干白搭。”这就是郝建国对脱贫攻坚的认识，精准到位。

2018 年以来，激发贫困群众内生动力成为扶贫的重点工作，但右玉人却是不用扬鞭自奋蹄，因为老辈们在世代种树中形成的"右玉精神"早已渗透到右玉人的骨髓里。

下午 2 点，火热的太阳炙烤着大地，寇金梅一路小跑，往村东头菜地赶去。原来，开春以来，干旱少雨，庄稼缺水，地里的莜麦苗干死了一些。这两天，好不容易下了点雨，她要赶着补种。

今年 63 岁的寇金梅是李达窑乡邢家口村人，家里就她和老伴两口人。几年前，老伴突发脑梗，生活陷入困境。2014 年，她家被识别为建档立卡贫困户，在政府的帮助下，2017 年脱了贫。天有不测风云，2018 年初，老伴患胃癌，化疗花了 1 万多元，可她并没有为钱发愁，"政府报销了大部分，大病救助了一些，剩下的我们自己可以负担"。老伴的病情得到控制，寇金梅的心里安稳多了。

易地搬迁政策让贫困群众搬出了穷山窝，搬进了新房子。过上了好日子的群众心中满怀对共产党的感恩之情

后来，政府为帮助贫困群众发展产业，为贫困户提供5万元贴息贷款，寇金梅用这些钱买了6只羊。这群羊是寇金梅过上好日子的希望，她照顾得格外细心。2018年，她卖了10只羊羔，挣了5000多元，今年，她说能挣得更多些。

2019年3月的一天，县委书记、县长到村里看扶贫工作，问寇金梅："大姐，你觉得咱们村发展啥好？"寇金梅说："俺家现在种莜麦，莜麦价钱还行，但是产量低，挣不下钱。俺就是想，要是能种上一些产量高、能卖上价钱的就好了。"听了寇金梅的话，领导们直说："好好，大姐这意见提得好。"

没过两天，几辆大卡车开进了邢家口村。车上有黍子、苜蓿和菊花种子，挨家挨户地发。村支书说，县上领导说了，种下地，县里验收合格了，还给各家补贴。寇金梅看着分到的种子，心里美滋滋的，这些县领导真把她的话记在心里了呢！

从那时起，寇金梅干活更加卖力了，因为她觉得不能辜负了县领导。她种了10亩黍子、3亩苜蓿、2亩菊花，每天天蒙蒙亮就去地里忙活。她说，老汉身体不好，地里庄稼都是她打理，虽然辛苦，但是人只要还能干，就不能总指着政府。2018年4月起，寇金梅还在村里干起了保洁队长，每年也就900多元的补助，她说她不为挣钱，政府对他们这么好，这是他们该做的。"只要村里干净，乡亲们日子过得舒坦，不给钱我也乐意干。"

赵润莲和寇金梅一个村，她家在村里开磨坊。赵润莲今年64岁，和老伴一起过日子。2012年的一次意外事故使她的膝盖摔成了粉碎性骨折，连续两年无法从事体力劳动，2014年她家被识别为建档立卡贫困户。

赵润莲家有磨面的手艺，2015年，在第一书记齐青谨的建议下，她家的小磨坊开张了。

磨坊虽小，赵润莲两口子把它当大事干。他们觉得做生意不能不讲信用，不能自己砸了招牌。由于产品质量好，小小的磨坊竟成了聚宝盆，客户络绎不绝。如今她家的面粉远销大同、内蒙古等地，供不应求，每年单靠磨坊就

群众在新发展的苜蓿基地中务工

能净挣 7 万多元。

第一书记齐青谨正向本单位申请支持资金，以帮助赵润莲扩建磨坊，扩大生产规模。赵润莲说她不懂什么大道理，但是她知道"政府这样帮我，我没理由不好好干。何况日子是自己的，要想过上好日子就得自己使劲儿"。

肯干、肯吃苦。右玉的老百姓一直都知道右玉精神的精髓所在，那就是始终迎难而上、艰苦奋斗！

2019 年 6 月 5 日，白头里乡野场村贫困户张财家迎来了一位稀客，"那是大领导汪洋"。回想起当天的场景，坐在轮椅上的张财眉飞色舞，"早些年，俺们这些小老百姓连乡领导都不常见，现在脱贫攻坚，俺们不但见县委书记跟见亲戚一样勤，竟然连这么大领导都来关心俺的生产生活，这是多大的福分！"

今年 56 岁的张财，家有 4 口人，2014 年被识别为建档立卡贫困户，通过政府的一系列帮扶，2016 年脱贫。2019 年 3 月，张财打工时不慎摔伤了腰，做了几次大手术，命是保住了，但直到现在还不能下地行走。"虽然看病花钱不少，但有政府的扶贫政策帮着，我家没有返贫。"截至2019年9月，张财家流转了30多亩地，一年光土地流转费就有8000多元，还有卖菜籽、土豆和妻子当护林员的钱，一年总计能收入两三万元。

"过日子不愁。俺现在最大的心愿就是能赶紧站起来。"指着院中的一副简易双杠，张财说他每天都坚持锻炼，就想着有一天，能站起来接着干。

"就连习近平总书记都给俺们右玉点赞了5次呢！俺也要发扬右玉精神，就从俺坚持锻炼开始！"说到这里，张财眼中像是有星星在发光。

要想富先种树，右玉的树种起来了，不仅留下了精神，随着环境的改善，一只只"金凤凰"也飞了起来。

绿油油的土地、蓝格莹莹的天，清凌凌的河水、美格滋滋的心。良好的自然生态环境造就了右玉县一大批绿色名优农副产品品牌。右玉羊肉、古道三清、汇源沙棘、塞北星小杂粮……这些产品声名远扬，四季畅销。

一家家发展势头良好、带贫效果明显的扶贫企业强劲崛起：

中大科技公司作为集农、工、贸、科于一体的油用亚麻料初加工和综合利用技术创新型企业，已形成年产5000吨 α-亚麻酸营养油生产线一条；塞上绿洲饮料有限公司以沙棘加工为主导，年综合加工沙棘果汁原料8000多吨，生产沙棘果汁等系列产品6100吨，年销售收入8900万元；图远实业有限责任公司生产的冻干小香葱通过了有机产品认证，远销美国、德国、日本、韩国等国家；祥和岭上农牧有限公司致力打造集生态种植、自然散养、超精细加工、高品质分割、物联网湖源、线上营销线下餐厅体验于一体的散养羊全产业链农牧企业，预计到2019年将达到年销售20万只右玉县本土生态羊，实现4亿元的销售额……

好生态让农民吃上了服务饭，实现了生存方式的重大改变：

登长城、游古堡、走西口古道、听道情小戏……如今，在右玉县，以农家乐生态游、户外特种体育游、西口文化游三大特色游为"藤"，以沿途一批乡村和景点为"瓜"，集吃、住、行、游、购、娱于一体的生态乡村游，正吸引着大量游客。许多祖祖辈辈在土里刨食的农民放下了锄头，在家门口做起了生意。

这些都是右玉人撸起袖子加油干干出来的!

这一届右玉县委领导班子是在脱贫攻坚最吃劲的时候搭起来，他们深知自己是站在前人的肩膀上干事。"种树战黄沙的时候，一届届班子成员为了让老百姓活命，哪一个不是拼了命地干? 现在环境好了，要是在我们这儿让老百姓过不好，受了委屈，我们就是右玉的罪人呢! "这是本届领导班子成员的共识。

2017 年，右玉县脱贫摘帽，成为山西省第一批摘帽县。但县委一班人认为，那也松不得劲，巩固脱贫成果，实现乡村振兴的路还长着呢。

追梦

右玉是个追梦的地方，每个人都有自己的梦想。郝建国希望明年能盖一间新房子，扩大农家乐的规模;寇金梅想着明年能再多种一些苜蓿、菊花，多养几只羊;赵润莲希望装修一下窄小的磨面坊，再买一些新机器，扩大生产线，把她磨的面卖到北京去;张财希望明年能像正常人一样站起来，出去打工挣钱……县委一班人也有自己的梦想，他们的梦想都绘进了右玉乡村振兴的蓝图。

右玉县虽然脱贫了，但县委一班人知道，右玉县与全面建成小康社会的目标还有不小差距。经济总量偏小、综合实力还不强，2017 年全县生产总值67.19 亿元，城乡居民人均可支配收入 7161 元，在朔州市排名靠后;产业结构不够优化、融合程度不高，特别是农业主导产业竞争力还没有完全形成，对农业农村发展的支撑作用还没有充分发挥出来;城镇化水平偏低，城市功能还不完善，乡村建设相对滞后，现代服务业刚刚起步，城乡一体化发展任务艰巨;教育、医疗、养老等民生事业还需大幅提升，公共服务供给能力还需进一步加强。特别是建档立卡贫困群众脱贫基础还比较脆弱，因灾因病因学返贫随时可能发生；建档立卡人口中丧失劳动能力和无劳动能力者占贫困人口比例高达 41.7%，政策兜底任务还很重；贫困村、非贫困村产业发展不均衡，集体经济还比较薄弱……总之，革命尚未成功，同志仍需努力。县委一班人知道任重而道远。

补齐短板只是县委一班人的近期目标，他们真正要做的是带领乡亲们在推进乡村振兴的进程中，过上右玉人祖祖辈辈向往的好日子。虽然这个过程注定溯洄从之，道阻且长，但县委一班人坦言，他们不怕，因为他们手中有一代代右玉人拼了命挣下的宝贵财富——绿水青山，有右玉人用汗水和血水凝练出的传世珍宝——右玉精神。

右玉县的所有发展规划都紧贴习近平总书记"绿水青山就是金山银山"的两山理念。在县委一班人看来，做大做强农特产品，大力提升生态畜牧业品牌只是基础，他们的焦点在旅游兴县。按照"农旅结合、以农促旅、以旅强农"的发展思路，以生态文化旅游开发区建设为引领，引导群众发展生态观光采摘园、农家宴、休闲农庄、特色民宿等项目，重点实施杀虎口景区文化旅游项目、中央美术学院油画研究院及油画家驻留地建设项目、玉龙文体产业园二期项目，打造邓家村桃花源生态农庄、杀虎口村、二十五湾村、樊家窑村等特色旅游村。全力推进右卫特色小城镇建设，充分利用右卫的历史人文景观以及周边丰富的自然风景资源，以右卫艺术粮仓为带动，整合盘活旧厂房等闲置资产，推进有条件的农家院落改建民宿，打响右玉油画写生基地品牌。

"咱右玉再不是那个土得掉渣的地方，咱也要分一杯文化的羹。"

当然，这一切的前提还是个"绿"。右玉的每一届班子成员都知道环境的重要性，在推进乡村振兴进程中，绿色永远是保底工程。

为了把这个底子垫厚，右玉蓝图第一步就是统筹山水林田湖草，深入推进生态保护和修复，更高标准实施林业建设，持续厚植生态优势。右玉将完成大片造林 8.52 万亩，补植提升虎山线右卫镇至杀虎口段 15.8 公里。实施京津风沙源治理二期工程水利水保项目，新建水源工程和节水工程各 20 处，治理面积 11 平方公里。实施坡耕地水土流失综合治理工程，治理面积 7200 亩。加强草原生态保护建设，在杨千河乡长城沿线实施退化草地补播 1 万亩、天然草地围栏封育 1.1 万亩，完成草地清查 48.1 万亩……

记者仿佛看到，右玉蓝图规划所到之处，万物生长，欣欣向荣！

在记者走过的马营河村、邢家口村、野场村，都在实施农村人居环境整治。农村生活垃圾和非正规垃圾堆放有序，农村生活污水治理与工业污水治理、农业面源污染治理、农村河道治理以及生活垃圾治理清扫保洁和垃圾清运处置体系日臻完善。家里家外、村内村外井然有序。河清草碧，花香鸟鸣，林荫稠密，这大概就是能留住乡愁的模样吧。

仓廪实则知礼节。右玉经济跑步前行，文化紧跟不放。在这片希望的田野上，记者看到，道德讲座、道德积分方兴未艾。人们在宣讲中忆往昔峥嵘岁月，弘扬右玉精神自力更生、艰苦奋斗的珍贵本色，鼓起发家致富的勇气，克服"等靠要"思想，坚定依靠双手，创造美好新生活的信心。

郝建国、寇金梅、赵润莲、张财们登上讲台，娓娓道来。朴实的话语、朴素的情感，激发起老少爷们求富、求知、求美的强烈愿望，激发出乡亲们爱党、爱国、爱家的浓厚情感。

抓住机遇促成飞跃，弯道超车乡村振兴！

右玉县的规划让每一个右玉人激情澎湃，但那美好愿景真要实行起来，路漫漫其修远兮，吾将上下而求索。但班子成员觉得"不管时代怎么变，只要是让老百姓高兴的事儿，我们就干"。

右玉，一个曾被老天遗忘的角落，无尽的干旱、风沙、灾荒给一代又一代右玉人留下痛苦的记忆，也将一代又一代右玉人淬炼成钢，最终在他们骨子里沉淀下百折不挠、久久为功、艰苦奋斗的群体性格，让他们敢于直面一切灾难，敢于跨越任何沟坎。

右玉，天不佑之人自佑！

科尔沁左翼中旗：
绣一幅精准扶贫的壮丽画卷

王健任　张俊凯　崔筱萌

中国人善于刺绣，按照精美的设计花样，人们在织物上刺缀运针，绣出一幅幅令人叹为观止的刺绣作品。

刺绣大师都明白这样一个道理：精美的花样，只有用缜密的针脚才能体现出花样的精美；而缜密的针脚，只有绣在精美的设计花样中，才能实现"缜密"的价值。

2017年"两会"期间，习近平总书记在参加四川代表团审议时，就脱贫攻坚工作指出"全过程都要精准，有的需要下一番'绣花'功夫"。"绣花"二字，点明了精准扶贫的要义，也为脱贫攻坚工作指明了方向，细化了方法和措施。

脱贫攻坚以来，内蒙古自治区科尔沁左翼中旗旗委旗政府带领全旗广大干部群众，从大局谋划，设计出一幅产业扶贫的壮美"花样"；从细节落手，下一番"针针入孔""丝丝入扣"的"绣花"功夫，在辽阔的科尔沁草原上绣出了一幅精准扶贫的壮丽画卷。

用"大花样"指引"小针脚"

7年前的一天，协代苏木哈久嘎查王小君家"天塌了"！

那天，全家老小正忙着22岁的儿子王刚的婚事，墙上帅气的儿子和漂亮儿媳的结婚照，羡煞了嘎查里的老老少少，一对金童玉女的婚事，让王小君家欢天喜地。

就像草原上8月的天，前一刻的风和日丽，往往在一瞬间就变成了雷电交加：儿子突然患上急性脑脊髓炎，在一家人呼天抢地的时候，王小君在给儿子筹借医药费的路上，出了车祸，被推进了抢救室。后来，儿子保住了性命，但双腿失去了知觉，只好取消了婚事。王小君恢复了健康，但留下了十几万元的饥荒，消瘦的身体和绝望的目光……

接下来，日子怎么过？出去打工？一家老小和床上的儿子让他迈不出家门。靠家里30多亩的土地？好的年景也只能维持一家人的生活开销，差的年景连本都收不回来。养牛？虽然挣钱，但哪有那么多本钱……于是王小君一家，戴上了贫困户的"帽子"，但要强了一辈子的王小君发愁，这"穷帽子"如何能摘？

在科尔沁左翼中旗的"31111"农村经济结构调整重大战略工程里，王小君找到了摘"穷帽子"的办法。

近年来，科尔沁左翼中旗在脱贫攻坚中，树立"绿水青山就是金山银山"的意识，以农牧业供给侧结构性改革为主线，以保护生态环境、推动脱贫攻坚为目标，实施"31111"农村经济结构调整重大战略工程：重点实施建设高效节水粮食生产功能区300万亩、退耕还林100万亩、退耕还草100万亩、发展特色种植基地100万亩、肉牛养殖规模达到100万头。在科尔沁左翼中旗，辽阔的科尔沁草原上有4万多的贫困人口。贫有千种，但发展扶贫产业归根到底，离不开土地，离不开"种养"二字。脱贫攻坚以来，科尔沁左翼中旗布大局、下大力，始终扭住产业扶贫这条主线，立足以节水农业、肉牛养殖、生态产业、光伏扶贫、庭院经济为主的产业扶贫，使全旗建档立卡贫困人口固定在产业链上，增收在产业链上。通过实施"31111"农村经济结构调整重大战略工程，解决长期以来"地瘠人贫""牛贵人穷"的难题。

在敖包苏木扎如德仓嘎查，群众种地种出了"高科技"。庄稼缺水了，信息会自动被地里的传感系统反馈到群众手机上的一款"APP"，他们躺在床上点击一下就能浇地；耕种、收割的机器上安装了"北斗导航系统"，不仅能实现精准耕作、收割，甚至实现了无人驾驶；施肥再也不用满地撒了，倒进灌溉机房的设备中，肥料直接送到作物根部；过去浇地费时费力费钱，现在实现了精准滴灌……

像扎如德仓嘎查这样的农田，近年来，科尔沁左翼中旗要规划实施300万亩。推行农业高效节水扶贫增收模式，让所有建档立卡贫困户实现户均20亩高效节水农田。算小账，应用浅埋滴灌技术与管灌技术相比传统种植方式，每亩省水64%、省电30%、省工5个、省时75%、省化肥25%、省农药40%；每亩增产320斤、增加收益240元。算大账，全旗每年节水1.4亿立方米，增产9.6亿斤粮食，项目区人均增收2000元以上。

在希伯花镇，种着几万亩的"宝贝"水果，每到秋天收获的时候，来自全国的收购商挤破了头，不按斤收按亩收，不论果子大小好坏，一律不愁卖，

科尔沁左翼中旗希伯来镇发展的锦绣海棠产业，"甜"了贫困乡亲的日子

甚至今年还卖到了马来西亚……这种水果，就是科尔沁左翼中旗引进的誉为"塞外红小苹果"的锦绣海棠果。

海棠果个头小，但价值大。希伯花镇镇长王丽华算了一笔账：按每棵树产果 50 斤，每亩地栽种 66 棵果树计算，每亩地纯收入在 5000 元以上。而在全旗，有 20 万亩的锦绣海棠。

对于科尔沁左翼中旗的群众来说，退耕还林的经济效益，已经不止国家的补助了。近年来，科尔沁左翼中旗探索以林促农、以林促经、兴林惠民新模式，推进生态建设工程升级为结构调整、富民增收工程。

100 万亩的退耕还林，科尔沁左翼中旗种下了以 50 万亩的沙棘、10 万亩的柳条为主的生态经济林，以 20 万亩锦绣海棠为主的果树经济林，以 10 万亩樟子松为主的景观经济林和 10 万亩桑葚、元宝枫、蛋白桑等科尔沁草原原生树种。如今，在群众的心里，退耕还林已经不单单是"为了造林而造林"了，"想致富，要种树"的理念已经种在了群众的心里。

过去，人们为了吃饱，把草原开垦成粮田；现在，人们为了致富，又把粮田变回了草原。科尔沁左翼中旗实施的 100 万亩退耕还草工程，让昔日贫瘠的粮田，变成了青贮、优质牧草的饲草料基地。

但"风吹草低见牛羊"场景的重现，还离不开科尔沁左翼中旗实施的"100 万头肉牛养殖工程"。

脱贫攻坚以来，科尔沁左翼中旗为实现让贫困群众"赶着黄牛奔小康"的目标，按照"人均 2 头牛、户均 5 头牛"，坚持"为养而种、种养结合"，推行"1 头牛 +1 亩青贮"养殖模式，全面落实财政扶贫资金、整合涉牧资金、金融扶贫贷款等项目资金和养殖保险、退牧还草等补贴政策。

如今，科尔沁左翼中旗的贫困群众对"赶着黄牛奔小康""人均两头牛，脱贫不用愁"这两句话深信不疑。2011 年至今，全旗累计扶持贫困户购牛 6.2 万头，建设棚舍 69 万平方米、窖池 6.3 万立方米，全旗贫困户肉牛存栏突破 7 万头，2 万户、8.5 万贫困人口通过发展肉牛产业实现可持续稳定脱贫，贫困

科尔沁左翼中旗实施的"100万头肉牛养殖工程"，让贫困群众"赶着黄牛奔小康"

户肉牛存栏已突破7万头，户年均增收6000元以上……

　　在草原上，风雨过后最容易出现绚烂的彩虹。科尔沁左翼中旗旗委旗政府设计出的这一幅产业扶贫的壮美"花样"，指引着像王小君一家的"小针脚"，绣出了新生活：2017年享受扶贫小额信贷3万元，买了2头西门塔尔牛，如今已经发展为9头；30多亩地经过节水灌溉改造后，每年带来1万多元的收入；妻子成了村里的保洁员，每年有3000元的收入；王刚的身体也逐渐恢复，看病吃药报销后花不了几个钱，每周还有医生专门上门指导服务，现在开始借助器械练习走路了……

用"小针脚"绣出"大花样"

　　刺绣，用"小针脚"绣出"大花样"，最讲究精准，最需要针针入孔、丝丝入扣的功夫，最考验人的耐心，最考验人的态度……

　　精准扶贫，要求精准到人到户，要求一户一策，最需要的就是干部要具备下"绣花"功夫的态度、勇气、担当、毅力和能力。行走在科尔沁左翼中旗的脱贫攻坚一线，处处都能感受到一线干部"绣花"功夫的力量。

"告别了妻儿，安顿好爹娘，带上嘱托，驻进村庄……"

10月11日晚上，当科尔沁左翼中旗旗委副书记韩亚成专门为驻村干部写的一首叫《情暖百姓》的歌曲，在保康镇吐古伦柴达木嘎查驻村工作队的办公室响起时，第一书记包双灵眼里闪起了泪花。"是啊，作为家里的'半边天'，亏欠孩子老人太多了。"

吐古伦柴达木嘎查有一支脱贫攻坚的"铁娘子军"，包括包双灵在内的3位工作队员，全部是女同志。她们放下家庭那本"难念的经"，带领群众念好了脱贫致富经；她们从家庭的"半边天"，变成了带领群众脱贫致富的"半边天"。

2018年6月10日，吐古伦柴达木嘎查贾振峰老两口找到包双灵，称他们的儿子当年因酒驾出车祸欠下很多外债，老两口的地、房子等都被抵债，名下的低保卡、老年社保卡都被冻结。没有责任感的儿子儿媳因此离异，更是不知去向，把尚在读书的孙子留给了他们老两口。"如果没有孙子，我们还有什么活下去的理由！"两位老人泣不成声。

听完，包双灵和工作队决定要撑起这个家庭的"半边天"，她们把贾振峰老两口当成自己的父母，把老两口的小孙子当成自己的孩子。随后，工作队结合老两口身体情况，利用休息时间开车拉着老人跑了好几个地方，买回来两头健壮的基础母牛。为了解冻老人被冻结的卡，包双灵四处托人打听询问，最终成功地将被冻结的低保卡等解冻。为了抚慰老人的情绪，工作队每天轮番上门，和老人唠家常、洗衣裳……

"只要涉及群众切身利益的小事都是工作队的大事。"包双灵说，做带领贫困群众脱贫致富的大事容易，因为有党和政府的支持，有各项政策的支撑，"但群众的小事就需要干部的担当和作为。"

把大事，做成具体到贫困群众身上的小事；把小事，做成关乎脱贫攻坚成效的大事，这是科尔沁左翼中旗扶贫干部的"扶贫经"。

科尔沁左翼中旗的扶贫办主任杨彩霞，是贫困儿童苗尚恩的"干妈妈"。胜利乡音德吐村留守单亲儿童苗尚恩，是童德吐小学一年级的学生，常年和年迈体弱的爷爷奶奶一起生活，缺少母爱的苗尚恩性格孤僻，终日闷闷不乐。看到年幼的苗尚恩，杨彩霞想起了与苗尚恩年龄相仿的儿子，于是认了苗尚恩做干儿子，给孩子送去了"母爱"……

北京顺义区顺鑫控股集团选派到科尔沁左翼中旗的挂职干部杨志勇，是贫困户大学生孟都来玛的"大哥哥"。协代苏木哈久嘎查的贫困户大学生孟都来玛，跟80岁的奶奶和二级智力残疾的叔叔生活在一起，而孟都来玛出生就有先天性脊柱裂。眼前这一幕幕触动了杨志勇的内心，当得知孟都来玛心中有着"北上梦"后，他当即联系顺义区人力资源和社会保障局，对接关于孟都来玛就业应聘事宜，通过面试交流，孟都来玛来到北京一家公司，圆了"北上梦"……

科尔沁左翼中旗教育科技体育局选派到白兴吐苏木北海力斯台嘎查的第一书记刘山虎，成了群众农特产品的"销售员"。驻村工作以来，刘山虎鼓励引导群众利用闲置的院子，按照旗里的要求，推行"小果园、小菜园、小田园"庭院经济发展模式，开辟增收门路。他对全村113户农户庭院进行规划，种植黄豆、红薯、大葱、美葵等经济作物。他又协调全旗13所寄宿制学校包联全村113户，签订了《寄宿制中小学绿色农产品种植收购协议书》，不仅让学生吃上了"放心菜"，也让群众实现了增收致富。像这种三个园的庭院经济发展模式，让全旗建档立卡贫困户实现了户均节支增收1000元以上。

"办好贫困群众的小事，才能成就脱贫攻坚的大事！"科尔沁左翼中旗旗委书记刘百田说，办小事不仅考验扶贫干部的"绣花"功夫，也考验着旗委旗政府在施策布局上的"绣花"功夫，"脱贫攻坚无小事，这就要求我们必须把工作中的小事，变成施策布局中的大事。"

在保康镇哈沙吐嘎查，村里专门腾出一间屋子成立了"群众说事点"办公室。"我家的水井水量小，不够饮牛……""希望村里的保洁员打扫卫生勤一点……""我家孩子马上上中专了，希望村干部帮助落实补助政策……"在"村民说事"记录本上，村民一个个小事被记录下来。除此之外，什么时候办、谁来办、进度如何、群众是否满意，都详细地记录着。

今年，结合主题教育活动，科尔沁左翼中旗实施并推行了党建引领树立一个导向践初心，创新一种机制解难题，构建一个平台强服务，制定一套清单明责任，化解一批积案求实效，优化一种环境促发展"六个一"为民服务创新工作机制，已经在全旗488个嘎查建立了党群服务中心和群众说事点。"把群众反映的小事都办好，这就是我们的大事。"刘百田说。

宏观政策，必须要在群众身上见到成效，而群众反映的小事，必须要纳入政策布局中。"这就要求我们的干部，必须下足'绣花'功夫，用贫困群众的'小针脚'绣出全旗脱贫攻坚的'大花样'。"刘百田说，下足"绣花"功夫，要求干部必须要学习习近平总书记那种"我将无我，不负人民"的高尚境界。

如今，一幅精准扶贫精准脱贫的壮丽画卷已经在辽阔的科尔沁草原上徐徐展开：全旗贫困发生率将由2011年初的30.6%，下降到今年底的0.35%，全旗24个贫困村全部出列，将高质量实现"人脱贫、村出列、旗摘帽"的目标任务。

脱贫致富电视夜校：琼州大地的一场"革命"

张俊凯　高永伟

最近，海南省琼中黎族苗族自治县岭门村村民王成业一家制定了脱贫致富的"战略规划"——哥哥负责养蜂，妻子负责养羊，而他，则负责找脱贫致富新路子。

家里人都肯跟着他干，因为他头脑灵活又爱学习，"每一期节目他都准时看，脱贫致富有什么政策、什么门路，他清楚得很！"现在家里的10亩荒地，一半用来挖鱼塘养罗非鱼，另一半拿来种桑养蚕，这两个产业都是栏目里推广过的。

王成业爱看的这档节目叫作《海南省脱贫致富电视夜校》（以下简称《电视夜校》）。自2016年开通至今，《电视夜校》共为贫困群众送上了160期夜校课堂，随其开通的"961017"脱贫致富服务热线则为贫困群众办结工单33890个，工单办结率达99.61%。

"能把贫困群众召集到一起学习就是一场革命。"海南省委副书记、省打赢脱贫攻坚战指挥部指挥长李军说。讲政策、聊家常、聚民心，海南省脱贫致富电视夜校紧紧抓住"扶贫先扶志、扶贫必扶智"这条主线，为实现全面建成小康社会、实施乡村振兴战略提供了扎实、有效的载体。

学：一门课程，改变命运

改变一个人需要多久？林青的回答是两个月。

林青是海南省临高县临城镇头星村的贫困户，然而仅用了两个月的时间，林青整个人就变了。

——从"摘了槟榔换酒喝"的"懒汉"变成辛勤劳动、主动脱贫的典型，从冷眼对待帮扶人员到懂得感恩，从不让女儿读高中到鼓励孩子考大学，这些变化都要从收看脱贫致富《电视夜校》说起。

海南省《电视夜校》的播出，要追溯到 3 年前：2016 年 11 月 18 日晚 8 点整，首期《电视夜校》在海南电视台综合频道播出，与此同时，为加强与基层贫困群众的沟通互动，海南省还开通了"961017"服务热线，各厅局设专人负责解答贫困户提出的问题。

开播 3 年多以来，《电视夜校》已经累计播出近 160 期，平均每期有近 200 万人收看节目。在《电视夜校》开播后的首期节目中，海南省委副书记、夜校工作推进小组组长李军率先开讲。"上学改变命运，知识挖掉穷根，开办脱贫致富《电视夜校》，是为了给各位乡亲提供一个只需要花费时间，不需要花费一分钱的上学机会。"李军说。

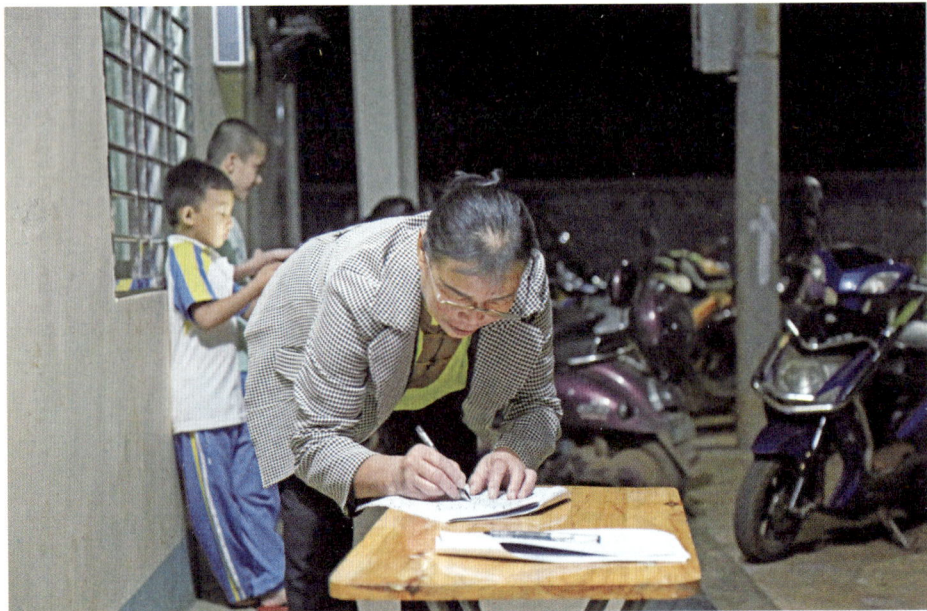

《电视夜校》开课前，临高县多贤村贫困户在签到表格上签到

　　2016 年 10 月 20 日，海南省正式敲定开办夜校工作方案，仅用 28 天，第一堂课就与贫困户见面了。一年多来，全省 2721 个教学点，5000 多名乡镇干部、帮扶干部、第一书记、村"两委"干部，组织 12.8 万名贫困群众同听课、同学习、同讨论，营造出干部群众戮力同心谋脱贫的良好氛围。

　　《电视夜校》能否发挥作用？在临高县波莲镇多贤村，贫困户林生心在看完节目后回家在自家农田里架起了防虫网。"山里面虫子多，经常糟蹋庄稼，我们又不习惯打农药，只能对这些虫子干着急。"林生心说。如今，防虫网不仅可以把害虫"拒之网外"，还可以保护庄稼抵御暴风的侵袭。"和我们最相关、最实用的农业技巧，就是《电视夜校》带给我最大的收获！"林生心高兴地说。

　　不仅是农业技术，通过《电视夜校》的讲解，贫困群众还对党和政府的扶贫政策更为了解。"在《电视夜校》节目播出前，我们农信社每周受理发放建档立卡贫困户贷款约 200 户。节目播出后平均每周受理发放建档立卡贫困户贷款约 300 户。"海南省农村信用联社小额信贷部副总经理莫敏说。陵水黎族自治县三才镇乐安村贫困户刘海珠患有颈椎病，丈夫在 2016 年病逝，仅留下一双儿女。通过观看《电视夜校》，她了解到海南省农信联社能够为妇女免担保提供贷款，通过申请，她很快拿到 5000 元的贴息贷款，在村里开办了小卖部。"现在每个月的净收入有 2000 多元，春节前赚的会更多。"刘海珠说。她现在的愿望，是多攒一些钱，再多进一些货，将小卖部扩大一点规模，儿子上大学就不愁了。

　　"开办《电视夜校》的目的，就是通过全方位提供扶贫政策、种养技术、产销信息、就业需求、诚信文化、感恩教育等内容，进一步提高乡镇干部、帮扶责任人、驻村第一书记、村'两委'干部掌握和运用扶贫政策的水平，强化贫困户自身的脱贫意识、脱贫责任，提升贫困户脱贫致富的积极性，激发其脱贫的内生动力，改变贫困户'等靠要'思想，变'要我脱贫'为'我要脱贫'。"海南省委副书记李军说。

通：一个电话，帮了大忙

"危房改造还有这么好的政策？"

"申请日期都已经过去好几天了，咱们怕是不行了吧？"

"唉！谁让你不提前了解政策？现在错过了，多可惜！"

周一晚上，刚刚收看完《电视夜校》节目，万宁市龙湖镇桐树村的符春兰一家就"吵"了起来。

事情的起因并不复杂：符春兰一家是建档立卡贫困户，但是对危房改造政策并不了解。当晚，看到《电视夜校》上讲到了危房改造的好政策，符春兰一家心动了，但是仔细一看，却已经错过了申请时间，这让符春兰一家人懊悔不已。

这么好的政策，政府能否宽限几天？抱着试一试的心态，符春兰打通了"961017"电话，没想到第三天就迎来了万宁市住建局工作人员，在经过仔细鉴定以后，工作人员将她家房屋列入当年的危房改造范围，几个月就完成重建。

伴随着《电视夜校》的开播，"961017"脱贫致富服务热线同时开通。如果说夜校节目是"集中会诊"，解决贫困户普遍面临的难题，那么热线服务就是私人订制，精准帮扶到户到人。《电视夜校》客服人员接听群众来电，形成热线工单派发到各职能部门，建立工单追踪制度，限定在 7 个工作日内回复、办理，贫困群众反映的热点、难点、痛点有求必应。

夜幕降临，记者来到了位于海口市的"961017"热线接听大厅。"您好，我是琼海市长坡镇佛头村的村民，请问冬天适合种植什么毛豆品种？""我养殖的黑山羊羊嘴附近出现溃烂，镇上的兽医也看不好，该怎么办？""我在永兴岛上居住，请问在这里是否能办理小额贷款？在西沙岛礁上如何发展种植业？"……晚上 8 点至 9 点这段时间里，伴随着《电视夜校》节目的播出，省扶贫办、省农业厅、省农科院等20个职能部门的解答台席电话铃声响个不停。短短一个小时，就有169个承载着贫困群众希望的电话打入"961017"脱贫致富服务热线。

热线接听大厅里，最忙的要数省扶贫办的座席，一个小时的时间里，负责接听电话的工作人员手中的电话几乎没有空闲过。有一位来自昌江的驻村第一书记，应村民们的要求打来电话，专门帮他们集中咨询相关扶贫政策问题。

"贫困户认定的标准是什么，很多群众打来电话咨询这个问题，可面对着相同的问题，我们都会不厌其烦地一遍一遍地解释。"负责接听电话的海南省扶贫办主任孟励在热线时间过后，才挤出时间接受了采访，"虽然面对着都是相同的问题，可当群众愿意去打电话咨询时，就意味着群众有了主动脱贫的意愿。因此每次认真的回答，每一次认真的解答，对于这些希望脱贫的群众来说，都是一个脱贫希望。"

钉：一个系统，钉紧责任

19时40分，海南广播电视大学远程教育学院学员楼八楼，"钉钉"即时通讯系统管理员发布签到指令；19时55分，第一次签到完毕。显示屏上显示，当天应签到人数5210人，实际签到4804人，签到率92.21%。

海南广播电视大学党政办主任曾纪军告诉记者，系统录入了所有贫困地区驻村第一书记、村书记、帮扶干部及贫困地区乡镇干部的基本信息，要求夜校开课之前完成第一次签到，中途第二次签到。系统记载的学员签到率、组织学习的情况，是考核市县班子、乡镇班子、驻村书记的一项重要指标。

把贫困户接到村委会，看一眼时间，打开"钉钉"，签到。这一套流程，对于临高县波莲镇多贤村驻村工作队员王椿棠来说已经是轻车熟路。虽然参加工作的时间只有半年，但是谈起驻村的经历，王椿棠却是感慨万千。"以前只听说农村工作不好做，现在才明白'绣花'二字的深意。"王椿棠说。每到周一，他都开车把帮扶的两户贫困户接到村委会收看《电视夜校》。"一开始他们心中也有疑虑，《电视夜校》都是讲啥？但是现在他们把节目的播放日期记得比我还清楚，经常提前一天打电话提醒我。"王椿棠笑着说。此前，他并没有在农村生活的经验，但是收看了半年多的《电视夜校》，学习到了不少农业知识。"按时收看《电视夜校》，不仅可以提升自身素养，还可以密切干群关系，这是一件做好脱贫攻坚工作的'法宝'！"

"要运用'钉钉'管理系统等信息化手段加强对战斗队成员的组织管理、监督考核，进一步明确和压实责任、传导压力，切实解决目前一些帮扶干部履职不到位、责任心不强等突出问题，确保人在岗、心在位、事在干。"海南省委副书记、省打赢脱贫攻坚战指挥部指挥长李军说。"钉钉"系统的运用，极大强化了扶贫干部的责任感，使《电视夜校》成为齐心协力谋脱贫攻坚、社会各界广泛参与的强大"合力场"。

促：学以致用，稳定致富

每次一个小时的学习，让许多贫困户意犹未尽。"夜校时间太短，我们没看过瘾。"在一次课程结束后，陵水县三才镇乐安村的几名贫困户主动要求村干部们加"小灶"。受到他们热情的感染，驻村第一书记肖柳青开始讲解教育、医疗、住房等方面的帮扶政策。

"我们施行'下课不放学'，扎实开好课后'造血班'。"肖柳青说。每堂课结束后，乡亲们会要求她用本土语言重温本堂课的学习重点，"可见乡亲们的学习热情有多么高涨"。

在海口市云龙镇，党委书记陈文强在看完《电视夜校》节目后，与乡亲们一起迅速地移动桌椅，把桌子摆成"回"字形，夜校教室马上变成了座谈会议室。镇村帮扶干部跟村民们围坐在一起开始话生产，聊家常，并就当晚的节目进行讨论，这是课后的交流分享环节。

"老陈，上个星期就听你说你养的那头母猪快生了，现在下了几只啊？"

"符哥，老三今年要高考了吧？刚才《电视夜校》那一课对你来说很及时啊！"

交流分享的氛围轻松热烈，大家有说有笑。脱贫户肖开省说："我们和镇村帮扶干部就像一家人，他们经常自己带菜去我们家里做饭吃，还一起拍全家福呢！"

在热闹欢快的交流分享环节结束后，又进入了云龙镇创新策划推出的课后有奖问答环节。

"刚才的《电视夜校》播出的主题是什么？""父亲在孩子成长中扮演三个角色，分别是什么？"

贫困户占尊科站起来回答："作为一名父亲，我把节目中的这句话背下来了，'父亲在孩子成长中扮演三个角色，智慧的启迪、人格的塑造和做人的引

贫困户在《电视夜校》舞台上展示自己的产品

导'，回去后我按这三条好好做！"老占精彩的回答赢得了乡亲们的热烈掌声。然而就在上夜校之前，这些贫困户都是自卑寡言的。

像这样的热烈讨论，在云龙镇每周都能见到。陈文强告诉记者，自《电视夜校》开播以来，云龙镇创新推出了"观看电视夜校＋专家授课交流""夜校线上学习＋线下点单培训""学习成果转化＋产品销售活动"三大模式，策划实施了有奖问答、"学习之星"、"服务之星"评选等系列活动，不断提升《电视夜校》成效，激发了贫困户脱贫致富的内生动力。

澄迈县老城镇党委书记陈家壮说，《电视夜校》不仅为贫困群众提供了学习平台，还为基层干部提供了每周和贫困群众同上课、同学习、同讨论的平台，提升了基层干部掌握和运用帮扶政策的水平，密切了党群干群关系，增强了基层党组织的战斗力。原先有事才见面的干部群众，现在每周至少见一次，共商村庄脱贫计策，干群关系变得更加和谐。

《电视夜校》还培养造就了一批懂农业、爱农村、爱农民的"三农"工作队伍。在山路崎岖的乐东县尖峰镇山道村，村党支部租用6辆三轮车组建"夜校专用车队"，专门接送路程较远的贫困群众；陵水黎族自治县文罗镇新华村驻村第一书记陈栋把《电视夜校》中讲到的扶贫政策、种养知识等干货拎出来，自掏腰包编印《政府对建档立卡贫困户的帮扶政策汇编》发给贫困户；定安县龙湖南科食用菌技术的节目播出后，云龙镇的第一书记租了一辆大巴车，把村里的贫困户都带到了县城，学习参观蘑菇种植技术……

干部的真心、真情触动着群众，使扶贫工作变得更容易推动。"开办《电视夜校》是一项针对性很强、很有价值的工作，相关部门、市县一定要组织好，对贫困户的参与要严格实行奖惩机制，与实际帮扶政策措施相挂钩，真正办成扶贫培训的阵地。"海南省委书记刘赐贵说。的确，在脱贫攻坚战的攻城拔寨阶段，面对难啃的"硬骨头"，一次以扶志与扶智为目的的改革，正将海南省的脱贫攻坚引向又一个伟大的胜利。